KB181594

거래된 정의

거래된 정의

양승태 사법부가 바꾼 인생들

1판1쇄 | 2019년 12월 9일

지은이 | 이명선, 박상규, 박성철

펴낸이 | 정민용
편집장 | 안중철
책임편집 | 강소영
편집 | 윤상훈, 이진실, 최미정

펴낸 곳 | 후마니타스(주)
등록 | 2002년 2월 19일 제2002-000481호
주소 | 서울 마포구 신촌로14안길 17, 2층 (노고산동)
전화 | 편집_02.739.9929/9930 영업_02.722.9960 팩스_0505.333.9960
블로그 | humabook.blog.me
트위터, 페이스북, 인스타그램 | @humanitasbook
이메일 | humanitasbooks@gmail.com

인쇄 | 천일문화사_031.955.8083 제본 | 일진제책사_031.908.1407

값 18,000원

ⓒ 이명선·박상규·박성철, 2019

ISBN 978-89-6437-339-2 04300
ISBN 978-89-6437-289-0 (세트)

이 도서의 국립중앙도서관 출판시도서목록(CIP)은 e-CIP홈페이지(http://www.nl.go.kr/ecip)와
국가자료공동목록시스템(http://www.nl.go.kr/kolisnet)에서 이용하실 수 있습니다.
(CIP제어번호: CIP2019047137)

거래된 정의

양승태 사법부가 바꾼 인생들

이명선, 박상규, 박성철 지음

후마니타스

일러두기

1. 〈셜록프레스〉에 연재 보도된 "블랙리스트, 누가 사법부를 망쳤나" "고리대금업자 국정원" "저주받으리라, 너희 법률가들이여" "'재판 거래' 피해자를 만나다" 기사에서 가려 뽑아, 단행본에 맞게 고쳐 썼다.

2. 법원행정처가 공개한 '사법행정권 남용 의혹' 문건을 인용할 때는 문건 파일명에 기재된 번호를 함께 표기했다. 문건 제목은 파일명이 아닌 문서에 기재된 것을 따랐다.

3. 본명을 밝힐 수 없는 경우 가독성을 고려해 빈칸('강○○') 또는 영문 머리글자('A')로 표기했고, 나이는 만 나이를 기준으로 적었다.

4. 단행본·정기간행물은 겹낫표(『 』), 노래·기사·발표문·문건 제목은 큰따옴표(" "), 온라인 매체, 방송 프로그램 이름은 가랑이표(〈 〉)를 사용해 표기했다.

책을 읽는 내내 고 이한열 열사의 어머니 배은심 님과 나눈 이야기가 떠올랐다. "어머니. 하늘나라에 가서 이한열 열사를 다시 만나면 무슨 말을 하고 싶으세요?" 어머니는 이렇게 대답했다. "세상 참 더럽더라……." 그날 이후 이 말을 잊지 않으려고 했다. 이 세상의 진실 따위는 중요하지 않은 것처럼 살고 싶지 않았다. 하지만 내게 아무 일이 일어나지 않는다면 적당히 만족하고, 잊고 산다.

『거래된 정의』 같은 책이 있어 흐릿하게 보이던 세상이 다시 한번 명백해진다. '양승태 사법부'라는 비밀스러운 장막을 들추자 더러운 세상이 모습을 드러냈다. 이 더러움 너머, 전에는 볼 수 없던 많은 사람이 보인다. 아주 초라한, 등이 굽은, 귀가 먼, 빚에 쫓기는, 한 많은, 불행한, 병이 든, 인간성을 훼손당한, 혼자 누워 있는……. 그러나 그들이 체념하지 않았다는 것이, 사랑하고 살 기회를 잃었음을 슬퍼했다는 것이, 잘못된 삶을 바로잡기 위한 싸움을 포기하지 않았다는 것이 이상하게 내게 용기를 준다. 우리가 사랑하는 것들은 이렇게도 부서지기 쉽지만, 절박하게 정의와 이해를 원하고 끝까지 불행에 맞서고 싶어 한다.

책에 나오는 인혁당 재건위 사건 피해자의 말. "대법원이 왜 그런 결정을 내렸는지, 국정원이 왜 이렇게까지 우리를 괴롭히는지, 그걸 아는 게 소원이에요. 그것만 안다면……." 나도 알고 싶다. 왜? 무엇을 위해? 그렇게까지 더러워지는가? 그러나 그 답을 알 수 없더라도 할 수 있는 일이 있다. 우리는 이 더러움을 끝까지 경멸해야 한다. 그리고 이 더러움 속에서도 존중할 수밖에 없는 삶을 살아낸 사람을 끝까지 존중해야 한다.

특별히 필자들에게 감사를 표한다. 이제 많은 언론인들이 현장을 찾지 않는다. 그러나 현장에서 길어 올린 말들은 이렇게나 생생하고, 우리 모두가 함께 사는 데, 더는 속거나 바보가 되지 않는 데 본질적으로 중요한 진실을 들려준다.

정혜윤 | CBS 라디오 피디, 『그의 슬픔과 기쁨』 저자

읽으면서 화가 나고 힘들었다. 이보다 더 생생한 기록이 있을까. 『거래된 정의』는 정의를 향한, 소박하지만 간절한 믿음을 배반당한 사람들에 관한 뜨거운 기록이다. 그리고 제 허울을 차리기 위해 스스럼없이 권력과 정의를 바꿔치기 했던 일부 법관들에 관한 질긴 기록이다.

40여 년 전, 20대의 젊은 판사 양승태가 영욕의 공직 생활을 시작했을 무렵, 오재선은 생계를 위해 일본 뒷골목에서 빈대떡을 팔았다. 그로부터 11년 뒤, 판사 양승태는 별안간 끌려와 45일간 고문당하며 허위 자백을 강요받은 오재선에게 간첩의 누명을 씌운다. 2019년 초, 헌정사상 처음으로 전 대법원장 양승태가 구속돼 감옥에 들어갔을 때 오재선은 제주의 양로원에 들어가 있었고, 같은 해 여름 양승태가 보석으로 석방됐을 때, 받은 보상금 때문에 양로원에서 나와야 했던 오재선은 방 한 칸짜리 집에서 홀로 지내다 지병으로 세상을 떠났다.

책에는 그뿐 아니라, 타국의 제철소에서 두들겨 맞으며 일했던 17세 소년, 남편을 잃고 모진 삶을 살아 낸 91세 어머니, 고아로 자라 철학자의 꿈을 키우던 대학 강사, 의대생, 재일 교포, 전직 기자, 교사, 해고 노동자……. 그리고 이들과 함께 수십 년 이상 고통 받은 가족들의 삶이 오롯이 담겨 있다.

왜 자꾸 '법원 개혁' '검찰 개혁'을 외치는지 아리송한 이들에게 책을 권한다. 이런 이야기들이 별로 궁금하지 않은 이들에게도 권한다. 모두 읽길 빈다. 지금 여기의 사법 정의를 바로세우지 않는다면, 우리는 무엇에 기대어, 누구를 믿으며, 인간의 존엄을 잃지 않고 살아갈 수 있을까. 애초에 왜 사법기관을 만들었는지, 판검사들의 마땅한 책무가 무엇인지, 책을 통해 그 해답을 얻길 바란다.

이탄희 | 변호사, 공익인권법재단 공감

취재의 시작 /이명선

쉬운 일은 누구나 한다

진실탐사그룹 '셜록'에는 비선실세가 있다. 바로 박성철 변호사다. '셜록'의 대표인 박상규 기자나 내가 허우적거리고 있으면, 늘 우리를 건져 올려 부표를 다는 게 그다. 취재 과정에서 간혹 벽과 마주하면 번뜩이는 아이디어로 돌파할 구멍을 말해 주기도 하고, 정신이 번쩍 드는 질책을 건네기도 한다.

다른 언론사와 '셜록'이 다른 점은 바로 이거다. '셜록'의 구성원에는 기자뿐만 아니라 변호사가 있다. 박성철 변호사의 역할은 단순히 법률 상담에 그치지 않는다. '셜록'의 기자들과 변호사는 기사로 다룰 문제들을 법적으로 해결하기 위해 어떻게 헤쳐 나가야 하는지를 같이 고민한다. '셜록' 기자들이 겁 없이 움직이는 데는 사실 이런 특별

한 이유가 있다.

내가 박성철 변호사를 처음 만났던 곳은 종로의 한 이자카야였다. 2016년 12월 '셜록' 개국 공신들은 뜨거운 사케 앞에 모여 앉았다. 내가 '셜록'의 탄생 비화를 들었던 것도 그때다. <다음>DAUM 스토리펀딩에서 박상규 기자가 재심 전문 박준영 변호사와 '재심 3부작' 진행을 마치고 난 뒤, 박성철 변호사가 박 기자에게 먼저 연락했다고 한다. 두 사람이 처음 만난 곳은 영국이었다. 셜록 홈즈의 나라. 어쩌면 회사 이름이 '셜록'이 된 데는 그 영향도 있을지 모른다. 취재를 넘어 해결을 꿈꾸는 기자, 변호를 넘어 사회 변화를 꿈꾸는 변호사가 이국에서 만나 지금의 '셜록'을 만들었다.

"최근 대법원에서 과거사 사건에 대한 손해배상 소멸시효를 확 줄이면서, 배상을 못 받는 경우가 있는데요. 혹시 두 기자님은 이런 얘기에 관심 있으세요?"

당시 박 변호사는 과거사 사건의 국가배상 청구권 소멸시효를 6개월로 제한하는 것이 헌법에 어긋난다며 위헌 소송을 한 상태였다. 양승태 대법원장 취임 이전의 사법부는 과거사 피해자들이 무죄판결 확정일로부터 3년 안에 국가 손해배상 청구를 하면 받아들였다. 그런데 양승태가 법원 수장이 되면서 사법부가 뚜렷한 근거 없이 손해배상 시효를 3년에서 6개월로 바꿨다. 이로 인한 피해자가 상당하고, 박 변호사는 위헌 소송을 통해 헌법재판소에 무엇이 옳고 그른지 묻고 싶다고 했다.

박성철 변호사의 이야길 듣자마자 박상규 기자의 눈이 반짝였다. '보수 정권이 들어서니 사법부가 원칙마저 바꾼 것인가' 하는 생각이 머리에 스쳤다. 나는 이 생각을 말로 옮기진 않고, 두 사람의 대화를 듣고만 있었다. 법조 취재 경험이 전혀 없고 과거사 문제도 다뤄 본 적 없는 나는 이 주제에 관해 어떤 판단도 내릴 자신이 없었다. 나는 종편에서의 기자 생활을 접고, '셜록'이라는 새 도화지에 새 그림을 그린다는 것이, 몹시 흥분되면서도 두려웠다. 박 기자는 술잔을 내려놓고는 내 눈을 봤다.

"이 취재 어때요? 쟁점들 취재해서 보도하면 꽤 의미 있을 것 같은데요. 자신 있어요?"

"사법 쪽 취재는 처음이라 서툴 것 같은데요"

"누구에게나 처음은 있지요. 하면서 배우는 거니 해봅시다."

나는 식어가는 사케를 두 손으로 움켜쥔 채 "네"라고 답했다. 의지 하나는 분명했다. 그 의지가 대답을 이끌었다. 다시 돌아온 만큼 좋은 기사를 써서 의미 있는 자취를 남기고 싶었다. 하지만 당시까지만 해도 나는 '보상'과 '배상'의 차이가 무엇인지, 국가배상 청구권에 손해배상 시효란 게 있었는지조차 알지 못했다. 잘해야 한다는 강박과 셜록에 기여해야 한다는 목적의식으로 가득 차 있을 뿐이었다. 취재는 이렇게 시작됐다. 과거사와 사법부 관련 취재가 곧장 이어졌다.

박성철 변호사의 일 처리는 속전속결이었다. 며칠 지나지 않아 나는 지난 몇 년 양승태 사법부에서 벌어진 국가배상 청구권 관련 자료를 한아름 받게 됐다. 자료가 지닌 이야기는 하나 같이 슬펐다. 우리의 아픈 현대사가 고스란히 담겨 있었다. 강제징용과 위안부 문제 같은 일제강점기 시절의 일들부터 긴급조치 사건 같은 박정희 정권 시절의 일들까지……. 국가 폭력 피해자들의 고통스러운 삶이 고스란히 담겨 있었다.

돌이켜 생각해 보면 '셜록'에 합류하게 된 결정적 계기도 '과거사' 때문이다. 부끄럽게도 한국 근현대사에 대해 무지했던 나는 2016년 여름, 홍대의 한 출판사에서 진행하는 현대사 수업에 가던 길에 박상규 기자를 우연히 만났다. 그때까지 박상규 기자와 나는 몇 번의 술자리를 가진 게 전부였고, 그날도 몇 년 만이었다. 땀을 뻘뻘 흘리며 빠르게 걷다가 카페 조명 아래에서 빛나는 또 다른 조명(?)에 시선을 돌렸고, 그것은 박 기자의 민머리였다. 노트북 앞에서 무언가 열중하고 있는 그에게 다가가 내가 먼저 말을 걸었다.

"이게 몇 년 만이에요. '재심 3부작'* 정말 잘 읽었어요."

"오랜만입니다. 그나저나 언제 회사 그만둔 거예요? 나랑 비슷한 시기에 그만둔 거 같은데."

"1년 반 정도 됐어요. 작은 출판사에 다니고 있어요."

"조만간 다시 봅시다."

그때까지만 해도 나는 박상규 기자가 '셜록'의 청사진을 그리고 있다는 사실을 전혀 몰랐다. 똘기 가득한 기자와 그에 못지않게 별난 변호사가 만나 저지른 극적 사건 같은 '재심 3부작'이 꽤 회자되었지만, 그것이 시작에 불과하다는 걸 그때는 알지 못했다.

---

* 익산 약촌오거리 택시 기사 살인 사건, 삼례 나라슈퍼 3인조 강도 치사 사건, 완도 무기수 김신혜 사건을 파헤친 박상규 기자와 박준영 변호사의 3개의 재심 프로젝트. <다음> 스토리펀딩을 통해 공개되었고, 재심에서 승소하면서 큰 화제를 모았다. 『지연된 정의』(후마니타스, 2016)로 출간됐다.

며칠 후 늦은 밤, 박 기자가 정말 연락을 해왔다. 허름한 맥주 집에서 술이 적잖이 취한 박 기자는 "세상에 쉬운 일은 누구나 한다"라는 말을 하며 내게 '셜록'에 합류하지 않겠냐고 물었다. '이번 생에 다시 기자는 없다'라고 한 다짐이 무색하게도, 그날 나는 뜬눈으로 밤을 지새웠다. 결정을 내리는 데까지는 그리 오래 걸리지 않았다. 나는 파주 출판단지로 향하는 버스 안에서 머릿속으로 생애 두 번째 사표를 썼다.

'곧 죽어도 고GoG다'라는 심정으로 며칠 뒤 사표를 냈다. 그때부터 박 기자를 따라 지방의 재판장을 다녔다. 박준영 변호사와 가까워진 것도 그때였다. 당시 '삼례 나라 슈퍼 강도 치사사건' '익산 약촌오거리 택시기사 살인 사건'의 재심이 막바지로 향하고 있었다. 한 주는 전주로, 그다음 주는 광주로 향했다.

마음까지 동한 것은 재판 때 본 두 사람의 모습 때문이었다. 변호사 선임료를 한 푼 받지 않으면서 한 번도 앉아서 변호하는 법이 없는 박준영 변호사와 박 변호사의 최후 변론을 들으며 몰래 훌쩍이는 박상규 기자를 바라보며 '셜록'으로 완전히 마음의 호적을 옮겼다.

박성철 변호사로부터 받은, 양승태 대법원장 시절의 국가 손해배상 소멸시효와 관련된 자료를 책상에 쌓아 두고 그때의 두 사람 모습을 자주 떠올렸다. 딱딱한 글로 정리된 수천 장의 문서 뒤에는 얼마나 많은 눈물이 담겨 있을까. 과연 나는 박준영, 박상규, 두 사람처럼 열과 성을 다해 이 사안에 빠져들 수 있을까.

양승태. 보수 성향의 대법원장이라고만 알고 있었던 그를 자주 검색하게 된 것도 그때부터였다. 나는 '도대체 왜 양승태 사법부가 과거사 피해자들에게 배상금을 주지 않으려 했을까'라는 궁금증을 안고 관련 피해자들을 찾아 나섰다.

취재를 시작했을 당시에는 사법 농단이라든가, 재판 거래 같은 헌정사상 전무한 의혹이 터져 나올 거라고 상상하지 못했다. 의문에 대한 윤곽이 드러난 것은 취재를 시작하고도 한참 뒤였다. 2017년, 이탄희 판사가 사직서를 던졌다. 이때부터 의문의 실체가 모습을 드러냈다.

예고된 만남일지도

2017년 봄, "나는 왜 종편을 떠났나"를 연재하며 꽤 시끄러운 인생을 살고 있던 때였다. tbs 라디오 <김어준의 뉴스공장>에 출연하고, 『한겨레』에 인터뷰 기사가 나가면서 응원과 손가락질을 동시에 받고 있었다.

종편이 싫어 회사를 나왔지만, 내 시작점이라는 것만으로도 생각보다 많은 사람이 내게 '배신'이라고 했다. 그렇게 한번에 많은 사람을 잃고, 많은 사람을 얻은 적이 없었다. 그 연재는 사실 내게 일종의 '이제는 부끄러운 기자는 되지 않겠다'는 다짐의 글이었다.

당시 나는 양승태 사법부의 후퇴한 국가 손해배상 판결 취재에 '올인'하면서 질러 놓은 다짐을 실현하기 위해 고군분투하고 있었다. '셜록'에 와서 시작한 첫 번째 기획이었기에 열의가 더욱 뜨거웠다.

그때 우연히 『한겨레』의 국가배상 관련 기사에서 4·9통일평화재단을 발견하고 무작정 찾아갔다. 4·9통일평화재단(4·9재단)은 1974년 벌어진 '인민혁명당(인혁당) 재건위' 사건으로 고초를 겪었던 피해 당사자와 가족들이 십시일반 돈을 모아 만든 재단이다.

나는 인혁당 재건위 사건의 피해자와 가족들이 어떻게 살고 있는지 궁금했다. 무죄판결에 국가배상 선고까지 받은 이들이 왜 이렇게 고통 속에 살고 있는지 자세히 알고 싶었다.

"안녕하세요? 잘 모르시겠지만 저는 진실탐사그룹 '셜록'의 이명선입니다."

"언젠가 뵐 거라고 생각했는데 이렇게 빨리 뵐지는 몰랐네요."

종편 기자였을 때는 시민단체 방문이 늘 편치 않았다. 종편 출범 자체를 반대하는 시민단체가 많았고, 시민단체의 목소리에 귀 기울이는 보수 종편이 거의 없던 탓이다. 출범 후 한동안 참여연대를 비롯한 대부분의 시민단체가 종편의 취재를 거부했고, 전국교직원노동조합(전교조)은 종편과는 인터뷰를 일절 하지 않았다. 이는 JTBC도 예외가 아니었다(출범 후 얼마간 종편들의 상황이 그리 다르지 않았다). 물론 4·9재단은 엄밀히 말해 시민단체는 아니지만, 반통일·반평화·반인권적 사회 문제에 목소리를 내왔다는 점에서 같은 역할을 하는 곳이다.

어떤 비전을 가지고 있는지가 조직의 규모보다 중요하다는 걸 깨닫고서야 '셜록'에 들어왔다. 대중이 느끼는 언론의 실망감이 큰 만큼 좋은 언론에 대한 갈증도 컸다. 그래서일까. 당시 생긴 지 반년이 안 된, 새 언론사 '셜록'에 관심을 가지는 이들이 많았다. '셜록'은 '끝까지 간다'는 마음으로 무장되어 있었다. 우리는 언론사 기자로서 공적인 목소리를 낼 뿐 아니라, 시민단체 활동가처럼 사회에 필요한 해결점을 찾는 기사를 쓰고 싶었다.

4·9통일평화재단 안경호 사무국장이 건넨 인사가 더욱 반가웠던 데는 이런 사연이 있었다. 나는 문고리를 잡고서도 어떻게 인사말을

건네야 할지 고민했다. 내용을 잘 모르면서 무작정 찾아가는 게 실례가 되지 않을까 하는 두려움도 있었다. 하지만 안 국장은 마치 오래 알고 지낸 사이처럼 편안하게 나를 대했고, 이야기는 술술 풀렸다.

"라디오에 나온 기자님 이야길 들으면서 '셜록'을 처음 알았는데요, '셜록'이라면 우리 문제를 잘 다뤄 주시지 않을까 생각했어요. 그런데 이렇게 직접 와주시니 감사합니다."

"어휴, 아닙니다. 이렇게 반갑게 맞아 주시니 제가 감사하죠."

인혁당 재건위 사건은 최악의 사법 살인이 자행된 일로 악명 높다. 사형수 8명이 법원의 선고 직후 불과 18시간 만에 형장의 이슬로 사라졌다. 사형 집행 후 경찰은 시신을 탈취해 강제로 화장했다. 진실을 확인하는 데는 오랜 시간이 필요했다. 인혁당 사건 피해자들이 무죄 판결을 받기까지 무려 30여 년이 걸렸다. 사법부의 오판을 바로잡는 데 한 세대 넘는 시간이 걸린 셈이다.

악몽은 거기서 끝나지 않았다. 피해자의 무고한 세월을 국가가 배상해야 한다고 결정했던 사법부가 돌연 태도를 바꿨다. 2011년 1월, 대법원이 인혁당 무기수·유기수 피해자와 그 가족 77명에 대한 국가 배상 이자 계산법을 바꿨고, 이로써 30여 년 치 이자가 삭제됐다. 배상금 규모는 280억 원가량으로 대폭 줄었다. 피해자들은 가지급된 491억 원에서 절반이 넘는 돈을 도로 토해내야 했다.

최악은 2013년 7월에 벌어졌다. 대법원뿐만 아니라 국정원까지 나서 빚쟁이처럼 굴기 시작했다. 국정원은 인혁당 피해자 77명에게 '받은 돈을 돌려내라'며 부당이득 반환 청구 소송을 제기했고, 결국 인혁당 피해자들이 패소했다. 쉽게 말해 사법부가 위로금을 가지급하라고 판결했다가 금액을 대폭 줄였고, 이로써 갑을 관계가 바뀐 것이다. 대법원이 이자 계산법을 바꾸는 결정을 내린 데에는 뚜렷한 근거가 없었다. 이게 바로 취재를 시작한 이유였다.

"인혁당 재건위 사건 피해자 선생님들을 뵙고 싶어서 찾아왔습니다. 궁극적으로는 양승태 사법부의 과거사 판결에 대해 얘기하고 싶어요."

"아마 선생님들도 좋아하실 겁니다. 하실 말씀이 많을 거예요. 1, 2주의 시간만 주시면, 제가 관련자들을 다 모아 보겠습니다. 기다려 주실 수 있나요?"

일주일쯤 지났을까. 안 국장이 양평의 한 주소를 문자로 보냈다. 마치 오래전에 한 약속처럼 일이 순탄하게 진행됐다. 인혁당 무기수·유기수 식구들이 모인 곳은 인혁당 재건위 사건 당시 15년형을 선고받은 이창복 선생 댁이었다.

유신 시절 박정희 정권이 추구하던 '반공反共반북' 이데올로기에 힘을 싣고자, 중앙정보부가 만든 가짜 간첩들은 백발이 성성한 노인들이 되어 있었다. 모진 인연으로 맺어진 이들의 세월은 40년을 넘어서고 있었다. 이들 중에는 세상을 떠난 이도 있었고, 여전히 산증인으로 활동하는 이도 있었다.

박정희가 맺어 준 가족

이창복 선생 댁에 도착하니 그림 같은 풍경이 눈앞에 펼쳐졌다. 집은 언덕 위에 자리 잡고 있었다. 집 앞뜰에는 손수 가꾼 정원이, 뒤뜰에는 야생화가 듬성듬성 피어 있는 잔디밭이 있었다.

정원은 한반도 모양이었다. 집을 방문하는 손님들에게 정원을 보여 주는 것이 하나의 순서인 듯, 이 선생은 '제가 얼마나 꼼꼼한 줄 압니까' 우스갯소리를 하면서 자연스럽게 독도를 가리켰다. 방문자들도 자연스럽게 휴대전화를 꺼내 정원을 사진 찍었다.

거실 창문으로 마을이 한눈에 내다보였다. 구름 사이로 통과한 초여름의 따뜻한 햇살이 손님들을 살피느라 바쁜 고양이 한 마리를 한가롭게 내리쬐고 있었다. 평화로웠다.

딱 하나만 제외하면 모든 것이 완벽해 보였다. 집을 국가정보원이 압류하고 있었다. 눈에 띄지 않았지만, 이창복 선생 집에는 압류딱지가 붙어 있었다. 국정원이 소유한 집에 선생 가족이 살고 있었다.

인혁당 가족들을 보며 명절 무렵 모인 대가족을 연상했다. 이창복 선생의 아내 박인순 선생의 잔칫상을 보자 명절 느낌이 더 났다. 하루 전, 서울에 있는 전통 시장까지 가서 식재료를 사와 진수성찬을 마련했다. 얼마나 반찬이 많았는지, 손님들은 긴 나무 밥상에 둘러앉아 밥상 밖으로 밀려 나려는 접시를 사수하느라 분주했다. 그러던 중 누군가 웃기면서도 슬픈 농담을 건넸다.

"우리는 박정희가 맺어 준 가족입니다."

박정희 정권의 중앙정보부는 '북한의 지령을 받았다'는 거짓 진술을 받기 위해, 무고한 이들에게 할 수 있는 모든 고문을 했다. 인혁당 재건위 사건 때도 그랬다. 애초에 '인혁당'은 존재하지 않았지만, 모진 고문으로 거짓 자백을 받아 냈다. 존재하지 않은 조직이기 때문에 대부분의 피해자들이 그때 처음 서로 얼굴을 알았다. 그런 맥락에서 보면 박정희 정권에 의해 만들어진 인연이 맞았다. 박정희 정권은 이들을 희생양 삼아 유신 체제를 공고히 했다. 웃음도 잠시, 농담이 가진 무게 때문에 화기애애했던 분위기가 순간 사라졌다. 웃음소리를 적막이 대신했다.

인혁당 재건위 사건이 난 지 반세기에 이르면서, 이 모임에는 아버지를 대신해 아들딸들이 자리하기도 했다. 몸이 편찮으신 전창일 선생을 대신해 막내딸 전재연 씨가 왔고, 이미 돌아가신 고 전재권 선생과 나경일 선생을 대신해 전영순 씨와 나문석 씨가 멀리 양평까지 찾아왔다.

식사를 마치고 술을 곁들이는 자리에서 본격적인 인터뷰가 시작됐다. 노트북을 켜고 자판에 손을 올리자마자, 전영순 씨가 눈물을 터뜨렸다. 나문석 씨는 쓰디쓴 술잔을 한 번에 들이켰다. 나 씨는 한숨을 뱉으면서 어렵게 말을 시작했다.

"기자님, 저희가 그동안 겪은 고초를 이 자리에서 다 말하는 건 불가능합니다. 사실 많이 지칩니다. 저희가 언제까지 기자들을 만나서 이런 얘기를 해야 할까요? 이런 얘기가 기사화된다고 해서 바뀌는 게 있을까요?"

부랴부랴 녹음기를 켜고 노트북을 열었던 나는 타이핑을 멈추고 그에게 눈을 맞췄다. 고작 반나절 동안 그 자리에 참석한 사람들의 유구한 이야기를 듣고 정리할 수 있다고 생각한 것은 건방진 발상이었다. 그들의 이야기는 생전 모르던 세계의 것이었다.

그리고 우리는 그때까지만 해도 모르고 있었다. 이 모든 이야기에 또 한 사람이 연루되어 있었다는 사실을.

손님들은 긴 나무 밥상에 둘러앉아 밥상 밖으로
밀려 나려는 접시를 사수하느라 분주했다.
그러던 중 누군가 웃기면서도 슬픈 농담을 건넸다.
"우리는 박정희가 맺어 준 가족입니다."

ⓒ이명선

널 쓰러뜨린 건
내 칼이 아니라, 네 과거다.

몬테크리스토 백작, 『브이 포 벤데타』

1

양승태의 법관 시절
1975~2004

'과거사 사건의 국가배상 청구 소멸시효' 취재의 첫 단추가 인혁당 재건위 사건이 된 이유는 국가배상 청구 소멸시효와 직접적으로 연관되지는 않지만, 국가가 국가 폭력 피해자에게 배상금을 주지 않으려고 했다는 점에서 맥락이 같았기 때문이다. 그전까지는 불법행위가 발생한 날로부터 배상 책임이 발생하고, 이자도 그때부터 계산했다. 하지만 2011년 9월, 대법원 전원합의체가 인혁당 재건위 사건의 지연이자 기산점을 늦추면서 법원 내 분위기가 '국가배상금 줄이기'로 바뀐 것이다. '왜 대법원은 인혁당 재건위 사건 무기수·유기수 가족들의 배상 금액을 대폭 줄였나. 과연 그 근거는 합당한가'를 알아내기 위해 피해자들을 찾아가 그들의 이야기를 듣고, 관련 자료를 모으기 시작했다.

인혁당 재건위 사건은 박근혜 전 대통령과도 인연이 깊다. 18대 대선 때 박근혜 당시 대선 후보는 '인혁당에는 두 개의 판결이 있다'며 박정희 유신 시절 최악의 간첩 조작 사건으로 꼽히는 인혁당 재건위 사건을 두둔하는 발언을 했다가 논란의 중심에 선 적 있다.

박근혜는 그 발언으로 지지율에 제동이 걸리자 바로 꼬리를 내렸다. 기자회견을 열어 과거사 피해자들을 만나고 아픔과 고통을 치유하겠다고 약속했지만, 진정성에 의심을 샀다. '인혁당'을 '민혁당'이라고 잘못 읽는 일도 있었다. 프롬프터에 잘못 적혀 있었기 때문이라고 설명했지만, 논란은 쉽게 가라앉지 않았다.

그러나 박근혜 대통령의 취임 후 인혁당 재건위 사건 피해자들의 고통은 오히려 커졌다. 과거사 피해자들의 눈물을 닦아 주겠다던 박근혜 정권은 오히려 피해자들에게 받은 배상금을 토해내라 했다. 행정부 산하의 국정원이 피해자들을 상대로 부당이득 반환 소송을 제기했고, 이겼다. 피해자들의 숨통은 점점 조여 왔다. 집은 경매에 넘겨질 위기에 처했고, 통장은 압류됐다. 20퍼센트에 달하는 연체이자율이 빚을 눈덩이처럼 불렸다.

취재는 자연스럽게 양승태 대법원의 재판 거래와 사법 농단 사건 취재로 한 걸음씩 나아갔다. 재판 업무에 대한 행정적 업무를 보조해야 하는 법원행정처가 재판 거래를 의심할 만한 문건을 작성했다는 의혹이 터지자, 사법부가 정권의 입김 때문에 재판에 영향력을 행사한 것 아니겠냐는 심증이 점차 확신으로 굳어졌다. 사법부가 인혁당 재건위 사건 피해자들의 손을 중간에 놓아 버린 듯한 판결을 내린 것도 같은 맥락에서 일어난 것이라는 추측도 나왔다.

당시 언론은 국가 폭력 피해자들을 두 개의 시선으로 바라보고 있었다. 보수 언론은 주로 '피해자들에게 지급하는 배상금이 지나치게 많다'는 목소리를 냈다. 진보 언론은 반대였다. 법원이 과거사 피해자들의 국가 손해배상을 까다롭게 인정하는 것을 꼬집었다. 진보 언론은 특히 2011년 9월 양승태 대법원장 취임 이후 국가배상 책임의 범위가 제한적으로 판정되는 것에 주목했다.

비판의 목소리가 정점을 찍은 것은 대법원 전원합의체가 2013년 12월에 내린 판결이었다. 당시 대법원은 국가의 불법행위에 대한 손해배상 청구 가능 기간을 진실·화해를 위한 과거사정리위원회 결정이 난 뒤 3년에서 6개월로 대폭 단축하는 판결을 내렸다. 재판의 주심은, 법원행정처장으로서 사법 농단의 핵심 역할을 했던, 박병대 전 대법관이었다. 그날 이후 양승태 체제의 사법부를 불신하는 분위기가 분명히 감지됐다. '양승태'라는 이름이 자주 언급됐다.

인혁당 재건위 사건 피해자의 국가배상 청구 소멸시효에 관한 기획 이후 '셜록'은 자연스럽게 양승태 사법부로 취재의 방향을 바꿨다. 양승태는 과연 어떤 법관이었고, 과거에 어떤 판결을 내렸는지 추적해 보기로 했다. 양승태 전 대법원장의 삶을 그가 내린 재판에 입각해 살펴보기로 했다. 그는 사법부가 판결을 두고 청와대와 거래를 시도한 정황, 판사 사찰 등이 담긴 문서가 공개됐을 때 기자들에게 이런 말을 한 적이 있다.

재판 독립의 원칙을 금과옥조로 삼는 법관으로서 40여 년을 살아 온 사람이 재판 개입을 꿈꿀 수 있겠습니까?[*]

법관은 법률과 양심에 따라 독립해 심판한다는 헌법 제103조를 평생 실천해 왔다고 양 전 대법원장은 말했다. 과연 그 말은 사실일까. 청년 양승태는 어떤 사람이었을까.

* 양승태, '재판 거래' 파문에 대한 입장 표명 기자회견(2018/06/01).

강요된 허위 자백과 의도된 오판 /박상규

법관은 헌법과 법률에 의하여 그 양심에 따라 독립하여 심판한다.

— 헌법 제103조

오재선을 만나기 위해 2018년 봄 제주도로 향하는 비행기를 탔다. 제주도로 향하는 비행기가 김포공항에서 완전히 이륙했을 때 법원 판결문을 꺼냈다. 같은 부분을 반복해서 읽었다.

제주시 청자다방에서 김○○을 만나 차를 마시며 도민들의 생활 실태 파악 위해 문의. 그로부터 제주시에서 5인 가족이 생활하고 중고교생이 있으면 한 달에 10만 원으로 모자라고, 약 20만 원 가까운 생활비가 소요된다. …… 취지의 대답을 받아 냄으로써 국가 기밀을 탐지, 수집하고…….

제주시 5인 가족 생활비가 국가 기밀이라니. 특별 교육을 받고 제주까지 온 간첩이 위험을 무릅쓰고 수집한 정보 수준이 생활정보지만

1 / 양승태의 법관 시절 1975~2004

도 못하다. 그가 탐지한 정보는 더 있다. 여기까지 읽으니, 정보의 질
보다 간첩의 수준이 의심스러웠다.

> 농촌에서는 비료 값이 80퍼센트 이상 인상되었는데 농산물 가격은 제자
> 리걸음이어서 생활하기가 어려운 실정이다.

제주 공항에 도착하자마자 대한민국 법원이 간첩이라고 확정한 남자
에게 전화를 걸었다. '접선' 장소를 알려 달라고 요청했다.

"지금 입도했습니다. 어디로 가면 될까요?"

"뭐라고요?"

"제주공항이라고요!"

"잘 안 들려요 좀 크게 말해 봐요!"

"비행기에서 내렸다고요!"

나도 모르게 소리를 질렀다. 공항 1층 로비에 있던 사람들의 눈길
이 일제히 내게 쏠렸다. 은밀한 접선은커녕 대화도 힘들었다.

"내가 귀가 잘 안 들려요. 주소 불러 줄 테니, 찾아오세요. 제주시
도평동⋯⋯."

함량 미달 정보 취득에 이어, 청력이 안 좋은 간첩. 판결문에 따르
면 그는 제주에서 일본으로 세 차례 밀항을 결행해, 일본에서 간첩 교
육을 받은 겁 없는 인물이다. 이런 대목도 나온다.

> 1962년 3월 하순경 고○○ 외 20여 명을 모집하여 재도일(밀항)하였으
> 나, 타고 가던 배가 기관 고장으로 표류하는 바람에 일본 해상보안청에

검거되어 한국으로 강제 송환되고…….

그가 불러 준 주소에 도착하니 요양원이었다. 그는 지팡이를 짚고 요양원 입구에서 기다리고 있었다. 차에서 내리자 그가 악수를 하려고 오른손을 내밀었다. 미소 짓는 그의 얼굴에 파도 같은 주름이 겹겹이 퍼졌다.

"제가 이 요양원에 2005년 3월에 들어왔으니, 벌써 13년째 살고 있어요. 그동안 돌아가신 분도 많이 봤어요. 한 스무 명 넘지. 제가 여기서 두 번째 고참이에요."

대법원이 유죄를 확정한 간첩 오재선(1941년생). 그는 자신이 제주 요양원에서 '넘버2'라고 자랑했다. 요양원 밖 의자에 그와 함께 앉았다. 저 멀리 바다가 보였다.

"비료 값 80퍼센트 인상, 제주시 5인 가족 생활비……. 이런 걸 정말 정보로 수집한 겁니까?"

그는 다른 이야기를 했다.

"미안한데요, 제 오른쪽 귀가 기능을 잃어서 듣지를 못합니다. 왼쪽 귀도 난청이고요. 그니까 목소리를 크게 높여서 말을 해주세요. 정말 미안합니다."

오재선은 왼손을 오므려 왼쪽 귀에 바짝 갖다 댔다. 소리를 모아서 들으려는 행동이다. 목소리를 얼마나 높여야 할지, 난감했다. 오재선은 쌍꺼풀진 두 눈을 크게 뜨고 나를 바라봤다. 또 다시 파도 같은 주름이 얼굴에 번졌다.

"청력은 왜 잃으셨어요?"

고함치듯 물었다. 주변 숲에 있던 꿩이 놀랐는지 푸드덕 날아갔다. 오재선은 그제야 좀 들리는지 이야기를 시작했다.

"제주 경찰서로 끌려가서 죽도록 맞았어요. 간첩이라고 자백을 하라는 거예요. 제가 '그게 무슨 말이냐, 내가 무슨 간첩이냐'고 따지니까, 뺨을 때리고 주먹으로 치고, 이불 뒤집어씌우고 발로 밟고…… 아주 심하게 맞았어요. 그러다 오른쪽 고막이 나갔어요. 누명 쓰고 감옥에 갔는데, 제대로 치료를 못 받아서 이제는 아예 들리지 않아요. 구속이 안 됐으면 치료 받았을 텐데……. 누명을 썼으니까 귀까지 먹은 거죠"

왼손을 왼쪽 귀에 댄 채 그는 내 반응을 기다렸다. 몇 초가 흘렀을까. 내가 다시 고래고래 소리를 질렀다.

"이런 거 여쭤 봐서 죄송합니다. 어떻게 고문당하셨어요?"

이번엔 꿩 대신 사람이 반응했다. 요양원의 노인들이 웬 소란인가 싶어 창밖으로 얼굴을 내밀거나 밖으로 나왔다. 오재선은 땅바닥에 무릎을 꿇었다.

"경찰 아홉 명이 때렸어요. 경찰서 바닥에 경찰봉 두 개를 놓고요. 그 위에 무릎을 꿇게 합니다. 허벅지와 종아리 사이에 경찰봉을 꽂고요. 그런 다음 경찰이 제 허벅지를 막 밟아요. 무릎, 허벅지, 종아리가 어찌나 아픈지…… 말로 다 설명을 할 수가 없어요. 또 땅바닥에 머리 박고 엎드려뻗쳐를 하는 '원산폭격'을 시키고, 넘어지면 경찰봉으로 허벅지, 허리 등을 마구 때려요. 자기들이 시키는 대로 허위 자백을 하라고, 그러면 안 때리고 살려 주겠다고"

오재선은 고문 후유증 등으로 오른쪽 귀의 청력을 잃었다.
왼쪽의 청력도 조금씩 잃어 가고 있다.

ⓒ 박유빈

'요양원 넘버2'와 '대한민국 넘버3'

오재선은 1941년 일본에서 태어났다. 2남 2녀 중 장남. 부모는 한국인이다. 해방 직전인 1945년 3월, 가족과 함께 부모의 고향 제주도로 왔다. 그의 부친은 애월 면사무소에서 일했다. 1948년 제주 4·3이 터져 많은 사람이 죽자, 아버지는 살기 위해 홀로 일본으로 도피했다.

오재선은 엄마, 동생들과 함께 제주에서 성장했다. 애월초등학교와 애월중학교를 다녔다. 오재선은 그의 나이 15세인 1956년, 중학교를 중퇴하고 아버지를 찾아 일본으로 밀항했다. 일본에서 아버지와 일본인 새엄마와 함께 살며 가방 공장 재단사, 식당 종업원 등으로 일했다.

그때부터 오재선은 자신을 낳아 준 엄마와 동생들이 있는 제주, 아버지와 새엄마, 이복동생이 있는 일본을 오가며 살았다. 제주에는 먹고살기 위해 일본으로 떠나는 사람이 많았다. 당시 재일 한국인은 북한과 가까운 재일본조선인총연합회(조총련), 남한과 가까운 재일본대한민국민단(민단)으로 크게 나뉘었다. 양쪽의 많은 사람은 서로 적대하지 않고 대체로 가깝게 지냈다. 오재선도 양쪽 사람들과 모두 교류했다. 일본에서 쫓겨나고 다시 밀항하기를 세 번이나 반복했다.

오재선은 1983년 3월부터 한국에서 살았다. 선원, 어구 외판원, 목장 관리인 등의 일을 했다. 서울 등 육지에서는 군사정권 유지와 강화를 위해 재일 교포 유학생이 간첩으로 조작됐다면, 제주에서는 먹고살기 위해 일본에 밀항했던 가난한 사람들이 공안 기관의 먹잇감이 되었다.

"1986년 4월 25일에 제주 경찰서로 끌려갔어요. 경찰들이 일본에서 뭐했는지 자필로 쓰라고 하더라고요. 있는 그대로 썼더니, 그걸 바탕으로 저를 조총련에 포섭된 간첩으로 만들더라고요. 제가 부인하면 계속 고문을 하고……."

경찰서로 끌려간 오재선이 집으로 돌아가는 건, 일본으로 밀항하는 것보다 어려웠다. 오재선은 제주 경찰서에 약 45일간 불법 구금된 상태로 고문을 당하며 수사를 받았다. 그곳에서 간첩으로 다시 태어났다. 구속영장은 그해 6월 11일에 나왔다.

"검찰에서 다른 말 하면, 다시 보안대나 안기부로 가서 처음부터 다시 시작하는 거야. 알았지?"

검찰로 송치될 때, 자신을 고문한 경찰이 말했다. 45일간의 고문에서 겨우 살아남았는데, 처음부터 다시 시작이라니. 오재선은 검사 앞에서도 허위 자백을 했다.

제주 경찰서 경찰 아홉 명. 오재선은 이들의 이름을 모두 기억한다. 오재선이 도저히 잊을 수 없는 인물은 또 있다.

"제가 법정에서는 사실 그대로 이야기했거든요. 나는 간첩이 아닌데, 경찰이 고문하는 바람에 그들이 원하는 대로 허위 진술을 했다고요. 몇 번을 말해도 그 젊은 재판장은 눈 하나 깜짝 않더라고요. 제 동생, 삼촌이 증인으로 출석해 자기들도 고문당한 걸 말해도 아무 소용없었어요. 그러더니 제가 간첩이라면서 징역 7년을 선고하더라고요. 그 양승태 판사를 어떻게 잊습니까?"

고문당한 사실을 아무리 말해도 귀담아듣지 않았던 판사 양승태. 그로부터 약 25년 뒤인 2011년, 그는 사법부 수장인 대법원장이 된다.

"똑똑한 양승태 판사가 나와 우리 가족 말만 믿어 줬으면, 증거라도 제대로 판단해 줬다면 제 귀가 이렇게까지 망가졌겠습니까?"

여든을 앞둔 노인의 눈빛이 파도처럼 흔들렸다. 눈에 물기가 고였다. 그의 말은 거짓이 아니다. 1986년 10월 11일 제주 지방 법원에서 열린 제5차 공판을 기록한 조서에 따르면 오재선은 이렇게 진술했다.

"경찰에서 조사받을 때 기합을 받고 무서워서 그런 것(허위 자백)입니다. …… 진술서를 쓰라고 해서 쓰면 사실이 아니라고 찢어 버리고 다시 쓰라 하고, 머리를 바닥에 박으라 하고, '엎드려뻗쳐'를 하라고 했습니다. 경찰 아홉 명에게 한 달간 고문을 받았습니다."

1986년 10월 31일에는 그의 동생 오○○이 제주지법 양승태 판사에게 경찰로부터 고문당한 사실을 호소했다.

"저는 1986년 5월 4일 (제주 경찰서로) 끌려가 5월 13일에 집으로 돌아왔습니다. 경찰관들의 모진 고문으로 사실과 다르게 진술한 부분이 많습니다. 사무실 바닥에 경찰 곤봉을 두 개 놓고, 저를 그 위에 꿇어앉게 한 후, 허벅지와 정강이 사이에 곤봉을 다시 끼워서 경찰관이 그 곤봉을 밟고 바닥에 있는 곤봉을 굴리는 고문을 당했습니다."

양승태는 이런 구체적인 이야기를 듣고도 관련 질문을 하나도 하지 않았다. 1986년 12월 4일, 양승태는 오재선에게 간첩 혐의로 징역 7년을 선고했다. 그가 오재선에게 징역 7년을 선고한 판결문은 우습다 못해 슬프다.

판결문에 적힌 오재선의 간첩 혐의는 '비료 값 80퍼센트 인상' '5인 가족 생활비' 정보 수집 외에 몇 가지 더 있다.

(제주도민에게) '농촌 생활은 매우 살기 힘들다. 최근에 질소비료는 90퍼

센트, 칼리비료는 60퍼센트가 인상되는 등 평균 50퍼센트나 인상되었다. 농산품 가격은 오르지 않고 공산품 가격만 계속 오르고 있으니 잘살 수가 없다'는 요지의 대답을 받아 냄으로써 국가 기밀을 탐지 수집.

(제주도민에게) '5·16 횡단도로는 5·16 군사 혁명 후 해군 준장 김영관 씨가 제주도 지사로 있을 때 박정희 대통령의 지시로 깡패들을 인부로 동원, 1964년 완공하였는데 길이는 43킬로미터, 폭은 4미터로 제주시에서 서귀포까지 버스로 40~50분 소요된다'는 취지의 대답을 받아 냄으로써 국가 기밀을 탐지 수집.

제주 애월읍 시외버스 정류소에서 외판원이 판매 중인 수첩에 국내선 대한항공 시간표, 전국 주요 열차 시간표, 전국 고속버스 시간 및 안내표가 인쇄되어 있음을 보고 이를 국가 기밀로 수집.

비료 값에 이어 제주에서 서귀포까지 버스로 이동했을 때 걸리는 시간, 외판원이 파는 전국 고속버스 시간표 등이 국가 기밀로 적시됐다. 특히 외판원에게 1000원 주고 구입한 교통 시간표는 오재선의 간첩 혐의를 입증하는 물적 증거로 채택됐다. 그 외에 물적 증거는 하나도 없다. 이쯤 되면 간첩의 능력과 그가 수집한 정보의 질이 아니라, 판사와 판결의 수준을 의심해야 한다.

"비료 값, 열차 시간표가 무슨 국가 기밀입니까(웃음). 고작 그런 걸 들이밀면서 내가 간첩이라고 하는데, 그게 많이 배운 판사 할 짓입니까?"

인터뷰가 끝날 즈음, 오재선은 점심을 함께 먹자며 인근 곰탕집으로 향했다. 곰탕에 하얀 소면이 담겨 나왔다. 오재선이 후후 불며 소면을 한입 먹으려는 순간, 전화기가 울렸다. 그의 동생이었다. 귀가 어두운 오재선의 휴대전화는 상대방 목소리가 크게 들리게 설정돼 있었다.

"형님, 저 도저히 법정에 못 나가겠습니다. 형님 간첩 누명 벗기려면 제가 법정에 나가 말해야 하는데요. 제가 그때 일만 생각하면 머리가 터질 거 같아요. 심장도 두근거리고요. 지금도 너무 힘들어서 누워 있습니다, 형님. 제가 증인으로 나가지 않아도 형님 재판 무사하겠습니까? 정말 죄송합니다."

오재선은 젓가락에 집은 소면을 내려놓지도 못하고 동생의 말을 들었다.

"나는 괜찮으니까, 너 건강부터 챙겨라. 내가 변호사님께 너 증인으로 부르지 말라고 말해 볼게. 걱정 말고 편히 쉬어라."

전화 통화를 하는 동안 그의 젓가락에 들린 소면이 퉁퉁 불었다. 오재선은 울먹이며 "나 때문에 고문을 당한 동생은 지금도 트라우마에 시달린다"고 말했다. 그는 붉어진 눈을 훔치며 불어 터진 하얀 소면을 천천히 씹었다. 그마저도 넘기는 게 쉽지 않은지 밥을 많이 남겼다.

택시를 타고 다시 요양원으로 돌아가는 길. 오재선은 "옛날 이야기를 하면 한동안 밤잠을 못 잘 정도로 심한 두통을 앓는다"고 고백했다. 32년 전 겪은 고문과 양승태 판사의 오판……, 칠순을 넘긴 형제가 여전히 과거의 고통에 묶여 있다. 택시에서 내린 오재선은 지팡이를 짚고 천천히 요양원으로 들어갔다.

그는 기초생활 수급자다. 요양비 등을 제외하면 한 달에 20만 원이 남는다.

"종일 요양원에 있는데 돈 쓸 일이 있겠습니까. 담배만 조금 피는데요, 월 20만 원이면 부족하지 않습니다."

오재선이 13년째 좁은 방에 살면서 '요양원 넘버2'가 되는 동안, 양승태 판사는 '대한민국 넘버3'에 올랐다. 대법원장은 대한민국에서 의전 서열 3위인 자리다.

오재선은 누명을 쓴 지 32년 만인 2018년 8월 23일 재심에서 무죄를 선고받았다. 오랫동안 듣고 싶었던 말 "무죄"를 판사가 선고했을 때, 그는 정작 어리둥절한 표정을 지었다. 오재선의 귀가 멀쩡했을 때, 그가 그토록 간절히 억울하다고 호소했을 때, 양승태는 오재선의 말을 한 귀로 듣고 한 귀로 흘려버렸다. 그 결과는 이토록 참혹하다.

양승태의 삶, 그가 무너뜨린 인생 /박상규

법은 만인에게 평등한데

법관이 약자의 편을 들어야 하는 것이 맞는지 모르겠다.

— 윤남근*

2011년 여름, 양승태 전 대법관은 미국 캘리포니아 존 뮤어 트레일을 걷고 있었다. 미국에서 가장 높은 휘트니산(4418미터)과 요세미티 계곡을 볼 수 있는 아름다운 길, 그 길 어딘가에서 양 전 대법관은 사돈의 전화를 받았다. 전 국가정보원장 김승규**였다. 그는 이렇게 다그쳤다.

* 고려대 법학전문대학원 교수. 양승태 대법원장 인사청문회 증언 (2011/09/06).

** 노무현 정부 당시 법무부 장관과 국가정보원장을 지냈다. 양승태 전 대법원장과는 사법시험 동기다. 2005년 김승규의 셋째 아들과 양승태의 둘째 딸이 결혼하면서 사돈이 됐다. 김승규가 상임 고문 변호사로 일하는 법무법인이 사법행정권 남용 혐의로 재판에 넘겨진 양승태의 변호를 맡았다.

"국가가 부르는데, 어떻게 이렇게 무책임합니까?"

며칠 뒤인 2011년 8월 18일, 이명박 대통령은 차기 대법원장으로 양승태 전 대법관을 내정했다고 밝혔다. 김두우 청와대 홍보수석은 양승태 대법원장 내정자에 대해 이렇게 말했다.

"36년의 법관 생활 동안 판결의 일관성을 유지해 온 데다 우리 사회의 중심 가치인 자유민주주의를 지켜 나갈 안정성과 시대 변화에 맞춰 사법부를 발전적으로 바꿔 나갈 개혁성을 보유했다."

그날 오재선은 양로원 침대에 누워 있었다. 6년째 사는 제주 양로원 가까이에 아름다운 제주 올레가 있지만, 그는 그 길을 걷지 않는다. 한라산과 여러 오름에도 오르지 않는다. 오재선은 무릎이 아파 오래 걷지 못한다.

2011년 9월 6일 오후, 오재선은 양로원에서 텔레비전을 보다 낯익은 얼굴을 발견했다. 서울 여의도 국회에서는 양승태 대법원장 후보자에 대한 인사청문회가 열리고 있었다.

'저 양반 많이 출세했네……'

아무리 오래전 일이라도 잊을 수 없었다. 양승태라고 세월을 피해 갈 수는 없었지만, 오재선은 양승태를 브라운관에서 보자마자 알아봤다. 30여 년의 시간이 흘렀지만 기억이 또렷했다. 속으로 이런 생각이 들었다.

'날 이렇게 만들고, 많이도 출세했구나.'

양승태에 대한 세간의 평가는 엇갈렸다. 인사청문회 증인으로 나온 윤남근 고려대 법학전문대학원 교수는 "너무 완벽한 게 흠이라면 흠이다"라고 양승태를 평가했다. 오재선은 이 말을 알아듣지 못했다.

모든 증인이 칭찬 일색은 아니었다. 대법원장 내정 사유 가운데 하나였던 '그' 일관성이 문제가 됐다. 임지봉 서강대 법학전문대학원 교수는 다음과 같이 평했다.

"판결문의 보수·진보 성향이 문제가 아니라 사회적 강자와 경제 권력자에게 관대하고 노동자와 서민에게는 엄격한 판결을 내리는, 강자에게는 약하고 약자에게는 강했던 것이 문제다."

이 말을 옆에 있던 윤남근 교수가 이렇게 받았다.

"법은 만인에게 평등한데 법관은 약자의 편을 들어야 하는 것이 맞는지 모르겠다."

청문회가 있고 얼마 뒤 양승태는 대법원장에 취임했다.

양승태 대법원장 시절의 사법부가 "박근혜 정권에 최대한 협조"한 혐의가 드러난 지금. 좋은 말만 모아 놓은 김두우 홍보수석의 발표에서 법관 양승태에게 딱 맞는 말이 하나 있다. "판결의 일관성". 법관 양승태의 삶을 살펴보면 이 말은 틀리지 않다. 그가 판결로 "정권에 최대한 협조"한 사례는 한둘이 아니다. 신임 법관 시절부터 그랬다. 그리고 이 양승태의 일관성에 희생된 사람 가운데 한 명이 제주도의 오재선이다.

양승태의 놀라운 일관성

1948년 부산에서 태어난 양승태는 경남고와 서울 법대를 졸업했다. 그는 1975년 11월 1일 서울민사지방법원 판사로 임용됐다.

양승태와 떼래야 뗄 수 없는 사람이 한 명 있다. 김기춘이다. 양승태와 김기춘은 경남고등학교 선후배 사이이면서 서울 법대 선후배 사이다. 공부를 잘해 일찍부터 수재로 불리던 두 사람은 각각 판사, 검사가 되어 각자의 조직에서 '넘버1' 자리에 올랐다.

둘의 공통점은 또 있다. 이들은 여러 사람에게 지울 수 없는 상처를 주고, 한국 현대사에서 큰 오점으로 남은 사건에도 함께 관여한다. 선배 김기춘이 조작하고, 후배 양승태가 도장을 찍어 준 사건은 바로 '학원 침투 북괴 간첩단' 사건이다.

20대 후반의 젊은 판사 양승태가 선배 김기춘이 조작한 사건에 발을 담글 무렵, 30대 중반의 오재선은 일본 어느 도시의 골목에서 빈대떡 장사를 하고 있었다. 그러나 1983년 3월 12일, 한국으로 강제 송환되면서 제주에 정착했다. 그는 1.5톤급 우정호 선원으로 일하는 동시에, 애월 평화목장의 잡부로 지냈다.

양승태는 계속 승승장구했다. 서울고등법원 판사를 거쳐 1986년 38세의 나이로 제주지방법원 부장판사로 부임했다. 이때 일관되게 권력 친화적인 판결을 쌓으며 꽃길을 걸은 양승태와 일본과 한국을 떠돌며 밑바닥 인생을 산 오재선의 물리적 거리가 가까워졌다.

1986년 4월 25일, 오재선은 제주 경찰서로 끌려갔다. 서울 등 육지에서는 군사정권 유지와 강화를 위해 재일 교포 유학생이 간첩으로 조작됐다면, 제주도에서는 먹고 살기 위해 일본을 밀항했던 가난한 사람들이 '좋은 먹잇감'이 되었다. 오재선은 45일간 경찰에게 두들겨 맞으며 간첩으로 다시 태어났다.

"그때 고문을 심하게 당해서 오른쪽 귀를 다쳤어요. 구속이 안 됐으면 치료받았을 텐데…… 누명을 썼으니까 귀까지 먹은 거죠."

간첩이 된 오재선 사건의 판결을 양승태 판사가 맡았다. 피고인 오재선은 법정에서 낮은 자리에 앉았다. 많이 배우고 "똑똑하게 생긴" 양승태 재판장은 저 높은 법대에 앉았다. 오재선은 자신과 달리 귀도 멀쩡해 보이는 양승태가 자신을 구해 줄 거라고 믿었다. 오재선은 읍소하며 진실을 말했다.

"경찰에서 조사받을 때 기합을 받고 무서워서 그런 것(허위 자백)입니다. …… 머리를 바닥에 박으라 하고 엎드려뻗쳐를 하라고 했습니다. 경찰 아홉 명에게 한 달간 고문을 받았습니다."

양승태 재판장은 "어떻게 맞았냐"라든지 고문 관련 질문을 하지 않았다. 오재선의 말을 들었는지, 안 들었는지 알 길이 없었다. '눈'으로 보라고 양승태 재판장에게 직접 편지도 썼다.

"존경하는 재판장님. 피고인은 제주 경찰서에서 장시간에 걸쳐 조사를 받는 과정에서 인생을 포기하는 심정으로 경찰관이 묻는 대로 대답하였습니다. 검사님의 조사 때도 항시 경찰관이 따라 다녀 공포심에 하고 싶은 말을 못하고 오늘 탄원하게 됨을 용서해 주시옵소서."

오재선의 동생과 삼촌도 법정에서 경찰의 고문에 대해 진술했다. 귀가 안 들리는지, 이번에도 양승태 재판장은 일관되게 경찰의 가혹행위에 관한 질문을 하지 않았다. 서울에서 재일 교포 유학생 간첩 조작에 발을 담갔던 양승태 판사는 제주도에서도 같은 일을 반복했다.

1986년 12월 4일, 양승태 재판장은 오재선에게 간첩 혐의로 징역 7년을 선고했다. 같은 날, 역시 일본을 밀항한 적 있는 강희철(당시 27세)에게도 간첩 혐의를 적용해 무기징역을 선고했다. 하루 두 번, 연이은 오판으로 가짜 간첩 두 사람을 만든 법관 양승태.

재일 교포 유학생 사건 때와 다름없이, 제주도의 오재선, 강희철 역시 간첩 혐의를 입증할 명백한 물증이 없었다. 그럼에도 양승태는 두 사람에게 유죄, 그것도 중형을 선고했다. 강희철은 1998년 광복절 특사로 풀려났고, 2008년 재심에서 무죄를 선고받았다. 오재선은 2018년 재심에서 무죄를 선고받았다.

양승태 판사는 단순한 오판을 한 걸까? 한홍구 성공회대 교수는 이렇게 설명했다.

"사건 기록만 봐도 그들이 간첩이 아닌 걸 쉽게 알 수 있거든요. 판사가 기록도 제대로 안 살피고 오판했다면 직무유기고, 간첩이 아닌 걸 알면서도 유죄를 선고했다면 간첩 조작 공범인 겁니다."

정권 유지를 위해 곳곳에서 간첩을 조작한 박정희, 전두환 시절. 양승태는 판결로 독재에 부역한 셈이다.

양승태 판사는 제주지법 생활을 마치고 1989년부터 사법연수원 교수로 활동했다. 1993년에는 '법관의 꽃'이라 불리는 고등법원 부장판사(차관급)가 됐다.

그 시절, 오재선은 광주 교도소 등에서 수감 생활을 했다. 고문으로 다친 오른쪽 귀는 점점 기능을 잃어 갔다. 1991년 세상에 나온 오재선은 자기를 고문한 경찰을 찾아가 따졌다. 진실을 말해도 귀담아 듣지 않고, 묻지도 따지지도 않고 자기를 간첩으로 만들었던 양승태 판사도 찾아가고 싶었다. 하지만 그럴 수 없었다.

양승태 판사는 더 높은 자리로 자꾸자꾸 올라갔다. 2001년 서울지법 북부지원장, 2002년 부산지법원장, 2003년 법원행정처 차장이 됐다. 등산 마니아인 양승태는 높은 산에도 자주 올랐다. 법원 생활을 마치면 자유롭게 살고자 오토바이 면허증도 땄다.

오재선은 제주도에서 야채 장사 등을 하며 살았다. 오른쪽 귀는 완전히 기능을 잃었다. 간첩 딱지가 붙은 그는 어디서든 자유롭게 살 수 없었다. 술을 마시면 종종 고문 경찰을 찾아가 따지곤 했다. 아무리 따져도 망가진 몸과 인생은 돌아오지 않았다.

2005년 양승태는 대법관이 됐다. 보수 성향인 그는 일관되게 거의 다수 의견 쪽에 섰다. 그는 주심으로 용산 참사 사건을 맡았다. 그가 속한 대법원 2부는 "경찰이 진행한 진압 작전을 위법한 직무 집행이라고 볼 수 없다"라고 판결했다.

양승태 대법관이 국가가 제공하는 관용차를 타고 서초동 대법원으로 출근하던 2005년, 오재선은 여전히 제주 양로원에 있었다. 청력을 잃고, 건강이 나빠지고, 가족이 없는 오재선이 남은 생을 의지할 곳이었다. 가방에 든 옷 몇 벌이 오재선의 전 재산이었다. 오재선은 기초생활 수급자였다.

2009년부터 2011년까지 양승태는 중앙선거관리위원회(선관위) 위원장으로 일했다. 선관위는 2010년 6·2지방선거에서 '4대강 사업 반대' 캠페인을 불법행위로 규정했다. '친환경 무상 급식' 운동 관계자를 고발하기도 했다.

같은 시기, 오재선은 제주 양로원에 있었다. 텔레비전을 보며 일상을 보냈다. 몸이 아파 자주 병원을 찾았다.

2011년 9월 양승태는 대법원장이 됐다. 이 시기, KTX 승무원·전교조,·쌍용자동차, 원세훈 전 국정원장의 선거 개입, 국가 폭력 과거사 사건 등과 관련한 판결이 대법원에서 뒤집어졌다. 법원행정처는 판사들을 뒷조사했다.

양승태 판사는 정권과 깊이 관련된 사건을 맡을 때마다 판결로 권력자를 기쁘게 했다. 그는 언제나 권력·강자·다수 편이었다. 집요하고 흔들림 없는 일관성. 그의 판결이 지나간 자리에는 스스로 세상을 등진 KTX 승무원의 무덤이 생겼고, 장애인 오재선과 고문당한 재일교포 유학생이 쓸쓸하게 남았다. 사법부는 만신창이가 됐다.

아무도 기억하지 않는 자의 죽음

2018년 5월, 오재선과 제주도 애월 고내리 포구에 갔다. 오래전 그가 일본 밀항을 위해 배를 탔던 곳이다. 강한 바람으로 바다가 출렁였다. 오재선은 한 손에 지팡이를 짚고 바다를 하염없이 바라봤다.

"제가 살면 몇 년 더 살겠어요. 죽기 전에 재심에서 간첩 누명 벗고 싶죠. 보상금 나오면 저를 18년 동안 먹여 주고 재워 준 양로원과 그동안 도와준 사람들에게 기증하고 떠날 생각입니다. 그 돈 무덤에 가져갈 수 없잖아요(웃음)."

오재선은 살기 위해 목숨을 걸고 건넜던 바닷가 인근에서 담배를 피웠다. 담배 연기는 바람에 흔들리며 곳곳으로 흩어졌다. 오재선의 한 달 생활비는 국가에서 주는 약 20만 원의 돈. 담뱃값을 쓰고 남는 돈 10만 원을 매달 저축했다.

양승태 전 대법원장은 2018년 6월 1일 재판 거래와 판사 뒷조사 등의 혐의를 모두 부인했다. KTX 승무원 관련 판결에 대해서는 "재판은 법관이 양심을 가지고 하는 것"이라고 말했다. 자신은 떳떳하다는 것이다.

오재선은 2018년 8월 23일 제주지방법원에서 열린 재심에서 무죄를 선고받았다. 수억 원의 형사보상금을 받았고, 2019년 1월 13일 양로원을 퇴소했다. 이제 기초생활 수급자가 아니기에, 양로원에 머물 자격이 없어졌기 때문이다. 오재선은 양로원 근처에 원룸을 얻어 혼자 살았다.

양승태는 재판 거래 혐의 등으로 2019년 1월 24일 구속됐다. 전직 대법원장의 구속은 사법 역사상 처음 있는 일이다. 양승태는 구속 6개월 만인 7월 22일 보석으로 석방됐다.

오재선은 양로원을 나온 지 7개월 만인 2019년 8월 25일 지병으로 사망했다. 만약 형사보상금을 받지 않았다면, 그래서 양로원에 거하며 치료를 잘 받았다면 좀 더 오래 생존했을 지도 모른다.

어린 시절, 오재선은 먹고살기 위해 목숨 걸고 바다를 건넜고, 일본으로 갔다. 고향인 제주도로 돌아온 그는 간첩 누명을 쓰고 교도소에서 젊은 시절을 보냈다. 병든 노년에야 어렵게 누명을 벗고 생애 처음 큰돈을 손에 쥐었지만, 누명을 벗은 지 1년 만에 죽음을 맞았다.

오재선은 약속을 지켰다. 그는 보상금 일부를 제주 양로원에 기증했다.

2019년 11월, 양승태는 자택에 편히 머물며 재판을 받고 있다. 그는 오재선에게 한 번도 사과하지 않았다. 다른 재판 거래 피해자들에게도 마찬가지다.

2018년 5월, 오재선과 제주도 애월 고내리 포구에 갔다.

오래전 그가 일본 밀항을 위해 배를 탔던 곳이다.

강한 바람으로 바다가 출렁였다.

오재선은 한 손에 지팡이를 짚고 바다를 하염없이 바라봤다.

ⓒ박유빈

법관이 누군가와 한편일 때 /박상규

판결문의 보수·진보 성향이 문제가 아니라

사회적 강자와 경제 권력자에게 관대하고 노동자와 서민에게는 엄격한 판결을

내리는, 강자에게는 약하고 약자에게는 강했던 것이 문제다.

– 임지봉[*]

그는 사람을 고문할 때 영화 찍듯이 특수 효과를 동원했다. 일명 '엘리베이터실 고문'은 대략 이렇다.

큰 방 중앙에 철제 의자가 하나 놓여 있고, 그 옆에 의자를 작동시키는 기계장치가 놓여 있었다. 옷을 다 벗기고는 의자에 앉힌 다음에 손발을 의자에 묶는다. 그러고는 뒤로 젖혀서 수건을 얼굴에 덮은 뒤 주전자 물을 얼굴에 쏟아 부었다.

그래도 고분고분하지 않으면 엘리베이터 의자를 작동시킨다. 의자는 그

[*] 서강대 법학전문대학원 교수, 양승태 대법원장 인사청문회 증언 (2011/09/06).

자리에서 1~2층 깊이의 지하로 내려간다. 아래에서는 물이 찰랑대는 소리가 들렸다. '이 방 아래로 한강이 흐른다. 너 하나 죽어서 강물에 던지면 아무도 모른다'고 겁 준 상태이기에 그때 느끼는 공포심은 말로 표현하기 힘들다. 나는 그 정도로 그쳤지만, 다른 사람들은 그 의자에서 전기 고문도 받았다. *

재일 교포 유학생 간첩 조작 사건 피해자 윤정헌이 『한겨레』와의 인터뷰에서 밝힌 내용이다. 윤 씨를 고문한 이는 보안사령부 수사관 고병천이다.

고려대학교 의대에 다니던 윤정헌은 1984년 8월 27일 서울 장지동 보안사 분실로 끌려갔다. 43일간 불법 구금 상태에서 강압 수사를 받았다. 고병천 등 수사관들이 고문으로 그를 간첩으로 만들었다.

시나리오는 뻔하다. 일본에 살던 윤정헌이 북한 쪽 정보원에 포섭되어 한국에서 간첩 활동을 했다는 식이다. 고문으로 만든 조작이니 물증이 없고 범죄 사실이 엉성한 건 당연한 일. 그럼에도 재판부는 윤정헌에게 간첩 혐의를 적용해 유죄를 선고했다.

그로부터 30여 년 후, 윤정헌은 재심을 거쳐 2011년 무죄를 선고받았다. 당시 일흔이 넘은 '엘리베이터 고문 기술자' 고병천은 재심 때 증인으로 나와 "고문하지 않았다"고 말했다. 윤정헌은 누명을 벗은 뒤 고병천을 위증 혐의로 고소했다.

* "보안사 고문 수사관보다 조작 추인한 판검사가 더 밉다", 『한겨레』 (2018/05/05).

박근혜 정권 때 검찰은 고병천 수사를 제대로 하지 않았다. 고소 후 5년이 흘러 문재인 정부가 들어선 뒤에야 고병천을 기소했다. 고병천은 위증 혐의로 재판을 받으면서도 "기억나지 않는다"는 식의 책임 회피 발언을 하다가 2018년 4월 2일 법정 구속됐다. 고병천은 재판 끝 무렵에야 윤정헌을 비롯한 고문 피해자에게 사과하는 듯한 말을 남겼다. 선처를 받기 위한 퍼포먼스였다. 그는 이렇게 말했다.

"윤정헌 씨에게 사죄를 드리고, 다른 모든 분들에게도 사죄를 드립니다. 염치없이 선처를 바랍니다."

고문으로 여러 사람을 간첩으로 만든 고병천에겐 고작 징역 1년이 선고됐고 항소심에도 1년형이 나왔다. 여러 시민은 "지연된 정의가 실현됐다"며 판결을 반겼다. 고병천에게 '엘리베이터실 고문'을 당한 윤정헌의 생각은 어떨까. 일본에 있는 그에게 전화를 했다.

"제 사건 조작 내용이 얼마나 유치합니까. 뻔히 조작이란 걸 알면서도 검사가 저를 기소했잖아요. 인권의 최후 보루라는 법원에서 저는 '고문을 당했다'고 말했지만, 판사들은 듣는 척도 안 했습니다. 판검사들도 공범입니다. 그들이 더 미워요. 고병천은 뒤늦게 시늉으로라도 사과를 했습니다. 똑같이 책임이 있는 판사, 검사 중에 사과한 사람은 한 명도 없습니다."

재판 당시 판사에게 모든 사실을 이야기했다는 윤정헌의 말은 사실일까? 그의 기억이 오래되어 윤색된 게 아닐까? 진실·화해를 위한 과거사정리위원회가 남긴 "윤정헌 간첩 조작 의혹 사건 공판 기록 정리 보고서"를 찾아봤다. 1984년 12월 26일 서울지법에서 열린 제2차 공판 기록에 윤 씨의 진술이 적혀 있다.

수사기관에서 조사받으면서 가장 가혹한 대우를 받을 때는, 검사에게 송치된 후 진술을 번복하지 않겠다는 다짐을 받기 위해 강압적인 수단을 사용할 때였습니다. 조사실 금속 의자에 옷을 벗긴 채 앉히고 몸을 끈으로 묶고 손과 몽둥이로 때렸고, 물 적신 수건으로 코를 덮었고, 의자에 앉은 채로 엘리베이터처럼 내려갔다가 물속에 한참 있다가 다시 조사실로 와 고문을 받았습니다.

34년 전 법정 진술과 2018년 『한겨레』 인터뷰 내용이 일치한다. 믿었던 사법부에 배신당한 윤정헌은 "판사도 고문 조작 사건의 공범"이라고 강조했다. 사람에게 고통을 가해 비명 소리를 듣고 자기 손에 피를 묻혀 가며 사건을 조작하는 수사관과 사법고시를 통과해 고위직에 올랐으나 진실에 귀 기울지 않은 판검사. 그들을 하나로 엮어 공범으로 여기는 것은 합당할까?

고뇌의 흔적을 느낄 수 없는 재판

서울에 고문 기술자 이근안과 고병천이 있다면, 제주도엔 김○○가 있었다. 서울에 재일 교포 유학생들이 있었다면, 제주도엔 먹기 살기 위해 일본에 밀항했던 가난한 사람들이 있었다.

제주도 동쪽 조천읍 출신 강희철도 그런 사람 가운데 하나다. 강 씨는 16세 때인 1975년 일본으로 밀항했다. 일본에서 그는 신발 공장, 프레스 공장 등에서 일하다 1981년 7월 한국으로 돌아왔다.

1986년 봄, '제주도의 고병천' 김○○ 형사 등이 강 씨를 체포해 105일간 불법 구금 상태에서 고문했다. 서울의 윤정헌처럼 강희철 역시 뻔한 시나리오대로 간첩으로 다시 태어났다. 일본에서 북한 정보원에 포섭돼 한국에서 간첩 활동을 했다는 식이었다. 간첩 혐의를 입증할 확실한 물증이 없는 것도 똑같았다.

강희철은 고문 경찰의 손아귀에서 벗어난 1심 재판 과정에서도 허위 자백을 이어갔다.

> 그런데 그 자백에는 상식에 어긋나는 것으로 보이는 부분이 많았다. 북한에 가서 머문 동안의 행적에 관하여 하루 세끼 밥반찬 종류는 물론 노동당 당원수첩의 번호 198097까지 한 구절의 오차 없는 진술을 수사기관에서부터 법원까지 되풀이하며 자백한 것이었다. *

사건 기록만 봐도 강희철이 간첩이 아니란 걸 쉽게 알 수 있는 상황. 당시 재판장은 이상한 점을 느꼈을까? 1심 공판이 열린 어느 날, 휴식 시간에 양승태 판사가 강희철에게 슬쩍 다가와 물었다고 한다.

"혹시, 경찰에게 고문당했습니까?"

이 순간에도 강 씨는 고개를 가로저었다. 105일의 고문이 강 씨를 그렇게 만들었다. 강 씨는 양승태 판사가 뭔가 눈치 챘을 거라 기대했지만, 기대는 빗나갔다. 양승태는 1986년 12월 4일 강희철에게 사형 다음으로 무거운 형벌인 무기징역형을 선고했다. 강희철에게 선고한 판결문에는 이런 내용이 나온다.

---

* 박우동, 『판사실에서 법정까지』, 한국사법행정학회, 2000, 159쪽.

1975~2004

'국군 휴양소에는 군인 신혼부부와 장교 가족들이 많이 와서 놀다가 간다'
'나(강희철 지인)는 사우나에서 근무했는데 다른 곳보다 수입도 좋고 근무가 편하다' '국군 휴양소는 호텔과 마찬가지로 방이 깨끗하고 시설도 잘 되어 있다' …… 국가기밀을 탐지 수집하여 간첩하고……

국군 휴양소 방이 깨끗하고 시설이 좋다는 게 국가 기밀이라며 무기징역의 근거로 삼은 판사 양승태. 그는 피고인 강희철이 경찰에 무려 105일 동안 불법 구금됐다는 걸 외면했다. 사건 기록만 봐도 뻔히 보이는 사실인데도 눈을 감았다.

강희철은 2심 때부터 모든 혐의를 적극 부인했다. 2심 재판장은 서성 판사였다. 서성 또한 강희철의 말을 귀담아 듣지 않았다. 그는 "단숨에 결심을 하고" 1987년 3월 31일 강희철에게 무기징역을 선고했다. 당시 27세였던 강희철은 약 12년을 교도소에서 지내다가 불혹의 나이가 되어서야 광복절 특사로 세상에 나왔다. 훗날 박우동 전 대법관은 이 판결에 대해 이렇게 말했다.

북한에 다녀오고 말고는 고사하고 국내에서의 간첩 활동이라는 것도 어디에 발전소가 있고 군부대가 있고 하는 것을 탐지했다는 둥 판에 박은 시나리오를 벗어나지 못하고 있었다. …… 사형 다음의 중형을 선고한 판결에 그렇게 아무 감정도 고뇌의 흔적도 느낄 수 없는 것은 처음 보았다. 그 재판장이란 사람이 원망스러웠다.[*]

[*] 앞의 책.

경찰에게 105일간 불법 감금 상태에서 고문을 당한 강희철.
양승태와 서성은 아무 감정도 고뇌의 흔적도 없이 그에게 무기징역을 선고했다.

ⓒ박상규

박우동 전 대법관이 이런 반응을 보인 이유가 있다. 경찰이 고문으로 만든 "판에 박은 시나리오"에, 한국 사회 최고 엘리트 판사들이 "아무 감정도 고뇌의 흔적도 없이" 무기징역을 선고했다는 점 때문이다. 그 것도, 피고인 강희철이 혐의를 적극 부인함에도, 항소심 판결문 내용 은 딱 아홉 줄, 고작 원고지 1.6매 분량이 전부였다.

제1회 사법고시를 수석으로 합격한 서성 판사는 1997년 대법관이 됐다. 현재는 법무법인 세종에 고문 변호사로 있다.

강희철은 2008년 재심에서 무죄를 선고받았다. 양승태와 서성이 라는 두 엘리트 판사가 심판한 사건이 뒤집힌 것이다. 두 법관은 단순 오판을 했던 걸까? 피고인 강희철이 1심 법정에서 허위 자백을 했으 니 어쩔 수 없었다고 변명할 수도 있다. 자, 그럼 다른 사례를 보자.

제주 경찰서 김○○ 형사는 강희철을 고문하던 1986년 그때, 비슷 한 처지의 오재선(당시 45세)도 45일간 고문해 간첩으로 만들었다. 오 재선은 1심 재판 때부터 적극적으로 혐의를 부인했다. 법정 진술과 탄원서를 통해 경찰이 고문과 강압 수사로 사건을 조작했다고 말했 다. 하지만 당시 재판장인 양승태 판사는 오재선에게 간첩 혐의를 적 용해 징역 7년을 선고했다. 강희철보다 먼저, 더 적극적으로 재판에 서 고문으로 허위 자백을 했다고 호소했음에도 소용없었다. 강희철 보다 먼저, 인간적 감정과 고뇌를 느끼지 못하는 판사를 만난 것이다.

왜 정권에 협조한 법관에게 관대한가

오재선은 항소했다. 2심 재판장은 서성 판사였다. 오재선은 서성에게 도 일관되게 경찰의 고문 사실을 밝히며 억울하다고 말했다. 강희철이 무기징역을 선고받은 1987년 3월 31일 그날, 오재선도 유죄를 선고받았다. 오재선은 이 일을 두고두고 의문으로 여겼다.

"도대체 판사들이 재판을 하는 건지, 개판을 치는 건지 정말 답답했습니다. 경찰에게 고문당했다고 아무리 말해도 판사들이 귀가 안 들리는지, 제 말은 듣지도 않았어요."

같은 형사에게 고문당하고, 같은 날, 같은 판사에게, 간첩 혐의로 유죄판결을 받은 두 사람. 서성 판사는 오재선에게도 강희철과 거의 같은 내용과 같은 분량의 판결문을 남겼다.

윤정헌, 강희철, 오재선, 이들은 저마다의 이유로 일본에서 청소년기를 보냈다. 성인이 되어 한국에 온 이들은 수사관에게 두들겨 맞고 간첩으로 다시 태어났다. 이들 모두 판사에게 희망을 걸었지만 모두 외면당했다. 윤정헌은 1985년 6월 4일 항소이유서에 이렇게 썼다.

"민족 차별을 하는 일본 사회가 싫어서 조국에 와 정착하려는 결심을 했고 결혼해 아기도 낳았는데 배신당한 기분입니다."

고문을 당해 누명 쓴 사람들이 마지막으로 기대는 언덕이 사법부다. 그 사법부가 자기에게 기댄 사람을 내친 사례는 숱하게 많다. 그래도 세 사람만의 특별한(?) 경험이 있다. 책임을 면하기 위한 형식적인 '립 서비스'라 하더라도, 이들을 고문했던 수사관들이 모두 자기 잘못을 일정 부분 인정했다는 점이다.

간첩 조작 사건은 고문 수사관 선에서 끝나지 않는다. 검사의 기소, 판사의 판결로 비로소 완성된다. 고위직이어서 손에 '피' 묻힐 일 없던 판검사들, 고위직이기에 어쩌면 더 큰 책임이 있는 그들 중 사과한 사람은 한 명도 없다.

민주화 이후, 미약하나마 고문 수사관들이 법적 처벌을 받은 사례는 있다. 반면, 고문 조작 사건에 판결로 마침표를 찍은 그 많은 법관들이 법적 책임을 진 사례는 단 한 건도 없다. 여러 과거사 사건이 재심에서 뒤집어졌지만, 국가배상 소송에서 법관의 과실이나 불법행위가 인정된 사례는 없다.

윤정헌, 강희철, 오재선 모두 재심에서 무죄를 선고받았지만, 이들의 인생을 송두리째 망가뜨린 판사들은 여전히 고개를 숙이지 않고 있다. 판사들은 왜 사과하지 않을까. 재심 법정에 증인으로 불려 나가 과실과 불법행위를 추궁당하는 쪽은 늘 수사관과 같은 '아랫사람들'이다. 법관이 법과 양심에 따라 재판을 했는지, 의도적으로 정권의 뜻에 따라 '개판을 쳤는지'는 다툼의 대상이 아니다. 전직·현직 법관이 본인 판결 문제로 증인으로 불려 나간 사례 자체가 없다.

서성 전 대법관은 퇴임 후인 2003년 9월 『동아일보』 인터뷰에서 "후배 법관들에게 한마디"를 부탁하는 기자의 요청에 이렇게 말했다.

현직에 있을 때 처신을 바로 하고 바르게 살려고 항상 노력했습니다. 법관은 항상 용기를 가지고 정의의 편에 서야 합니다. 재물에 대한 욕심을 자제하고 남을 위해 베풀며 '적극적' 청렴을 실천해야 합니다. *

양승태 전 대법원장은 재판 거래 의혹 관련 2018년 6월 1일 기자회견

---

* "'정부 비판 퇴임 강연' 화제 서성 전 대법관", 『동아일보』
(2003/09/23).

에서 스스로 "재판 독립의 원칙을 정말 금과옥조로 삼는 법관으로서 40여년을 지내온 사람이 사람"이라고 말했다.

오재선은 이런 양승태를 뉴스에서 보고 "속이 뒤집어지는 느낌이 들었다"고 했다. 재판 거래 의혹, 판사 뒷조사 문건이 쏟아져 나와도 양승태가 당당한 데는 다 이유가 있다.

우리 사회는 '정권의 몽둥이'로 일한 말단의 고문 수사관에겐 크게 분노하지만, 죄 없는 사람을 때려잡는 판결로 정권에 협조한 고위직 법관에겐 관대하다. 그들에게 법적 책임을 물은 적이 없다. 아직도 이 일로 종종 밤잠을 설친다는 강희철에게 물었다.

"1심에서 무기징역을 선고한 양승태 판사, 용서가 됩니까?"

"가해자가 잘못했다고 말을 해야 용서를 하든가 말든가 하죠. 저한테 그런 말 하지도 마세요!"

강희철은 2008년 재심을 거쳐 무죄를 선고받았다. 그로부터 다시 10년이 지났지만, 양승태는 미안하다는 말을 하지 않았다.

경남고의 수재였던 김기춘 검사와 양승태 판사. 현대사의 영욕을 함께 한 두 사람은 권력의 정점에서 비슷한 일을 또 했다. '블랙리스트'가 그것이다. 김기춘은 문화계 블랙리스트 작성으로 2019년 11월 현재, 구치소에 수감돼 있다. 양승태 대법원장 시절, 법원행정처는 판사들을 뒷조사해 판사 블랙리스트를 만들었다.

"고통스러워서 다 잊고 싶은데, 잊을 수가 없습니다. 기자님, 저는요. 정말이지 무언가를 잘 잊는 사람들이 제일 부럽습니다. 교도소에서 눈만 뜨면 나를 이렇게 만든 사람들에 대한 복수만 생각했습니다."

윤정헌의 말을 복기해 본다.

"고문 수사관과 법관은 공범인가, 아닌가."

오재선 '제주 간첩 조작 사건' 일지

• 1941 출생

• 1956 일본으로 첫 밀항

• 1983 한국 정착

• 1986.4.25. 제주 경찰서 연행 불법 구금

• 1986.6.11. 구속

• 1986.12.4. 제주지법, 1심에서 징역 7년 선고 (판사 양승태)

• 1987.3.31. 광주고법, 2심에서 징역 7년 선고 (판사 서성)

• 1991 출소

• 2003 제주 양로원 입소

• 2018.8.23. 제주지법, 재심에서 무죄 선고

• 2019.1.13. 제주 양로원 퇴소

• 2019.8.25. 사망

윤정헌 '재일 교포 간첩 조작 사건' 일지

• 1953 일본 오사카에서 출생

• 1980.3. 고려대학교 의예과 편입

• 1983.3.12. 한국 정착

• 1984.8. 보안사, 윤정헌 불법 구금

• 1984.10. 보안사, '재일 교포 유학생 간첩 조작 사건' 발표

• 1985.11. 대법원, 윤정헌에 징역 7년, 자격정지 7년 선고

• 1988.6. 광복절 특사로 가석방

• 2009 진실·화해를 위한 과거사정리위원회, '고문에 의한 조작' 결론

• 2010.1. 서울지법에 재심 신청

• 2011.11. 대법원, 재심에서 무죄 확정판결

• 2014.12. 윤정헌, 보안사 고문관 고병천을 위증 혐의로 고소

• 2018.4. 보안사 고문관 고병천, 법정 구속

• 2018.5. 서울중앙지법, 고병천에게 징역 1년 실형 선고

강희철 '제주 간첩 조작 사건' 일지

• 1959 출생

• 1975 일본으로 밀항

• 1981.7. 한국 정착

• 1986.4.28. 경찰에 연행

• 1986.12.4. 제주지법, 1심에서 무기징역 선고 (판사 양승태)

• 1987.3.31. 광주고법, 2심에서 무기징역 선고 (판사 서성)

• 1998 광복절 특사로 출소

• 2008 제주지법, 재심에서 무죄 선고

양승태와 김기춘은 한몸이었다 /박상규

법복을 입으면 사람의 표정은 지워야 하지만,

사람의 마음까지 지워서는 안 된다.

– 문유석, 『미스 함무라비』[*]

오재선, 강희철을 취재하면서 1970년대 내려진 판결문 6개를 새로 입수했다. 누구에게는 사형을, 어떤 이에게는 무기징역과 징역 10년 등을 선고한 판결문이니 모두 행복과는 거리가 먼 사건들이다. 판결문 6개에서 공통점을 발견했다.

· 피고인들은 모두 재일 교포이거나 일본에 다녀온 적 있다.

· 피고인들은 간첩 등 국가보안법 위반 혐의를 받았다.

· 피고인들은 사건 당시 신문 1면을 장식할 정도로 세상의 주목을 받았다.

· 피고인들은 유죄를 입증할 명백하고 뚜렷한 물적 증거 없이 사형 등

[*] 문유석, 『미스 함무라비』, 문학동네, 2016.

중형을 선고받았다.

· 생존한 피고인들은 훗날 재심을 통해 거의 모두 무죄를 선고받았다.

간첩으로 몰려 교도소에 다녀왔으나, 훗날 다시 살펴보니 무죄였던 사람들. 이 6개 판결문에 빠지지 않고 등장하는 이름이 있다.

"판사 양승태"

양승태처럼 명백하게 적시되지 않았지만, 판결문을 읽다 보면 눈앞에 아른거리는 한 인물이 있다. 6개 판결문 가운데 네 사건과 깊이 관련된 인물.

"김기춘"

양승태와 김기춘은 경남고등학교 선후배 사이이면서 서울 법대 선후배 사이다. 공부를 잘해 일찍부터 수재로 불리던 두 사람은 각각 판사, 검사가 되어 각자의 조직에서 '넘버1' 자리에 올랐다.

이들의 공통점은 또 있다. 이들은 한국 현대사에서 큰 오점으로 남은 사건에도 함께 관여한다. 선배 김기춘이 조작하고, 후배 양승태가 승인한, '학원 침투 북괴 간첩단' 사건이다.

김기춘 당시 중앙정보부 대공수사국장은 1975년 11월 22일 재일교포 유학생이 주축이 된 '학원 침투 북괴 간첩단' 사건을 발표했다.

"북의 지령에 따라 모국 유학생을 가장하여 국내에 잠입, 암약해 오던 백옥관 외 21명의 학원 침투 간첩단을 적발하여 국가보안법 및 반공법 위반으로 구속했다."

이 사건으로 특히나 재일 교포 유학생들이 대거 검거됐는데, 검거된 이들은 극심한 고문에 시달렸다.

이듬해인 1976년 서울형사지방법원 소속 양승태는 '선배 김기춘'이 수사한 이 사건을 심리하는 재판부에 배석으로 참여했다. 재판부는 재일 교포 유학생 김동휘, 최연숙, 이원이, 장영식 등이 간첩 행위를 했다며 무기징역, 징역 10년 등의 중형을 선고했다. 징역 10년 및 자격정지 10년을 선고받은 조득훈의 판결문에는 이런 말이 있다.

> 국내 경제 문제에 대한 대학교수들의 분석 비판 논문 등이 게재된 동아일보사 발행 월간지 『신동아』 1권을 500원에 구입하는 등 국가 기밀을 탐지 수집. *

훗날 위 피고인들은 재심을 통해 모두 무죄를 선고받았다. 김동휘의 경우, 2011년에 열린 재심에서 재판부는 "김 씨의 혐의를 인정할 수 있는 증거인 경찰 신문조서는 20일간 불법 구금, 구타, 가혹 행위, 잠 안 재우기 등 강압 수사 끝에 작성됐음이 인정된다" "김 씨가 북한 공작원의 지령을 받고 탐지했다는 기밀은 '서울 몇몇 지역에 판자촌이 많다' '긴급조치로 학생과 국민의 자유가 제한되고 있다'는 것으로, 기밀이 아니라 공지의 사실에 해당한다"며 "범죄가 증명되지 않는다"고 지적했다. 김동휘 외에도 최연숙(2016년), 고 이원이(2018년, 1999년 작고), 장영식(1979년 파기환송**심) 등에게 모두 무죄가 선고됐다.

* 조득훈의 1심 판결문(1976/06/08).
** 대법원에서 원심 판결을 파기하고, 사건을 다시 심판하도록 원심 법원으로 돌려보내는 것.

이처럼 선배 김기춘이 고문과 구타로 간첩 사건을 조작했다면, 후배 양승태는 법의 이름으로 이를 정당화했다. 이렇게 20대 후반의 젊은 판사 양승태는 간첩 조작 사건에 발을 담구기 시작하며, 재일 교포들과 악연을 쌓았다.

양승태 판사가 서명한 판결문에는 웃어야 할지, 울어야 할지 난감한 내용이 많다. 양승태가 몸담았던 재판부가 징역 5년 및 자격정지 5년을 선고한 피고인 이원이의 판결문을 보자.

> 부산 대학생 2000여 명이 '학원의 자유화를 요구한다' '중앙정보부는 학원 사찰을 중지하라'는 등 구호를 외치며 동래 온천장까지 약 1킬로미터가량 시위 데모하는 것을 목격하고 대학생들의 동향 및 데모 상태를 수집함으로써 적국을 위하여 간첩하고……*

거리에서 본 학생들의 데모가 "적국을 위한 간첩" 활동이라고 적시됐다. 징역 5년 및 자격정지 5년을 선고받은 김동휘의 판결문에는 이런 내용이 나온다.

> 1974년 9월 초 경, 서울 시내 일반 서민층의 생활 실태를 요해할 목적으로 청량리역 주변과 청계천 7가, 미아리 등지에서 산재하여 있는 빈민촌을 배회하면서 동 지역 내에 거주하는 국민생활상을 탐지. 1974년 12월 12일까지의 신문지상의 기사 내용 등을 통하여 서울의 청계천, 청량리,

* 이원이의 1심 판결문(1976/04/30).

미아리 등에 판자촌이 많다는 사실 …… 등 국가 기밀을 탐지 수집하여
간첩하고……*

판결문에 나오는 대로 판자촌 소식을 담은 신문 보도 내용이 국가 기
밀로 둔갑했다. 이번엔 판사 양승태 등 1심 재판부가 망신을 당한 것
으로 봐도 무방한 판결을 보자.

남한의 경제는 외국차관으로 고층 빌딩을 건설하는 등 외형상 발전한
것처럼 보이나 일반 대중들의 생활 실태는 아주 빈곤하다. 빈민층의 어린
아이들은 생활고로 인하여 학교에 다니지도 못하고 시내 다방 등지를
돌아다니며 껌팔이 구두닦이를 하고 있는 실정이다 등 그간 한국 내에서
수집한 정보를 (정보원에게) 보고함으로써 반국가 단체의 구성원으로서
그 목적 수행을 위하여 간첩하고……**

이런 내용 등을 근거로 재판부는 피고인 장영식에게 징역 3년 6월 및
자격정지 3년 6월을 선고했다. 하지만 장영식 사건은 2심에서 일부
무죄, 3심에서는 원심의 유죄 부분을 파기환송했다. 2심 판결문에는
이렇게 나온다.

피고인에 대한 피의자 신문조서는 이를 그대로 믿기 어려울 뿐만 아니라

* 김동휘의 1심 판결문(1976/04/30).
** 장영식의 1심 판결문(1976/05/07).

위 검찰 자백을 뒷받침하기에 충분한 아무런 보강증거도 없다.*

한마디로, 양승태 판사가 포함된 1심 재판부가 자백 외에 아무런 증거도 없이 유죄를 선고했다는 이야기다. 사실 이 말은 양승태 판사가 '학원 침투 간첩단 사건' 유죄 선고에 참여한 모든 판결에 적용된다. 간첩 행위를 뒷받침하는 명백한 증거는 하나도 없다.

양승태는 배석 판사였기에 책임이 없다고? 그렇게 말하기 어렵다. 재판부를 세 명으로 구성하는 건 그만큼 판사들끼리 토론을 거쳐 합리적 의심의 여지가 없도록 판결하라는 취지다.

박범계 더불어민주당 의원의 예를 보자. 판사 시절 박범계는 '삼례 나라슈퍼 3인조 강도치사 사건' 피고인들에게 유죄를 선고한 재판부의 배석판사였다. 이들 피고인 세 명은 2016년 재심을 거쳐 무죄를 선고받았다. 박범계 의원은 이들을 국회로 초대해 머리 숙여 사과했다.

배석판사로서 간첩단 조작을 완성한 양승태는 변하지 않았다. 어쩌면 '간첩 조작'을 보면서 출세의 도를 터득했는지도 모른다. 부장판사로 승진해 제주지방법원에서 일하던 시절, 양승태 판사는 스스로 더 적극적으로 간첩 조작에 이름을 걸쳤는지 모른다.

1986년 12월 4일은 한국 사법 역사에서 기록할 만한 오명의 날이기도 하다. 이날 양승태 판사는 두 재판을 연속으로 오판해 무고한 두 사람에게 간첩 누명을 씌웠다.

서울에서 일을 제대로(?) 배웠는지 패턴도 똑같다. 피고인들은 일본

* 장영식의 2심 판결문(1976/09/06).

에 다녀온 적이 있는 오재선, 강희철이었고, 다른 점이 있다면 두 사람은 유학생이 아닌, 가난한 서민이었다.

양승태 판사는 명백한 물적 증거도 없이 강희철에게는 무기징역, 오재선에게는 징역 7년을 선고했다. 사형 다음으로 무거운 형인 무기징역을 강희철에게 선고한 판결문을 보면, '국군 휴양소 방이 깨끗하고 시설이 좋다'는 게 '국가 기밀'이라는 억지가 그 근거였다. 그는 피고인 강희철이 경찰에 무려 105일 동안 불법 구금됐다는 사실을 외면했다. 사건 기록만 보면 뻔히 보이는 진실을 일부러 보지 않았다.

강희철은 약 12년을 교도소에서 지내다가 불혹의 나이가 되어 광복절 특사로 세상에 나왔다. 제주도에 사는 강희철은 아직도 종종 밤잠을 설친다.

수재였던 김기춘 검사와 양승태 판사. 현대사의 영욕을 함께한 두 사람은 권력의 최정점에서 비슷한 일을 또 도모했다. 바로 '블랙리스트'다.

김기춘은 문화계 블랙리스트 작성으로 현재 구치소에 수감돼 있다. 양승태 대법원장 시절, 법원행정처는 판사들을 뒷조사해서 판사 블랙리스트를 만들었다.

두 사람은 평생 한 몸처럼 움직였다.

'국가 범죄'와 법의 책무* /박성철

2014년 1월 29일과 2월 27일. 나는 한 달 간격으로 두 개의 파기환송 판결을 받았다. 하급심 법원에서 승소한 사건이었는데, 대법원에서 뒤집어졌다. 흔치 않은 일이었다. 대법원이 원심을 파기하는 비율은 매우 낮다. 이 사건들처럼 1심과 2심 법원이 같은 결론을 냈는데도, 대법원이 뒤바꿀 확률은 더 낮다.

단지 드문 일이 일어나서 충격을 받은 건 아니었다. 도무지 납득하기 어려운 판결이었다. 외마디 탄식에 분노가 더해졌다. 어떻게 대법원이⋯⋯.

*『창작과 비평』(제168호)에 기고했던 글 "국가 범죄와 법의 책무"를 고쳐 쓰고, 헌법재판소 결정과 재심 판결 이야기를 덧붙였다.

★

2015년 6월『창작과 비평』에 두 판결을 비판하는 "국가 범죄와 법의 책무"라는 글을 썼다. 법조계 밖에 판결의 부당함을 말하고 싶었다. 법리라는 이름으로 국가권력이 두 번 버린 사람들의 이야기를 짧게라도 기록하는 게 도리라고 생각했다. 사건의 당사자로 등장하는 인물들이 겪은 사연, 그 사연으로 판결의 비합리를 말해야 한다는 의무감, 당시로서는 더 이상 법적 구제가 어렵다는 절망감에, 굳이 문학·비평지에 투고했다.

이후 상황이 조금 나아지긴 했다. 2018년 8월 30일, 헌법재판소에서 첫 번째 판결의 잘못을 바로잡을 수 있는 위헌 결정을 받았다. 그러고 나서 2019년 10월 11일, 첫 번째 사건의 원고들은 위헌 결정에 따른 재심 판결까지 받았다. 2014년 1월 29일 대법원이 부당하게 파기했던 2013년 7월 11일 판결을, 6년이 넘는 재판 끝에 다시 되찾은 셈이다.

그럼에도 불합리가 남긴 상처가 아문 것은 아니다. 이해하기 어려운 대법원 판결이 할퀸 상흔들은 여전히 남아 있다. 법원이 농락한 피해자들 상당수는 오늘도 고통 속에 살고 있다. 피해자들의 이야기를 아직 멈출 수 없는 이유다.

간첩 조작에서 무죄판결까지 27년이 걸린 사람들

조작하는 방식은 수학 공식처럼 단단했다. 결국 간첩이라는 값이 나오고 마는 공식 안으로 빨려 들어가면 A, B, C⋯⋯ Z, 누구라도 낙인이 찍히지 않고는 배길 수 없었다. 설마 국가가 아무 흠 없는 생사람을 잡았겠느냐고, 죄가 있으니 비밀 장부를 내어놓듯 세세한 자백을 했겠지 의심한다면, 날조의 현장을 보지 못했기 때문이다.

잠깐 조사할 일이 있다면서 밀실로 연행하며 이른바 수사가 시작된다. 1983년 3월 초, 공범이라지만 서로를 알지 못했던 A, B, C도 영문을 모른 채 안기부 수사관들에게 잡혀 왔다. "너 간첩이지?" 무슨 뜬금없는 소리냐는 대답에 주먹질과 발길이 시작됐다. 사나흘 똑같은 추궁과 부인, 구타가 되풀이됐다. 좁은 골방 안에서 팬티만 입은 채 거대한 폭력 앞에 몸서리치며 뭔가 잘못된 것이라고, 내게 왜 이러는 거냐고 부르짖을 때 수사관은, "네 말 한 번 믿어 보게 모든 행적을 써보라"고 했고, A, B, C는 간첩이 아닌 걸 증명할 수 있다는 생각에 사력을 다해 적었다.

굴지의 제약회사 임원이던 A는 영업 활동에 매진해 국가 경제에 기여한 일을 꼼꼼히 기록했다. 사업에 성공해 제법 여유가 있던 B는 딸이 다니던 학교 기성회, 새마을금고 임원 등 지역 사회단체의 직을 맡아 봉사하고 기부한 일을 소상히 말했다. C는 공과대학을 졸업하고 큰 건설 회사에 입사한 전도유망한 기술자였다. 매일 야근을 하며 국내외 공사 현장을 누빈 일을 설명했다. 한 가정의 아버지이자 남편이면서 직장의 일원으로 땀 흘리며 사회에 헌신한 일을 보면, 모든 오해가 풀릴 수 있으리라 기대했다.

희망은 짓밟혔다. 수사관들은 정교한 조작의 빌미가 되는 낚시를 던진 것뿐이었다. 거래처가 있는 수원에 자주 다녀온 것은 출장을 핑계로 그곳에 있는 군부대 공항 주변을 탐지하기 위해서였느냐고 A에게 되물었다. 비행기 이착륙 모습과 헌병의 활동 시간 같은 고급 기밀을 얼마나 수집했느냐고 추궁했다. 전국을 누비며 영업 활동을 한 것

★

은 여러 고속도로 검문 정보를 취합한 간첩 활동이 아니냐고 다그쳤다. 더 큰 덫에 걸렸다.

B에게는 학교 기성회 명단, 새마을금고 잡지, 동사무소 내규집을 내밀었다. 북한에 보고하기 위해 집에 보관하고 있던 자료를 압수해 온 것이라고 했다. C에게는 북한에 넘기려고 원자력 발전소 고압 용기 제작에 관한 교육을 받으며 깨알 같은 메모를 했느냐고 욕설을 퍼부었다. 발버둥 칠수록 함정으로 더 빨려 들어갔다.

터무니없다며 반항할 때마다 돌아오는 고문은 사람의 행동으로 보기 어려울 정도로 잔인했다. 잠을 재우지 않으면서 얼굴에 수건을 덮은 채 물을 붓거나 비눗물을 코에 넣었다. 손과 발에 몽둥이를 끼워 책상 사이에 매달았다. 간봉으로 내려치다 지치면 무릎 사이에 각목을 넣고 비틀었다. 코피가 나고 항문에 피가 고이고 혈변을 누었다. 빈혈로 바닥에 실신해도 고문은 끝나지 않았다. 옷을 벗겨 꿇어앉게 하고서 한 명은 구둣발로 무릎에 올라타 내리밟고 다른 수사관들은 몸 전체를 걷어차며 저주를 쏟았다. 옆방에서 여자의 비명 소리가 들리던 어느 날엔, 제대로 자백하지 않으면 네 마누라와 딸도 붙잡아 다 벗기고 똑같이 고문하겠다는 겁박을 당했다. 그러고도 남을 사람들이라는 두려움 앞에 모든 걸 체념하지 않을 수 없었다.

밤인지 낮인지도 알 수 없었다. 자신에게 이런 짓을 하는 이유가 대체 무엇인지, 정말로 무엇을 원하는지, 남겨진 가족들도 어디선가 끔찍한 일을 당하고 있는 것은 아닌지, 언제 무슨 자백을 또 요구할지, 한 적도 없고 알지도 못하는 사실에 대해 어떻게 대처해야 할지, 원하는 대로 허위 자백을 하면 끝에 가서 어떻게 되는 것인지, 언제까지 이런 상황이 계속될 것인지, 살아서 바깥세상을 다시 볼 수는 있을지, 어느 것 하나 알 수 없었다.

설명되지 않는 공포 앞에 마음이 무너졌다. 자백을 꾸며 내기 시작했다. 미리 써준 내용을 보고 베껴 쓰며 살을 붙여 나갔다. 유서도 시키는 대로 받아썼다. 조사를 받다 죽임을 당하는 일이 생기면 자살로 위장하는 내용이었다. '수사관들이 친절하게 대해 주었지만 간첩 활동을 한 것이 너무 부끄러워 자살을 한다'는 구절을 옮겼다. 쓰는 동안에는 고문을 당하지 않았다. 차라리 거짓이라도 적는 순간이 나았다. 수사관이 원하는 만큼 그럴 듯한 자백을 토해내지 못하면 다시 고문을 당했다. 완성된 진술서나 반성문을 수십 번 옮기고 외웠다. 암기 검사를 받다 틀리면 또 고문이 시작됐다. 스스로 정말 간첩이 아닌지 착각할 정도가 되었다. 지하 밀실에서 보낸 60일은 완벽한 간첩으로 거듭나는 데 충분한 시간이었다.

검찰로 송치될 때는 일말의 희망을 가지기도 했다. 그래도 검사는 다를 것이라고 기대했다. 고문에 못 이겨 거짓 자백을 했으니 진실을 밝혀 달라고 울면서 애원했다. 큰절을 하면서 온몸으로 호소하기도 했다.

거짓말탐지기를 한 번만 써달라고 빌었다. 재수사를 해서 털끝만큼이라도 간첩짓을 한 사실이 발견되면 정말 사형을 당해도 좋다고 울부짖었다. 검사는 짜증을 내며 자리를 비웠고 검사실로, 구치소로 바로 그 수사관들이 들이닥쳤다. 네가 우리 손을 벗어난 줄 아느냐, 검사님 피곤하게 해서 좋을 것 하나도 없다며, 처음부터 또 고문을 하자고 했다. 절망했다. 국가가 자신을 범죄자, 그것도 대역 죄인인 간첩으로 낙인찍은 사실을 절감했다. 범죄 피해자로서 국가에 구조를 요청하면 공권력이 수사관들을 처벌해 줄 것이라는 바람은 고사하고 제발 누명을 벗고 싶다는 절실한 소망도 처참히 부서졌다.

A는 사형을 구형받고 24시간 수갑을 차는 사형수로 살았다. 조금만 움직이면 수갑은 손목을 조이며 피부를 파고들었다. 두 손을 가슴 앞에 모으고 가만히 있어야 했는데 지쳐 팔이 아래로 내려갈 때마다 손목의 피부가 벗겨져 피가 흘렀다. 개처럼 밥을 먹어야 했고, 플라스틱 물통에 쭈그리고 앉아 넘어지기도 하며 용변을 해결했다. 잘 때도 수갑이 조여 오는 손목 아래로 피가 흥건했다.

그래도 A, B, C는 마지막까지 포기하지 않았다. 법정에 와서는, 잔혹한 고문으로 허위 자백을 할 수밖에 없었다고 공소사실을 부인했다. 판사들은 고개를 돌렸다. 듣지 않았다. 골방에서 베껴 쓴 자백은 검찰의 공소장, 법원 판결문에 고스란히 새겨졌다. 1심에서 A는 무기징역, B와 C는 징역 10년을 선고받았다. 항소심에서 10년과 각 7년으로 감형되었을 뿐, 대법원에서 1984년 6월, 간첩죄를 범한 중죄인으로 확정됐다. 서울과 춘천 일대에서 암약해 온 간첩단이 검거됐다고 신문과 방송을 떠들썩하게 했던 뉴스 이면에 감춰져 있던, 믿기 어려운 실체의 진실이었다.

교도소에서도 간첩 죄인은 특별 취급을 받았다. 반체제범으로 분류돼 운동과 급식에서 최하 처분을 받는 데다 일반수와 교도관들까지 '빨갱이'라며 침을 뱉었다. 원망과 체념, 분노와 절망이 뒤섞이며 몸과 마음이 썩어 문드러져 갔다. 지옥 같은 세월을 보내고 출소한 후에는 보안 관찰을 받았다. 출소 날 경찰서에서 온갖 서류를 작성하고 매달 한 일, 만난 사람 등 소소한 것까지 경찰서에 낱낱이 보고해야 했다.

주변의 냉대도 상상 이상이었다. 가까운 이들조차 몹쓸 전염병 환자를 대하듯 멀리했다. '빨갱이'와 섣불리 말을 섞었다가 불이익을 당할지 모른다는 두려움이 가득 찬 사회 분위기에서 더러운 벌레처럼 배척당했다. 간첩, 그 자식과 아내라는 주홍 글씨는 돌을 던져도 되는 과녁이었다.

빨간 표지는 세월이 지나도 쉽사리 지워지지 않았다. 어설프게 제기했다가 친북 또는 종북 논란에 휘말리기 쉬운 간첩 조작 사건의 피해자 문제는 민주화 이후에도 쉽게 수면으로 떠오르지 못했다. 그나마 2006년부터 약 4년간 활동했던 진실·화해를 위한 과거사정리위원회가 참혹한 조직적 인권유린의 일단을 드러냈다.

A, B, C가 유죄 확정판결을 받은 지 24년이 지난 2008년, 진실·화해를 위한 과거사정리위원회는 사건 관련자들과 증거를 폭넓게 재조사해 간첩 조작을 인정했다. 이를테면 자백을 보강하는 유력한 증거가 된 동사무소 내규집 문건을 B에게 건넸다고 증언했던 당시 동장은 법정에서 허위 증언을 했다고 시인했다. 안기부 수사관의 협박에 굴복해 거짓말을 했다고 털어놓았다. 육성회 명단은 B의 수집물이 아니라 안기부 직원이 학교로 찾아가 받아 간 것이었다. 불법 연행 사실을 숨기려 관련 공문서가 허위로 작성되었다는 사실도 드러났다.

피해자들은 2009년 2월 재심을 청구해 1년 만에 재심 개시 결정을 받은 뒤 서울고등법원에서 2010년 6월 마침내 무죄판결을 받았다. 같은 해 10월 대법원은 검사의 상고를 기각해 무죄판결을 확정했다.

27년 만에 무죄판결을 받은 간첩 조작 사건의 피해자들에게 제대로 된 국가라면 어떤 태도를 지녀야 할까. 진심 어린 사과와 합당한 배상이 인간에 대한 최소한의 예의일 것이다. 그러나 2014년의 대법원은 그러한 상식과 예의를 알지 못했다. 간첩 조작 피해자들의 슬픈 소설 같은 이야기는 여기서 끝나지 않는다.

두고두고 부끄러워해야 할, 대법원의 '6개월' 판결

간첩 조작은 일련의 사법절차 안에서 완성됐다. 고문으로 자백을 받아 낸 수사뿐만 아니라 검사의 공소 제기, 1심부터 대법원에 이르기까지 일사천리로 흘러갔다. 소신과 양심에 따른 제어장치는 없었다. 피해자들을 옭아매 삶을 철저히 파괴한 굴레는 법원의 유죄판결이었다. 여러 공적 기관이 음양으로 관여한 조직적 불법행위로 말할 수 없는 피해를 입은 무고한 이들에게 뒤늦게나마 합당한 배상을 하는 건 문명국가의 의무일 것이다.

간첩 조작 사건의 피해자에게 온당한 배상을 하는 특별법 제정 논의가 있었지만 정쟁의 대상이 되면서 끝내 성사되지 못했다. 피해자들은 각자 알아서 피해 구제를 받아야 하는 처지가 되었다. A, B, C와 그 가족들도 함께 소를 제기했고 법원의 판단을 받았다. 사법부는 국가의 배상 책임을 얼마나 인정해야 할까.

1심과 2심 법원은 피해자들에게 과오를 사과하고 국가가 금전으로나마 피해를 배상할 책임이 있다고 인정했다. 이를테면 B의 아내에게 1심은 3억 원, 2심은 2억 4000만 원 상당의 배상 책임을 인정했다.

그러나 2014년의 대법원은 국가가 배상할 책임이 없다고 원심 판결을 완전히 뒤집었다. B와 C, 그 가족 모두에게 국가가 전혀 배상할 필요가 없다는 취지로 원심을 파기했다. 2015년 3월 대법원은, 파기 취지에 따라 원고들의 청구를 기각한 고등법원 판결에 대한 피해자들의 상고를 다시 기각해, 국가의 배상 책임이 없다는 판결을 끝내 확정했다. 사법부는 간첩 조작 피해자의 절규에 눈 감고 유죄판결을 한 데 이어, 그들이 그간 겪은 끔찍한 고통을 다시 외면했다.

대법원은 무리하게 기존 판결을 비틀었다. 법률이 개정된 것도 아니었다. 납득할 만한 설명이나 설득도 없이 새로운 기준을 제시해 일부 피해자들의 청구를 받아들이지 않는 것으로 법원의 입장을 변경했다.

대법원 종래 무죄판결을 받고 3년 내에 국가배상 청구 소를 제기하면 시효에 문제가 없다고 보았다. A, B, C는 무죄판결을 받고 반년 정도 지날 무렵 소송을 냈다. 문제가 없었다. 그렇기 때문에 하급심 법원도, 국가의 소멸 시효 항변을 배척하고 배상 책임을 인정했다.

그러나 2013년부터 대법원은 이상하게 입장을 바꾸기 시작했다. 무죄 확정판결을 받은 때로부터 6개월 내에 소를 제기해야 한다고 했다. 만일 형사보상 청구를 했다면 보상 결정 확정일로부터 6개월 내에 해야 한다고 판결했다. 매우 짧은, 새로운 기준을 제시한 것이다. 6개월이라는 새 잣대를 들이대면 B, C와 그 가족의 청구는 전부 기각된다. 6개월을 며칠 넘겨 소송을 냈기 때문이다. A, B, C는 재심과 형사보상 청구, 손해배상 청구를 모두 같은 날 했지만, 중간에 이사를 갔던 A가 보상 결정문 송달을 며칠 늦게 받았다. 그로 인해 A는 형사보상 결정 확정일로부터 6개월이 되기 전에 소를 제기한 게 되고, B와

C는 6개월을 며칠 지나 청구한 셈이 되고 말았다.

A, B, C가 국가배상 청구를 할 무렵, '6개월'이라는 기준은 전혀 없었다. 무죄판결을 받고 3년 내에 청구하면 받아들여졌다.

B와 C의 사건보다 나중에 대법원에 올라갔더라도 선고가 빨리 난 사건들은, 6개월을 넘어 청구한 경우도 국가의 배상 책임이 인정됐다. 반면 대법원에 먼저 올라갔어도 아직 선고되지 않았던 사건들은, 새로 만들어진 6개월이라는 기준에 따라 줄줄이 원심이 파기됐다. B와 C도 6개월이라는 새 문턱에 걸려 결국 청구가 기각됐다.

뜬금없이 등장한 '6개월'이라는 제한은 지나치게 가혹한 기준이었다. 간첩 조작 사건 피해자들은 무죄 확정판결을 받고 가족 관계를 복원하려 애쓰며 소송을 준비했다. 연락이 두절된 가족을 찾아 그간 있었던 일을 알리고 함께 배상받자고 권했다. 고립무원의 절망 속에서 이혼을 하거나 C처럼 이 땅에서 도저히 살 수 없어 이민을 떠난 경우라면 관계 회복에 시간이 더 걸렸다. 손해를 증명할 책임이 있는 피해자들은, 가령 직장에서 쫓겨난 경제적 손실을 참작 받으려고 재직증명서 같은 서류들을 찾기도 했다. 수소문해 어렵게 자료를 구하는 데 또 시간이 흘렀다. 진저리치게 아픈 기억을 되살리는 소송기록들도 구역질을 참아 가며 발췌하고 정리했다.

꼭 소송까지 또 해야 하는지, 국가가 먼저 피해 구제를 해주지 않을지 알아보며 망설이기도 했다. 소송을 할 수밖에 없다고 마음먹고 소장을 낼 때면 보통 반년은 족히 시간이 흘렀다. 당시 6개월이라는 제한이 있었다면 당연히 기준에 맞췄겠지만, 애초 그런 제한은 없었기 때문에 서두르기보다 신중히 잘 준비하고 싶었다.

이런 상황에서 갑자기 6개월이라는 기준을 들이밀며 피해자들의 청구를 전부 기각한 대법원의 태도는 도저히 납득하기 어렵다.

시효제도의 존재이유는 무엇인가. 오래 영속된 사실 상태를 존중하며, 오랜 기간 권리 행사가 없는 데 대한 의무자의 신뢰를 보호하면서, 권리 위에 잠자는 자는 굳이 보호할 필요가 없다는 데 있다. 그렇다면 대법원은, 국가기관이 저지른 비인도적 만행과 그런 조작 범죄에 터 잡은 유죄판결이 뿌리내린 위법한 상태를, 진정 우리 법이 보호할 가치가 있는 굳어진 사실 상태로 본 것일까. 아니면, 국가는 피해자들이 무죄판결을 받으면 6개월 안에 손해배상 청구를 하리라고 예상했고, 6개월을 넘으면 손해배상 청구를 받지 않을 것이라는 국가의 신뢰를 보호해야 한다고 판단한 것일까. 오히려 무죄 확정판결을 받은 피해자들이 제도적으로 구제되지 못하면 6개월이 지나서라도 국가를 상대로 민사 책임을 물을 것이라는 예상이 상식에 맞는 신뢰가 아닐까. 괜히 재심을 구했다가 다른 불이익을 받을까 두려워하면서도, 포기하지 않고 매번 법정에 출석해 무죄판결을 받아 낸 피해자들을, '권리 위에 잠자는 자'라고 볼 수 있을까. 이 사건에서 법원은, 무죄 확정판결의 존재와 구금일 수만 확인하면 그대로 액수가 계산되는 형사보상 결정을 하는 데도 10개월 가까운 시간을 보냈다. 그럼에도 6개월을 며칠 넘긴 B, C를 게으른 피해자라고 다시 단죄할 수 있을까.

대법원은 6개월이라는 새로운 기준을 제시하며 어떤 논증이나 설명도 하지 않았다. 민법상 '시효정지의 예에 준하여' 6개월 내에는 손해배상 청구 소송을 제기해야 한다고 단언했을 뿐이다. '시효정지의 경우에 준하여'라는 것은 논리적 근거가 되지 못한다. 시효정지에 관한 조항은 전혀 다른 때를 예정하고 있다. 이는 소멸시효 기간 만료전 6개월 내에 미성년자 같은 제한 능력자에게 법정대리인이 없는 경우를 전제한 조항이다. 이때 제한 능력자가 되거나 법정대리인이 취임한 때부터 6개월 내에는 시효가 완성되지 않는다는 내용이다. 그밖에 부부 사이의 권리나 상속재산에 대한 권리 등과 관련해 시효정지제도가 마련되어 있을 뿐이다. 국가 범죄의 피해자가 나중에 무죄확정판결을 받는 사례와는 아무 연관이 없다.

대법원은 그저 6개월이라는 짧은 기간 제한을 두기 위해 시효정지를 언급했다. 시효정지에 관한 조항이 적용되는 경우는 아니지만 그냥 똑같이 취급하겠다는 일방적인 결론밖에 없다.

사법부도 그 책임에서 결코 자유로울 수 없는 간첩 조작 사건 피해자들의 청구를 걷어차면서 수긍할 만한 이유나 논거를 들지 않은 채새로운 법을 만든 것과 다름없는 해석을 했다. 마치 신神과 같이 한두마디로 6개월이라는 기준을 선언했다. 국민이 지니는 불가침의 인권을 확인하고 보장할 헌법상 의무가 있는 국가의 책임이, 이런 식으로간단히 부정될 수 있는가. 대법원은 두고두고 부끄러워해야 할 판결을 했다.

국가의 인권유린 행위를 한없이 가볍게 여긴 2014년 대법원

만일 시간을 되돌릴 수 있다면 피해자들은 원상회복을 구할 것이다. 시간을 돌이킬 수는 없기에 피해자들에 대한 손해 전보는 부득이 금전 배상일 수밖에 없다. 저울의 한쪽 접시에는 국가 범죄행위를, 다른

한쪽에는 돈을 올려놓고 손해의 무게를 단다. 그러다 어느 순간 국가 범죄는 시야에서 사라지고, 단지 금액의 많고 적음을 따지는 문제로 둔갑한다. 인권을 유린한 국가의 조직적 범죄행위는 뿌옇게 추상화되고, 손에 잡히는 돈만 센다. 돈이 점점 더 무거워지는 세상이라 저울에 조금만 올려놓아도 금세 균형이 맞는다고 한다.

종래 재판부가 국가의 인권유린 행위에 대해 사과하고, 피고 대한민국은 하급심 판결에 항소하지 않고 바로 배상한 전례들이 있었다. 2005년 9월경 이용훈 대법원장은 취임사에서 "사법부는 독립을 제대로 지켜내지 못하고 인권 보장의 최후 보루로서 소임을 다하지 못한 불행한 과거를 갖고 있다"며 과거사를 반성했다. 그에 앞서 2005년 5월 서울고등법원 재판부는 이른바 '아람회' 사건 피고인들의 재심에서 무죄를 선고하면서, 선배 법관들을 대신해 억울하게 고초를 겪은 피고인들과 가족들에게 심심한 사과와 위로의 뜻을 밝힌다고 말했다. 2007년 9월 인혁당 재건위 사건으로 사형 집행된 피해자들의 유족이 제기한 국가배상 청구 사건에서 법무부는, 국가권력의 인권유린 행위에 대해 국가 스스로 반성하고 신속하게 유족들의 아픔을 치유할 필요가 있다는 점을 고려해 항소 포기를 결정했다고 하면서 배상액을 바로 지급한 예가 있다.

그러나 2014년 무렵의 국가는 아무런 반성이 없었다. 국민을 보호할 의무 따위에 아랑곳하지 않고 대법원에 상고까지 해가며 다퉜다. 피해가 별 게 아니라며, 과다한 배상액이 문제라고 2차 가해를 서슴지 않았다. 구금되었다가 무죄판결을 받았을 때 지급되는 형사보상금으로 충분하다고, 배상까지는 필요 없다고 강변했다. 간첩 조작 같은 인권유린 행위에 대한 책임은 안중에 없었다. 과거 인권유린 사건의 배상액이 너무 많다는 일부 언론 기사를 참고 자료로 제출하기도 했다. 이 과정에서 선행됐어야 할 진지한 반성과 사과는 온데간데없었다. 대법원은 이런 피고 대한민국을 꾸짖지 않았다. 오히려 한술 더 뜨며 이에 호응했다.

2014년 2월 27일 내려진 또 하나의 파기환송 판결은, 국가 범죄의 무게를 가벼이 여기는 대법원의 기울어진 저울의 단면을 극명하게 드러냈다.

인혁당 조작과 얽혀 있는 과거사 사건이다. 1964년 8월 당시 중앙정보부는 이른바 인혁당 사건에 대한 수사 결과를 발표하면서 D가 인혁당 창당 결과를 보고하기 위해 월북했다고 적시했다. 1975년 2월 법무부장관이 인혁당 재건위 사건을 발표할 때에도 북괴 간첩 D가 인혁당을 조직해 1962년 5월 사업을 보고하고 운영 자금을 조달하기 위하여 월북했다는 공식 성명을 냈다. 행방불명된 남편, 아버지가 엄청난 사건에 연루된 D의 가족은 공포에 떨었다. 중앙정보부로 끌려가 D의 월북 사실과 북한에서 하는 활동에 대해 알고 있느냐는 조사를 받았고 그 후로도 형사들이 수시로 집으로, 직장으로 찾아왔다. 이민을 가려고도 해봤지만 출국마저 좌절됐다. 친인척과의 왕래도 끊기고 평생 숨어 지내야 했다.

2007년 인혁당 사건이 날조된 것으로 밝혀져 피해자 전원이 무죄판결과 국가배상을 받았지만, 월북했다는 D만은 여전히 북한의 간첩으로 남아 있었다. 아버지가 사라진 지 반세기가 지난 2008년 2월, D의 장남은 갑자기 국가기관으로부터 아버지 일로 만나자는 연락을 받았다. 중앙정보부에서 수사를 받았던 기억이 떠올랐고 무서워 잠을 이룰 수 없었다. 정보 사령부에서 나왔다는 이는 다짜고짜 아버지가 사실은 북파 공작원이었다고 말했다. 국가가 아버지를 대한민국의 첩자로 북한에 보냈다고 했다. 특수 임무 수행 중 전사했다는 내용이 담긴 확인서를 전달하며 자세한 내용은 자신도 모른다고 했다. 설령 설명을 들었어도 무엇을 어디까지 믿어야 할지 가늠할 수 없는 혼란에 빠졌다.

실종된 D가 북한의 간첩으로 활동하다 월북했다고 알고 한평생 간첩의 가족으로 돌팔매질당하며 지내 온 가족은 억울하다는 말로는 설명할 수 없는 울화가 치밀다 갑자기 실의에 빠지기도 했다. 고민 끝에 조금이라도 진실을 밝히고 국가의 책임을 묻기 위해 소송을 제기했다. 국가는 북파 사실을 인정할 뿐 더는 입을 다물었다. 1962년 육군 첩보 부대가 D를 포섭하고 북파 공작원 특수교육을 시켜 북으로 보냈다는 사실이 밝혀졌다. 대학교수를 지냈지만 좌익 활동을 했다는 혐의로 군사정권의 수배를 받고 있던 D는 체포된 뒤 북으로 가든지 아니면 여기서 죽으라는 협박을 받았다고 한다. D의 임무는 침투 즉시 자수한 뒤 신임을 받아 다시 남파되는 것이었다. 그게 쉽지 않으면 고정간첩으로 잠복해 남한 출신 월북자에게 귀순 공작을 전개하라는 명을 받았다.

D를 협박해 강제로 북파했으면서도 월북한 간첩이라는 탈을 뒤집어씌워 인혁당과 북한의 연결 고리를 만드는 데 활용했다는 게 조작의 실체였다. 그럼에도 국가는 소송에서 적반하장 식의 태도를 취했다. D를 북파한 것은 맞지만 강압적으로 보낸 건 아니라거나 D가 진

★

짜 북의 간첩이었을지도 모른다는 주장까지 폈다. D가 첩보 부대의 북파 공작을 역이용해 월북했을 가능성을 배제할 수 없다고 했다. 월북 이후 연락이 끊겨 생사에 대해 아는 바 없다며, 전사 확인서는 연락이 두절되었다는 형식적 내용에 불과하다고 했다. 실제 사망 시점조차 확인해 주지 않았다.

국가의 불성실한 소송 행위는 하급심 재판부가 나무랄 정도였다. 2010년 5월, 1심 법원은 간첩 조작 행위와 북파 사실을 가족에게도 은폐한 불법행위에 대한 배상 책임을 인정하며, 변론에 드러난 여러 사정을 종합해 D의 아내에게 7억 원, 자녀들에게는 각 3억 5천만 원의 위자료 배상 책임을 지웠다. 항소심 법원도 1심에서 충실한 심리가 이루어졌다면서 인정된 위자료가 합리적이라고 판시했다.

그러나 2014년의 대법원은 달랐다. 사건이 접수되고 3년 가까이 시간을 보내던 대법원은 갑자기 액수가 너무 많다면서 원심을 파기했다. 예외적인 사정이 없는 한 대법원은 사실심의 위자료 산정에 좀체 관여하지 않는다. 불법행위로 입은 정신적 고통에 대한 위자료 액수는 사실심 법원의 직권에 속하는 재량으로 확정할 수 있다는 게 확립된 법리이기 때문이다. 그런데도 이 사건에서는 하급심의 위자료 산정이 지나치게 과다하다는 이유로 파기했다. 종전 판례에 반하는 자의적인 예외였다.

확정판결을 간절하게 기다렸던 D의 아내는 소송 중에 세상을 떠났다. 대법원의 파기로 피해자들이 실제 받게 된 위자료는 그야말로 현저히 감액됐다. 사망한 어머니의 상속분까지 모두 합해도 자식들에게 인정된 최종 위자료는 2500만 원씩이었다. 대통령의 차남이 한

약업자들로부터 정치자금 1억 원을 수수했다는 기사를 실은 데 대한 명예훼손 불법행위 책임으로 4억 원의 위자료가 인정된 1996년 1월 판결에 비견해 보면, 그 부당함이 단적으로 드러난다. 부끄럽고 슬픈 액수다. 강제로 북파한 것도 모자라 간첩으로 몰아 한 가정을 파괴한 비극적 사건에 대해 국가가, 우리 사회가 지는 책임의 무게가 기껏 이 정도에 불과하단 말인가.

대법원은 위자료 액수에는 그 시대와 일반적인 법 감정에 부합되어야 한다는 한계가 당연히 존재한다고 말했다. 그러면서 이 사건 하급심은 손해의 공평한 분담이라는 이념과 형평의 원칙에 현저히 반하는 위자료를 산정했기 때문에 그 한계를 넘었다고 판시했다.

인권을 철저히 유린한 국가 범죄를, 대법원은 어떻게 평가한 것인가. 대법원이 말하는 일반적인 법 감정은 무엇인가. 우리의 보편적 법 감정으로는 피해자 가족의 무너진 삶과 인간의 존엄에 대해 최소한의 예의를 표하지 못하는 것인가. 법정에서 당사자들을 대면하고 변론을 수차례 열어 고심해 위자료를 정했던 하급심 법원의 판단조차 일반적인 법 감정에서 현저히 벗어나 있었던 것일까. 2014년 대법원이 내세운 일반적인 법 감정이란 대체 무엇인가.

불법행위에 대한 위자료는 단지 손해를 전보하고 피해자에게 만족을 주는 데 그치지 않고, 악행을 제재하고 예방하는 기능도 수행한다. 근대법은 형사와 민사 책임을 분화하는 원칙을 취하고 있지만 민사 책임이 현실적으로 불법행위를 제재하는 부수 작용을 하는 것까지 부정하지는 않는다. 명시적인 징벌적 손해배상이 인정되지 않더라도 위자료 산정의 기준이 되는 여러 요소를 고려할 때 제재 내지 예방 기

★

능도 반영될 수 있고, 반영되어야 한다. 국가 범죄의 법적 책임을 축소한 대법원 판결은 위자료의 의미와 기능에 대한 보편 법리에도 어긋난다.

피해자들이 겪은 고통은 결코 돈으로 메워질 수 없지만, 그나마 금전으로라도 위로가 될 수 있도록 합당한 위자료 배상을 명해야 했다. 아버지를 강제로 북파하고 가족들에게 그 사실을 50년 가까이 숨기고, 그것도 모자라 간첩으로 조작해 간첩의 가족으로 핍박받으며 고통스럽게 한 것에 대한 배상액으로 2500만 원씩이면 충분하다는 대법원은 스스로에게도 부끄럽지 않을까.

2014년 1월과 2월, 연달아 받은 두 개의 파기환송 판결. 당시에는 사법 농단 사태를 상상조차 할 수 없었다. 대법원이 대체 왜 그러는지, 풀리지 않는 의문이 꼬리를 물고 머릿속을 맴돌 뿐이었다. 그러나 세상을 떠들썩하게 한 사법 농단 사태, 법원행정처 문건이 공개되면서 의문이 조금은 풀렸다. 궁금증이 풀리면 마음속이 시원해지기 마련인데, 참담함이 더 깊어졌다. 사건의 일부라도 되새기고 기록해야 하는 이유다.

과거를 지배하는 자는 미래를 지배한다.
현재를 지배하는 자는 과거를 지배한다.

조지 오웰, 『1984』

2

양승태의 대법관·대법원장 시절
2005~2017

60여 명의 사람들이 두 손과 양팔로 만든 '하트'가 자신을 위한 것이라고 생각했을까? 연두색 셔츠를 입은 정중앙의 남자는 환하게 웃고 있다. 모두가 두 손 들어 하트를 만들었는데, 혼자만 두 팔을 편하게 내려놓았다. '하트에 둘러싸인 기분은 어떨까.' 이런 상상을 하면서 현수막에 적힌 문구를 읽었다.

대법원장님과 함께해서 행복했습니다.
2014년 7월 19일(토) 서울북부지방법원 가족 일동

색과 크기를 달리해 포인트를 준 두 글자, 행복. 이 사진의 주인공은 누가 뭐라 해도 연두색 셔츠의 남자, 양승태 전 대법원장이다. 판사, 법원 공무원 등의 '집단 하트' 속에 선 그는 마냥 행복해 보인다.

청년 양승태가 내린 판결문 6개*를 다시 펼쳤다. 누구에게는 사형을, 누구에게는 무기징역과 징역 10년 등을 선고한 판결문이니 모두 행복과는 거리가 먼 사건이다. 판결문 6개에서 공통점을 찾았다.

· 피고인들은 모두 재일 교포이거나 일본에 다녀온 적이 있다.
· 피고인들은 간첩 등 국가보안법 위반 혐의를 받았다.
· 피고인들은 사건 당시 신문 1면 등을 장식할 정도로 세상의 주목을 받았다.
· 피고인들은 유죄를 입증할 명백하고 뚜렷한 물적 증거 없이 사형 등 중형을 선고받았다.
· 생존한 피고인들은 훗날 재심을 통해 거의 모두 무죄를 선고받았다.

간첩으로 몰려 교도소에 다녀왔으나, 훗날 무죄가 밝혀진 사람들. '판사 양승태'는 이 6개 판결문에 빠지지 않고 등장하는 이름이다. 훗날 그는 이명박 대통령이 대법원장으로 임명해 사법부 수장이 됐다.

2011년 9월 대법원장에 취임한 양승태는 6년 재임 기간을 꽉 채우는 동안 의문을 자아내는 판결을 많이 남겼다. 케이티엑스(KTX) 해고 무효소송을 비롯한 민생·노동 사건이 1, 2심에서 이기더라도 대법원에서 뒤집어지는 일이 생겼다. 특히 독재 정부 시절의 공안 피해자들에 대해 양승태 사법부가 보수적으로 판결을 내리는 일이 많아지자, 과거사가 '역주행'하기 시작했다는 평가가 나왔다.

2017년 3월, 대한민국을 흔들어 놓는 사건이 터졌다. 이탄희 판사

의 사직서를 시작으로 법원행정처의 사법행정권 남용 의혹이 불거졌다. 2017년 2월, 이탄희 당시 판사는 대법원 법원행정처의 소위 '판사 블랙리스트' 파일 관리를 거부하고 사직서를 제출했다. 법원행정처 기획조정실 기획2심의관에 발령이 나자마자 그에게 떨어진, 판사 뒷조사 관리를 이탄희 판사는 응할 수 없었다. 대법원이 인사 불이익을 줄 목적으로 특정 판사들의 성향과 동향을 파악한, 이른바 '블랙리스트'를 만들어 관리했다는 의혹이 제기되기도 했다.

이탄희 판사의 이 사직서가 사법 농단 의혹을 수면 위로 끌어올리는 데 결정적인 역할을 했다. 한 사람의 사직서가 양승태 대법원의 사법 농단과 재판 거래 실상을 밝히는 데 크게 기여했다. 드러난 '판사 뒷조사 파일' 지시 의혹은 이후 사법부 블랙리스트 의혹, 사법행정권 남용, 사법 농단 사태로 확대됐다. 지금까지도 사법 농단 재판은 이어지고 있다.

대법원은 사태의 진상을 파헤치지 않았다. 대법원 특별 조사단은 3차에 걸쳐 자체 조사를 벌였지만, 의혹을 밝힐 문서 공개를 꺼렸다. 시민단체와 전국법관대표회의가 공개하지 않은 파일 원문을 공개해야 한다고 요구하자, 특별 조사단은 2018년 7월 31일에서야 조사한 410개 문서 파일 가운데 공개되지 않았던 나머지 196개 파일의 원문을 공개했다. 공개된 문서는 충격적이었다. 그 안에는 '양승태 사법부'가 상고법원 도입 성사를 위해 '박근혜 청와대'와 재판 거래에 직접 나선 사실이 고스란히 담겨 있었다.

대법원의 안일한 태도를 보면서 우리는 양승태 대법원장 시절에 벌어진 재판 거래 의혹 피해자들을 만나 그 목소리를 기록하기로 마음먹었다. 재판 거래 피해자로 분류되지 않지만, 양승태 대법원장 시절 논란을 빚은 재판도 정리했다. 사법부가 안일한 선고를 내렸을 때 그게 어떤 파장을 낳는지 찬찬히 들여다보는 기회로 삼았다.

이어지는 이야기는 사법부에 대한 경고이자, 엄정한 검찰 수사를 촉구하는 메시지이다. 재판 거래 피해자들의 절규가 담긴 양승태 전 대법원장의 구겨진 성적표를 누구보다 양 전 대법원장이 읽길 비는 마음으로 작성했다.

---

* 김동휘·이원이·장영식·조득훈 사건(1976년 판결),
　강희철·오재선 사건(1986년 판결).

국정원에 13억 원을 빚진 노인 /이명선

"[인혁당 재건위 사건의] 대법원 판결이

[1975년 유죄와 2007년 무죄] 두 가지로 나오지 않았습니까? ······

앞으로의 판단에 맡겨야 되지 않겠는가······."

— 박근혜[*]

아침 7시, 서울역에서 동대구역으로 향하는 KTX 열차 안. 이 가늠할
수 없는 상황이 내게 벌어졌다고 상상해 봤다. 좀체 감이 서지 않았다.
열차 테이블 위에 소장 하나를 올려놓고 한참을 바라봤다. 원고에는
대한민국, 피고에는 한 노인의 이름이 적혀 있었다.

부당이득 반환 청구 소장이었다. 대한민국 정부가 아흔의 노인에
게 돈을 내놓으라고 소송을 건 것이다. '도대체 노인이 국가로부터 부
당하게 취한 돈이란 뭘까?' 대구에 도착할 때까지도 궁금증이 해소되
지 않았다.

구불구불한 대구 봉덕 시장 옆 골목을 뚫고 어렵게 주소지를 찾았

* 대선 후보 시절, MBC 라디오 <손석희의 시선집중>(2012/09/10).

다. 택시에서 내려 신발 가게 바로 옆 녹슨 철문을 여니 낡은 다세대 주택이 나왔다. 시멘트 마당을 'ㄷ' 자로 둘러싼 허름한 2층 집. 오늘 만나기로 한 강창덕 선생이 이곳 1층에 산다.

"좀 누추하지요? 그래도 보증금 300만 원에 월 30만 원짜리 셋방치 고는 괜찮습니다."

숨이 턱 막히는 집 안 열기가 나를 맞았다. 문밖 쨍한 햇볕이 현관 을 통과하지 못하는지, 집 안이 어두웠다. 살림살이는 여느 집과 다를 바 없었지만, 책상이 시선을 확 끌었다. 빼곡한 책들 틈에 한반도기가 꽂혀 있었다. 신문기자라는 주인의 이력답게 특히 주간지와 신문이 많았다.

안중근 의사의 글귀도 보였다. "견리사의 견위수명"見利思義 見危授命, "눈앞 이익을 보면 대의를 생각하고, 나라의 위태로움을 보면 목숨을 바친다"는 뜻의 한자가 쓰인 포스트잇이 붙어 있었다. 책상은 결의의 문구로 가득했다. 애국 결의를 하는 노인에게 왜 국가는 돈을 토해내 라는 걸까. 강창덕 선생은 지팡이에 의지해 꼬깃꼬깃해진 종이를 힘 겹게 꺼냈다. 내가 KTX 안에서 본 부당이득 반환 청구 소장이었다. '원고: 대한민국'이 다시 나를 압도했다. 선생님 손가락은 '소관청: 국 가정보원'으로 향했다. '법률상 대표자: 법무부 장관 황교안'도 짚었 다. 그는 한숨과 함께 마른세수를 했다.

"국정원이 모두 뺏어 갈 낍니다."

법원 명령에 따라 강창덕이 법원에 제출한 재산 목록은 너무 초라 했다. 월 30만 원짜리 셋방에서 그나마 값이 나간다는 이유로 에어컨 과 침대가 목록에 들어갔다. 셋방의 300만 원 보증금도 재산 목록에

강창덕이 "위방무치 가무면"爲邦無恥 家無面이라고 쓰고 있다.
'나라를 위해 싸운 데에는 부끄러움이 없지만, 가정에는 면목이 없다'는 뜻으로
강창덕이 투옥 중 만든 한자 성어다.

ⓒ이명선

2005~2017

포함됐다. 국정원의 압류 결정을 받으면 빨간 딱지가 붙여질 것들.

그에게 매월 18만 원씩 지급되는 6·25 전쟁 참전 보상금마저 재산 목록에 기록됐다. 참전해 나라를 지킨 사람에게 감사의 뜻으로 국가가 주는 돈을 다시 빼앗으려 하다니. 슬픔과 분노가 교차했다.

"평생 민주화운동 한다고 고급 음식 한 번 몬 먹고…… 너덜너덜해진 옷 꼬매서 입는 내한테 어떻게 나라가 이럴 수 있습니까?"

강창덕의 사연은 반세기도 전부터 시작된다.

유신 반대 지하 신문을 만들다

대구 봉덕 시장 인근의 한 여관방. 그날도 어김없이 '유신 반대 삼총사'가 시린 추위를 뚫고 한자리에 모였다. 벽지가 누렇게 바랜 허름한 여관방은 사람들의 시선을 피하기 좋았다. 당시 47세였던 강창덕은 그중 나이가 가장 많았다. 강창덕은 동생들이 도착하자마자 곧장 문을 걸어 잠갔다.

창문 틈 사이로 인기척도 확인했다. 다행히 아무도 없었다. 강창덕은 미닫이 창문의 걸쇠를 돌려 잠그고 안도의 한숨을 쉬었다. 나경일과 이재문*도 그제야 온돌 바닥에 책상다리를 하고 앉아 취재 노트를 꺼냈다. 당시 나경일은 44세, 이재문은 40세였다. 1974년 2월 어

---

* 1934년 경북 의성에서 태어난 이재문은 대구일보와 영남일보 등에서 기자 생활을 하다가 1964년 1차 인혁당 사건에 연루돼 구속됐다. 1974년 인혁당 재건위 사건으로 다시 간첩으로 몰려 지명 수배돼 5년 5개월간 도피 생활을 했지만, 1979년 남조선민족해방전선 준비위원회(남민전) 사건으로 체포돼 투옥됐다. 법원에서 사형을 선고받은 이재문은 1981년 서대문 구치소에서 끝내 병사했다.

느 겨울밤, 세 사람은 유신 반대 지하 신문인 『참소리』 창간을 위해 머리를 맞댔다.

"니들 여기 올 때 뒤밟히면 안 된다. 우리 다 죽는다."

세 사람은 1974년 초 박정희 유신 독재의 진실을 알리고자 지하신문을 만들기로 결의했었다. 신문이 완성되면 새벽녘 대구 중앙로 인근에 몰래 뿌리자는 계획을 세웠다. 신문의 제호는 『참소리』, 논단은 "진실로"로 정했다. 제 목소리를 잃은 언론을 대신해 세상의 참된 소리, 즉 진실의 이야기를 담고 싶어서였다. 강창덕은 언론계와 정계, 나경일은 노동계, 이재문은 학계로 영역을 나눴지만, 그들의 주요 취재 대상은 대학이었다.

그해 겨울은 어느 때보다 매서웠다. 1974년 1월 8일 박정희 대통령은 긴급조치 1, 2호를 선포해 전 국민의 입을 꽁꽁 얼려 버렸다. 막걸리를 마시고 술기운에 유신 반대 발언을 했다가 영장 없이 체포되는 일이 다반사였다. 유신헌법을 개정하거나 폐지하자는 발의 또한 금지됐고, 보도와 출판은 정부에 의해 엄격히 통제되고 있었다. 자유는 박탈됐고, 인권은 유린됐다.

유신과의 싸움 전면에 나선 이들은 대학생이었다. 전국의 수많은 대학생이 철창 행을 각오하고 유신 반대 운동에 나섰다. 4·19 혁명이 이승만 정권에 종지부를 찍은 것처럼 이번에도 민중의 힘으로 독재를 몰아낼 수 있으리라 믿었다.

『참소리』의 편집장은 강창덕이었다. 강창덕은 1956년 『영남일보』 공채 1기로 입사해 5년간 기자로 일했다. 그는 불의에 굴하지 않는 기자였다. 영남일보 사주가 이승만 대통령이 창당한 자유당 배지를 달고 국회의원 선거에 나가자, 항의의 표시로 사표를 냈다.

강창덕은 그 뒤 『대구매일신문』으로 이직해 '이승만 저격수'가 됐다. 이승만 정권의 비리를 파헤치는 기사를 지칠 줄 모르고 써냈다. 그중 하나가 '코발트 광산 학살 사건'*이었다. 강창덕은 경북 경산에 특파원으로 내려가 부락민들의 이야기를 듣고 폐갱 속에 묻힌 수천 구의 억울한 죽음을 기사로 옮겼다.

그에게 『참소리』는 다시 참된 기자로 거듭나는 계기였다. 신문사를 퇴사하고 14년 만에 다시 펜을 잡았지만, 저격 대상이 이승만에서 박정희로 바뀌었을 뿐, 끓는 기자 정신은 예전 그대로였다.

경찰의 사찰과 추적을 피하기 위해 갖은 방법을 다 동원했다. 지문을 남기지 않기 위해 신문을 만질 때마다 늘 고무장갑을 꼈고, 수첩은 늘 빈 상태로 남겨 두었다. 책잡힐 만한 메모는 애초에 남기지 않았다. 뜻을 함께한 동지들끼리 사진 한 장 찍을 생각은 꿈에도 하지 못했다.

진실이 드러나도 그들은 얼굴 없는 기자로 남아야 했다. 강창덕이 알고 지냈던 동생 백정호(당시 32세)는 이 소식을 듣고 기꺼이 『참소리』의 후원자가 되기로 했다. 미술학도였던 백정호는 미술학원에서 번 돈을 민주화운동을 위해 댔다. 등사판과 종이는 백정호의 주머닛돈으로 마련했다.

그 무렵 유신 정권의 칼날은 점점 날카로워지고 있었다. 전국의 대

---

* 경찰과 국군이 대구 형무소에 수감된 민간인을 한국전쟁 이후 강제로 끌고 와 1950년 7~8월 경산시 코발트 광산 등에서 집단 학살한 일. 2009년 11월 진실·화해를 위한 과거사정리위원회가 사건의 진실 규명 결정을 내리면서, 희생자를 1800명 이상으로 추정했다.

학생들이 1974년 4월 3일을 거사 일로 정하고 서울의 봄을 꿈꾸다가, 곳곳에 잠복한 사복 경찰의 감시를 피하지 못하고 발각됐다. 결국 중앙정보부는 관련 학생들에게 '전국민주청년학생총연맹'(민청학련)이라는 명칭을 달아, 1024명을 연행하고 180여 명을 구속했다.

박정희 대통령은 곧장 4월 3일 긴급조치 4호를 발동했다. "민청학련에 관련된 단체와 그 구성원에 직간접적으로 관여를 하는 일을 금한다"고 공표하면서 전국을 유신의 손아귀에 넣어 버렸다. 유신헌법을 반대하는 사람을 사형에 처할 수 있다고 공식 선언한 것도 이때다. 긴급조치 4호를 위반하거나 비방한 자는 사형, 무기 또는 5년 이상의 유기징역에 처했다.

1974년 4월 25일 중앙정보부장 신직수가 발표한 수사 상황은 결정적으로 강창덕에게 모든 것을 내려놓게 했다. "민청학련 배후에 과거 공산계 불순 단체인 인민혁명당(인혁당)이 연루됐다"는 뉴스를 듣고, 강창덕은 자신도 이에 연루될 수 있다고 본능적으로 직감했다. 자신은 1964년 인혁당 사건과 아무 관련이 없었지만, 이 불똥이 튈 수 있을 거라 판단했다. 그 밤 강창덕은 바로 짐을 싸서 대구를 떠났다.

7번의 투옥, 13년간의 수감 생활

도피 생활은 길지 않았다. 열흘째인 5월 6일, 동서가 운영하던 양복점에서 남대구 경찰서 보안 경찰들에게 붙잡히고 말았다. 고문은 쉴 틈 없이 계속됐다. 남대구 경찰서 수사관들은 강창덕을 기다란 나무 의자에 손발을 묶어 누인 다음, 수건으로 얼굴을 덮고 물을 부었다. 경찰봉으로는 손바닥과 발바닥을 거침없이 때렸다.

2005~2017

퍼렇게 멍드는 몸을 보면서 그는 '고문이 언제까지 계속될까' 하는 두려움에 떨었다. 중앙정보부로 옮겨 가도 바뀌는 것은 없었다. 낮인지 밤인지 모를 창문 없는 방에서, 온 감각을 도려내고 싶은 끔찍한 고문이 매일같이 반복됐다.

원칙대로라면 고문은 유신헌법에서도 금지 사항이었다. 유신헌법 제10조 2항에는 "모든 국민은 고문을 받지 아니하며, 형사상 자기에게 불리한 진술을 강요당하지 아니한다"라고 적혀 있지만, 박정희 정권에서 고문은 편하게 가져다 쓸 수 있는 흔한 도구였다.

"공산주의 책 보면서 북한 사주 받은 거 아니야? 북한 방송 몰래 훔쳐 들었다고 실토해!"

고문 기술자들은 거짓 자백을 받아 내는 데 선수였다. '살아서 못 나간다'라고 협박했지만, 자신이 원하는 답을 토해낼 때까지 어떻게든 살려 둬야 했다. 고문 받던 이가 기절하면 군용 담요를 덮어 주무르며 혈액순환을 도왔다. 그리고 다시 깨어나면 고문 의자에 앉혔다.

정신이 혼미한 와중에 강창덕의 정신을 번쩍 들게 하는 대화가 있었다. 바로 '인혁당 재건위 사건'이라는 이름이 만들어진 경위였다. 그는 조서를 작성하다가 조사관들끼리 나누는 대화를 들었다.

"이 사건 명칭을 뭐라고 했으면 좋겠냐?"

"1차 인혁당* 관련자**가 많으니, '인혁당 재건위' 어떻겠냐?"

---

* 1964년 8월 김형욱 중앙정보부장이 "북괴의 지령을 받고 국가 변란을 획책한 대규모 지하조직인 인민혁명당을 적발했다"고 발표하면서 '인민혁명당(인혁당)'이라는 이름이 세상에 처음 알려졌다. 하지만 국가 변란을 기획했다고 하기에는 증거가 너무 부실하고, 조사 과정

일단 잡아 놓고 입맛에 맞게 이름을 붙인 거였다.

검찰로 넘어가도 똑같았다. 군 검찰관에게 신문을 받는 동안 중앙정보부 사람들이 입회했다. 죽음만은 피하고 싶어, 받아 적은 거짓 진술서대로 말하지 않을 수 없었다. 조금이라도 다르게 말하면 검사가 '담배를 피우러 나간다'며 자리를 떴고, 그사이 중앙정보부 사람들이 또다시 고문 협박을 했다.

고문으로 주물러 만든 허위 사실은 재판에서도 뒤집어지지 못했다. 1974년 7월 8일 서울 중구 필동 헌병사령부 법정에서 열린 인혁당 사건의 첫 재판은 잘 짜인 연극과도 같았다. 긴급조치 4호가 발동하고 두 달 남짓 지나는 동안 강창덕을 비롯한 사건 연루자 25명은 중앙정보부가 쓴 대본을 완벽히 외웠다.

사실 1964년 '인혁당' 자체가 조직된 적이 없었으니, '인혁당 재건위'라는 말은 성립할 수 없는 것이었다. 있지도 않은 것을 재건할 수는 없는 노릇이다. 하지만 그런 건 중요하지 않았다. 오직 유신 반대 운동을 잠재울 희생양만 있으면 됐다.

"서도원, 도예종, 우홍선, 이수병, 송상진, 하재완, 김용원, 여정남. 8명 사형!"

비극적인 예감은 들어맞았다. 8명에게 사형 선고가 떨어졌다. 사형수 8명은 선고가 난 지 불과 18시간 만에 형장의 이슬로 사라졌다. 강

에서 고문이 자행됐다는 사실이 밝혀지면서 중앙정보부의 애초 발표 내용과 달리 사건은 '용두사미'로 끝났다.

** 도예종, 송상진, 우홍선 등.

창덕은 자신이 무기징역을 받은 사실보다 8명의 사형 집행이 더 충격적으로 다가왔다. 독방에 홀로 앉아 '과연 이 땅에 법이 존재하는지' 의문을 품으며, 자신이 살아남았다는 사실에 되레 환멸을 느꼈다.

"위방무치 가무면"

강창덕의 장남 강상호는 아버지 없이 청소년기를 보냈다. 아들은 세상을 향해 옳은 소리를 뱉는 아버지가 달갑지 않았다. 가족보다는 나라를 위해 싸우는 아버지가 미웠다. 어머니는 세 아들에게 '어디서도 아버지에 대한 얘기를 하지 말라'고 자주 당부했다. 경찰들이 이따금씩 집에 찾아와 가택 수색을 할 때면, 혹시라도 어린 자식 일기장에 아버지 이야기가 있어 문제가 될까 노심초사했다. 실제로 사복 경찰들은 학교 앞까지 찾아가 아들을 감시하곤 했다. 어머니는 아들 앞에서 단 한 번도 힘든 내색을 하지 않았다. 강상호는 기절하듯 쓰러져 주무시는 어머니의 이불을 묵묵히 목까지 덮어 드리곤 했다.

아버지를 면회하러 가는 길은 너무도 멀었다. 1년에 딱 두 번, 방학 때만 겨우 갔다. 쌀가마니만 한 자루에 책 100여 권을 담아 이동하는 일은 어린 강상호에게 너무 힘들었다. 면회 시간은 10분 남짓이었지만 책을 빼고 다시 넣는 시간이 오래 걸렸다. 책 안에 불순한 내용은 없는지 검사받는 데 시간을 다 썼다. 면회 가는 길도 만만치 않았다. 영천에서 전주 교도소까지 가려면 버스 두 번, 기차 두 번을 타야 했다. 어렵사리 전주역에 도착하면 어머니와 아들 셋은 급히 국밥을 말아 먹고 택시를 타고 전주 교도소에 도착해 숨을 고르기 바빴다.

강창덕은 강산이 두 번 바뀔 무렵 그 지옥 같은 곳을 빠져나왔다.

무기징역을 선고받고, 총 8년 8개월을 복역한 뒤 1982년 성탄절 특사로 석방됐다. 강창덕이 그때까지 항일운동, 민주화운동의 대가로 치른 옥고는 총 7번, 그 기간은 13년이었다. 그중 인혁당 재건위 사건에 연루돼 옥고를 치른 기간이 가장 길었다.

1982년 12월 강창덕이 출소한 후에도 가족의 형편은 나아지지 않았다. 빚을 청산하기 위해 살던 집의 보증금을 빼야 했다. 가족은 어쩔 수 없이 허름한 양계장을 헐값에 빌려 집처럼 꾸몄다. 여름이면 닭똥 냄새가 진동했지만, 그래도 다섯 가족이 함께 누울 수 있어 행복했다. 강창덕은 어렵게 아파트 경비 일을 구했지만, 번 돈을 몽땅 빚 갚는 데 썼다. 서울에서 유학하던 강창덕의 둘째 아들 강상우는 잘 곳이 없어 학교 근처 공공 화장실에서 자며 등하교하면서도, 가족들이 걱정할까 봐 말하지 않았다. 당시 그의 나이는 고작 18세였다.

국정원, 배상금 반환 소송을 걸다

억울함을 씻는 데는 수십 년의 세월이 더 필요했다. 2008년 1월, 강창덕은 천신만고 끝에 재심을 통해 무죄를 선고받았다. 2009년 8월에는 손해배상금 15억 2200여만 원을 받았다. 손해배상 소송 1심에서 인용된 금액의 65퍼센트를 가지급받았다.

30여 년 만에 '빨갱이' 딱지를 떼고, 국가로부터 공식적인 사과의 대가를 받은 것이지만, 기쁨보다 설움이 먼저 터졌다. 독재 정권의 희생양이 되어 송두리째 날아간 젊음은 돈으로 보상될 수 없었다.

가장 먼저 떠오른 건 죽은 아내였다. 아내는 강창덕이 인혁당 재건위 사건으로 투옥됐다가 출소한 지 얼마 지나지 않은 1987년 여름에

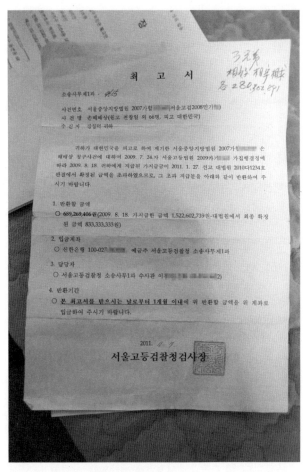

2011년 11월, 강창덕이 받은 최고서.

서울고등검찰청은 강창덕에게 6억 8900여만 원의 돈을

1개월 이내에 반환하라고 했다.

ⓒ이명선

세상을 떠났다. 시외 분교로 출근하는 버스에서 떨어지는 사고를 당해 2년간 병상에만 누워 있다가 세상을 등졌다. 평생 남편 없이 아들 셋만 키우다 호강 한번 못 하고 떠난 아내에게 참 미안했다. 아들 셋과 공놀이 한번 못 한 것은 평생의 한이 됐다. 인혁당 사건으로 8년 8개월을 꼬박 감옥에 갇혀 있으면서 아들들에게 살가운 포옹 한번 못했다. 강창덕이 받은 15억여 원은 아내의 목숨 값이자 아들 셋의 파괴된 행복에 대한 보상이었다.

손해배상금을 받고 지금껏 신세 진 곳에 먼저 연락했다. 온전하지 않은 몸 때문에 제대로 돈벌이를 할 수 없었던 그는 주변에 손을 많이 벌렸다. 고문 후유증으로 쓴 병원비, 죽은 아내의 병원비, 아이들의 교육비에 보탬을 준 지인 한 분 한 분에게 감사의 뜻을 전했다

자신의 안위는 나머지 보상금 3분의 1이 나올 때까지 잠시 유보하기로 했다. 돈을 가장 값지게 쓴다는 생각으로 시작한 게 민주화운동 관련 단체 후원이었다. 후손들을 위해서라도 암흑의 역사가 다시 반복되지 않길 바랐다. 곧 죽을지도 모른다고 생각하며 재정이 어려운 민주화운동 단체에 기부를 아끼지 않았다.

그중에는 천주교인권위원회도 있었다. 인혁당 사건 진실 규명에 여러 신부님이 오랜 세월 앞장섰다. 민족자주평화통일회의 등 통일운동 단체에서 고문으로 지내면서 매월 후원금을 냈다. 인혁당 사건 피해자들을 위한 단체 4·9통일평화재단을 만드는 데도 함께했다. 다 끝난 줄 알았다. 하지만 2011년 1월 청천벽력 같은 판결이 떨어졌다.

"사건 발생 일로부터 시간이 오래 지나 화폐가치가 변했으니 이자는 2009년 8월부터 계산한다."

양승태 대법원(주심 신영철)이 인혁당 사건 무기수·유기수 피해자들에게 지급한 배상금의 이자 계산이 잘못됐다며 34년 치 이자를 삭제했다. 이로 써 받은 돈의 절반가량인 6억 8900만 원이 무효가 됐다. 세 아들에게 각각 지급된 2억 8000만 원도 무효 처리됐다. 34년 치 이자를 지운 대법원의 근거는 이러했다.

"오래전에 벌어진 일이라 그때부터 이자 계산을 하면 이자가 너무 많아 줄 수 없다."

거칠게 비유하자면, 마치 은행이 10년 저금한 사람에게는 10년 치 이자를 주면서, 30년 저금한 사람에게는 이자가 많다며 이자를 몇 년 치로 줄이는 식이었다. 판결의 이유는 모호했다. 30여 년 사이 변한 통화가치와 물가, 국민소득 수준도 이자 삭제의 이유가 된다면서, 그 구체적인 기준과 수치는 하나도 제시하지 않았다. 왜 이자 계산의 시작점이 '사실심 변론 종결일'*이 되어야 하는지도 설명하지 않았다. '장기간' '상당한'이라는 추상적인 용어로 판결을 내렸다.

불법행위 시와 변론 종결 시 사이에 장기간의 세월이 경과되어 위자료를 산정함에 있어 반드시 참작해야 할 변론 종결 시의 통화가치 등에 불법행위 시와 비교하여 상당한 변동이 생긴 때에는 예외적으로 불법행위로 인한 위자료 배상 채무의 지연 손해금은 그 위자료 산정의 기준 시인 사실심 변론 종결 당일로부터 발생한다고 보아야만 할 것이다.**

* 1심과 2심은 사실심이고, 3심은 법률심이다. 사실심에서는 사실관계를 따지고 법률심에서는 법규 적용이 잘못됐는지만 따진다. 따라서 '사실심 변론 종결일'은 2심의 마지막 변론 기일이 된다.

최악은 그 후에 벌어졌다. 박근혜 정부가 들어서니 국정원이 돈을 돌려 달라며 2013년 7월, 소를 제기했다. 그것이 바로 부당이득 반환 청구 소송이다. 삭제된 34년 치 이자를 반환하는 것은 물론이고, 2009년 1월 대법원 판결부터 지금까지 돌려주지 않은 것에 대한 연체이자까지 달라며 소를 제기했다.

법원은 결국 국정원의 손을 들어 줬다. 불법 구금, 가혹 행위, 고문을 통해 사건을 조작한 중앙정보부의 후신인 국정원이 한순간에 채권자로 돌변한 것이다.

강창덕은 순식간에 빚더미에 앉았다. 2019년 11월, 반환금이 16억 6000만 원을 돌파했다. 연 5퍼센트의 지연이자가 과하다고 34년 치 이자를 없애고는, 돈을 반환할 때에는 연 20퍼센트의 이자가 붙었다. 사금융권에서나 통용될 이율이 돈의 몸집을 빠르게 불려 나갔다.

"원통해서 국정원 마당에서 분신자살을 할까 생각했습니다."

아버지 박정희가 그의 인생을 파괴했고, 딸 박근혜는 그를 채무자로 만들었다. 일제강점기, 한국전쟁, 이승만 독재, 박정희 유신까지, 역사 앞에 한 번도 비겁하지 않았던 그였다. 하지만 아흔의 강창덕은 위기에 놓여 있다. 강창덕의 반환금은 내일도 37만 7700원 늘어난다.

"기자로서 진실만 쫓았는데 ……. 유신 시대는 제게 끝나지 않았습니다."

** 신영철·안대희·박시환·차한성 판결. 2010다1234 대법원 선고
(2011/01/27).

은행 빚으로 국정원 빚을 갚다 /이명선

정권에 따라 법의 잣대가 바뀌나요?

5년마다 저희에 대한 입장은 왜 매번 달라져야 하나요?

— 이창복

"이창복 씨 계십니까?"

박근혜 전 대통령 파면 며칠 전이다. 유달리 추웠던 2017년 2월 말, 말쑥하게 차려입은 한 남성이 여든여섯의 노인이 사는 집 주변을 뱅뱅 돌았다. 1933년생 이창복의 집이었다. 누군가 예고도 없이 경기도 양평 산자락으로 찾아오는 일은 거의 없다. 낯선 이의 방문이 이례적이다.

이창복의 아내는 45년 전 그때가 떠올라 순간 긴장했다. 1974년 5월 구둣발로 들이닥친 중앙정보부 요원들이 남편을 검은 차에 구겨넣고 끌고 갔다. 그때 이후로 부부는 여태껏 외식도 외출도 꺼린다. 그런데 대문 밖에 일면식도 없는 남자가 찾아온 것이다.

"이창복 씨, 부동산 압류 결정 난 거 아시죠? 감정평가사입니다. 문

좀 열어 주세요."

아내 박인순의 손끝이 떨렸다. 세월이 흘렀다고 해서 두려움에 둔감해지는 건 아니었다. 1936년에 태어나 숱한 고초를 겪은 그이지만, 손바닥이 삽시간에 땀으로 홍건해졌다. 그렇다고 대답을 계속 피할 수는 없었다. 박인순은 축축한 손을 바지에 훔치고 조심스레 문밖으로 얼굴을 내밀었다. 감정평가사는 감정평가 명령서와 신분증을 보이며 다시 보챘다.

"수원지법 부동산 강제 경매 결정에 따른 겁니다. 문 좀 열어⋯⋯."

"가시오. 문 못 엽니다. 돌아가시오."

이창복이 박인순과 감정평가사 사이의 대화에 끼어들었다.

"여보. 그러지 마요. 순리대로 합시다."

잠깐 사이 이창복은 모자와 안경을 걸치고 차림을 갖추었다. 이창복은 감정평가사에게 인사를 건네고 집 안으로 정중히 안내했다. 그들의 모습은 마치 집을 파는 매도인과 집을 사는 매수인처럼 보였다.

"여기가 서재 겸 안방이고요. 이쪽은 응접실입니다. 사다리를 당기면 비밀 다락방도 나옵니다."

서재에는 프랑스어와 독일어, 일본어로 된 책들이 빼곡히 꽂혀 있었다. 창문 너머로는 부부가 손수 가꾼 작은 텃밭과 한반도 모양의 정원이 눈에 들어왔다. 누구라도 은퇴한 교수의 집으로 짐작할 만했다. 소박한 세간, 그리고 수북한 책들에서 학자의 분위기가 풍겼다.

"저는 '인혁당 재건위' 사건 피해자입니다. 이 집은 반평생 고초를 겪은 대가로 받은 국가배상금으로 샀고요. 부동산 강제 경매 결정문에는 '인혁당'이 안 쓰여 있어 말씀드립니다."

실제로 경매 결정문에는 이창복의 과거에 대한 설명이 없었다. 이창복은 인혁당 재건위 사건의 피해자였지만, 문서상에는 채무자 그 이상 그 이하도 아니었다.

이창복은 흥분하지 않았다. 강제 경매 결정이 달갑지는 않았지만, 그렇다고 이 모든 것이 눈앞의 젊은 감정평가사 잘못은 아니었다. 부동산 외에도 압류 예정 품목은 많았다. 각종 보험과 예금, 자동차, 심지어 아내가 산 카메라와 컴퓨터까지 법원 명령에 따라 재산 품목으로 제출했다.

"사정은 딱하지만, 예정대로라면 경매가 7~8월 사이에 진행될 겁니다. 참고하십시오"

박인순은 싱크대 위에 놓인 물기가 채 마르지 않은 그릇, 직접 담근 약술, 서재 쪽으로 쏟아지는 햇살을 물끄러미 응시했다. 이창복은 그런 아내의 두 손을 꼭 쥐고는 눈을 맞추며 말했다.

"여보, 우리 6·25도 겪고, 가슴에 아들도 묻어 보고, 온갖 풍상을 다 거치지 않았소. 온기 없는 마룻바닥에서 8년 생활한 나한테는 아무것도 두려울 게 없소."

재산을 압류한 채권자는 대한민국, 정확히는 국정원이었다.

서울대 철학과 학생, 간첩으로 몰리다

이창복은 피난민이었다. 해방 후 한반도에 38선이 그어진 1947년, 14살 이창복은 아버지를 따라 서울 해방촌에 정착했다. 전쟁 통에 아버지를 잃고 고아가 된 뒤로는 전국을 다니며 생업 전선에 뛰어들어야 했다. 신문팔이와 구두닦이는 물론, 깡통 지붕 공장과 두부 공장을 전

전하며 청소년기를 보냈다. 악덕 업자들은 소년 이창복을 늘 자기 배불리는 데 이용했다.

생을 낙관할 여지가 없었던 소년 이창복은 해방촌 바로 옆 남산에 올라 자살하기로 마음먹었다. 가진 것이 없기에 잃을 것도 없었지만, 단 하나 '공부'가 걸렸다. 어렸을 때부터 수재로 불린 이창복은 공부를 제대로 하지 못한 게 늘 한이었다. 죽을힘을 다해 다시 살아 보기로 하고, 명동 인근 미군기지 근처 PX와 사진 현상소에서 어깨너머로 영어를 터득하며 야간 고등학교에 다녔다.

1958년, 25살이 된 이창복은 서울대학교 철학과에 당당히 입학했다. 언어에 관심이 많던 이창복은 독일어에 끌렸고, 자연스레 독일 철학에 빠졌다. 그중에서도 임마누엘 칸트가 청년 이창복을 매료시켰다. 칸트는 인간을 '수단'이 아닌 '목적'으로 대우하라고 했다. 이를 실현하는 나라는 '목적의 나라'이고, 이것이 곧 평화로운 나라와 세계를 만드는 책무라고 했다.

하지만 배움과 현실은 상충했다. 이창복이 박사과정을 준비하면서 국민대와 명지대에서 철학을 가르치던 1970년 초, 박정희 정권의 독재는 날로 심해지고 있었다. 박정희는 1972년 10월, 전국에 비상 계엄령을 내리고 국회를 해산하는 한편, 헌법 일부 기능을 정지시키는 유신 체제를 만들어 헌정 질서를 파괴했다.

철학자 이창복은 분노했다. 유인물을 뿌리거나 띠를 두르고 데모에 나가지는 않았지만, 추락하는 나라가 염려됐다. 그는 뜻이 같은 친구들과 사회와 국가의 정의에 대해 논하며, 대학 내 유신 반대 목소리를 조용히 지지했다. 관련 학술 연구에도 힘썼다. 학계와 언론계 등

해외로 박사과정 유학을 떠나기 얼마 전,
이창복은 도살장에 끌려가는 가축처럼 누군가에게 끌려갔다.
그들은 이창복이 반유신 활동에 참석한 것을 꼬투리 잡아
간첩으로 몰아세웠다.

ⓒ 이명선

각계 지식인들이 주도해 만든 '민주수호국민협의회' 반유신 활동에 참석했다. 학자의 소신에서 비롯된 행동이었다.

"자본주의 없애고 공산주의 국가 만들려고 했다고 다른 사람들이 이미 다 불었어. 너도 입 열어."

이창복의 삶을 앗아 간 것은 검은 옷을 입은 사람들이었다. 해외로 박사과정 유학을 떠나기 얼마 전, 이창복은 도살장에 끌려가는 가축처럼 누군가에게 끌려갔다. 그들은 이창복이 반유신 활동에 참석한 것을 꼬투리 잡아 간첩으로 몰아세웠다.

고문 기술자들은 야전침대 봉으로 이창복의 온몸이 까맣게 되도록 구타했다. 비명을 못 지르게 천으로 입을 틀어막고는 하지도 않은 일을 기억해내라며 밤새 시멘트 바닥에 눕히고 걷어찼다. 바닥이 붉은 피로 얼룩졌다. 아무리 해명해도 소용없었다. 고문 기술자들은 전기 고문을 하겠다고 협박했다.

"그런 사실 없습니다. 오히려 제가 여기 잡혀 왔다는 걸 사람들이 알면 모두 놀랄 겁니다."

박정희 정권은 유신 체제에 저항하는 세력들을 간첩으로 조작해 독재 정권 유지용으로 철저히 이용했다. 국가가 국민 이창복을 '목적'이 아닌 '수단'으로 활용했다.

하지만 이창복은 어떻게든 살아야겠다고 마음먹었다. 젖도 안 뗀 막내아들이 머릿속에 스쳤다. 몸이 망가지면 출옥 후 가장 역할을 할 수 없다고도 생각했다. 결국 눈물을 머금고 거짓 진술서에 날인했다.

박인순은 그때까지도 남편이 어디로 끌려갔는지 몰랐다. 사라진 남편을 찾느라 3주간 잠 못 이루고 있었다. 남편 소식을 처음 접한 것은 신문이었다. 아이들이 놀랄까 봐 밤새 숨죽였던 박인순은 이튿날 새벽 서대문 형무소(당시 서울구치소)로 혼자 향했다.

이창복은 8년간의 투옥 중에도 학자의 자질을 숨기지 못했다. 몸도 제대로 눕히기 힘든 좁은 감방에서 프랑스어와 중국어를 독학했다. 한 글자도 몰랐던 그가 출소 즈음엔 원어로 적힌 『레미제라블』과 『아큐정전』을 읽었다. 1982년 삼일절 특별 사면으로 나온 이창복은 바로 번역 일을 시작했다. 그만큼 실력이 있었다. 역자 이름으로 본명인 '이창복'을 올릴 수는 없었지만, 번역료로 산 시계를 아내 손목에 걸어 줄 수 있다는 것에 만족했다.

이창복은 다시 가르치는 일을 하고 싶었다. 대형 학원에 강사를 지원했고 바로 합격했다. 하지만 신원 증명서에 '긴급조치 위반'이라고 적힌 걸 본 학원이 바로 퇴짜를 놨다. 어쩔 수 없이 차선으로 선택한 것이 독서실 운영이었다. 이창복은 세 자녀를 가르치며 독서실 학생들을 챙겼다. 학생들은 이창복에 대한 소문을 듣고 몰려들기 시작했고, 이를 계기로 그는 외국어 학원을 차렸다. 그 뒤 여러 학생들을 손꼽히는 유명 고등학교와 대학교에 줄줄이 입학시켰다. 잘나갔다.

다만, 이창복에게는 누구에게도 말할 수 없는 비밀이 있었다. 고문 트라우마로 인한 '대인 기피증'이 있다는 사실이었다.

"선생님, 저희 애가 영어가 좀 약해서 상담을……"

"죄, 죄송합니다. 제가…… 오, 오늘은 바빠서, 다음에……"

학생들을 상대할 때는 괜찮았지만, 학부모와 마주하면 자꾸 고문 기술자들의 얼굴이 떠올랐다. 트라우마는 남녀 구분 없이 발동됐다. 얼굴이 붉어지고 손에 땀이 흥건해져서 학부모와 상담하는 것 자체가 불가능했다. 사실 이창복은 교도소에 있는 내내 신경안정제를 달고 살았다. 불면증에 우울증도 있었다. 아침이면 종종 극단적인 생각이 떠올라 그를 괴롭히곤 했다.

'과거 청산' 약속 8년 만에 채권자로 돌변하다

오랜 암흑기가 지나고 민주 정부가 들어서자 이창복의 삶에 처음으로 빛이 들었다. 30년 만의 일이었다. 김대중 정부는 2000년 10월 '의문사 진상 규명 위원회'를 만들어 인혁당 사건이 조작됐다고 공식 인정했다. 고문 후유증과 경제적·정신적 피해에 대해서도 조목조목 조사했다.

노무현 정부는 '국정원 과거 사건 진실 규명을 통한 발전위원회'를 발족해 인혁당 사건의 은폐되고 왜곡됐던 사실들을 2005년 12월 바로잡았다. 인혁당 사건의 가해자인 중앙정보부의 후신 국정원이 직접 자성의 목소리를 냈다. 보고서 끝부분에 "국가 차원의 적절한 배상과 보상이 국정원과 다른 국가기관의 책임 하에 신속하게 이루어져야 한다"는 의견도 붙였다.

그 후 모든 것이 일사천리로 진행됐다. 인혁당 사건 사형수 8명의 가족들이 재심을 신청해 2007년 1월 무죄를 선고받고, 반년 뒤 손해배상 소송에서도 승소했다. 국가가 과거사 피해자들에게 손해배상을 인정한 것은 이때가 처음이었다. 무기수·유기수 피해 가족 77명도 2008년부터 잇따라 재심을 청구해 무죄를 선고받았고, 2009년 8월 배상금의 65퍼센트를 가지급받았다.

철학자의 길은 무산됐지만, 철학적 배움을 계속 실천한 그였다.

2009년, 10억 9000만 원 정도의 배상금을 가지급받은 이창복은 그간의 빚과 변호사 비용을 뺀 금액의 상당액을 사회에 기부했다. 4·9통일평화재단과 4·19혁명 정신을 계승하는 사월혁명회 등에 냈다. 알려지지 않은 민주화운동가들을 직접 찾아 금일봉을 전달하기도 했다. 민주화를 위해 싸우다 경제적으로 어려움을 겪는 분을 찾아가 돈 봉투를 내밀었다. 여생을 보낼 집 하나만 남겨 두고는 돈 욕심을 내지 않았다.

하지만 2011년 1월, 대법원이 지연 손해금 발생일을 바꾸면서 무기수·유기수 피해 가족들이 겪은 30여 년 치의 이자를 삭제하는 판결을 내렸다. 박근혜가 취임하자 국정원은 2013년 7월, 인혁당 사건 피해 가족 77명에게 부당이득 반환 청구 소송을 제기했다. 삭제한 30여 년 치 이자뿐 아니라, 지금까지 돌려주지 않은 것에 대한 연체이자까지 붙여 반환하라고 요구했다.

이에 불복하여 이창복은 항소와 상고까지 했지만, 법원은 세 번 모두 국정원의 손을 들어 줬다. 연간 20퍼센트의 연체이자율이 4억 9000만 원 정도였던 반환 금액을 10억이 넘는 돈으로 불려 놓았다. 말년을 보낼 양평의 집마저 국정원에 뺏길 처지가 된 것이다. 2019년 11월, 이창복은 부동산 강제 경매 집행에 대한 이의 소송을 제기했지만, 법원은 기각결정을 내렸다. 채권자 대한민국과의 조정도 무산됐다. 이창복은 항소를 할 예정이다. 싸움은 현재진행 중이다.

"정권에 따라 법의 잣대가 바뀌나요? 5년마다 저희에 대한 입장은 왜 매번 달라져야 하나요?"

전창일의 집에는 근현대사에 관한 책들이 빼곡히 꽂혀 있다.

ⓒ 주용성

국가 폭력이 남긴 고통

1928년생 전창일도 이창복 못지 않게 악몽을 겪은 인물이다. 1974년 5월, 전창일은 퇴근 후 집에서 술잔을 기울이다 중앙정보부 수사관들에게 잡혀갔다. 체포영장은 없었다. 그가 끌려간 곳은 서대문형무소(당시 서울구치소)였다. 교도관은 그에게 수감 사유를 물었지만 이유를 몰랐기에 대답할 수 없었다.

당시 전창일은 곧 사우디아라비아에 건설 공사 수주를 따러 출장을 떠날 예정이었다. 신세가 역전된 것은 불과 3, 4시간 사이였다. 건설 회사 중역에서 부지불식간에 구치소 수감자가 됐다.

중앙정보부 수사관들은 전창일이 방에 들어서자마자 야전침대 봉으로 그를 사정없이 팼다. 야전침대 봉에는 이미 주인을 알 수 없는 피가 얼룩덜룩 묻어 있었다. 수사관은 자신이 정한 정답을 뱉을 때까지 때렸고, 전창일은 어리둥절한 상태로 맞았다. 손목과 발목을 밧줄로 묶어 그 사이에 막대기를 끼워 거꾸로 매다는 이른바 '통닭구이' 고문부터, 두 손을 꽉 묶고 전깃줄로 감은 후 기계를 돌리는 전기 고문까지 갖은 방법으로 괴롭혔다.

전창일 가족의 가세는 급격히 기울었다. 전창일 가족은 2층 양옥집에서의 생활을 정리했다. 경제적 고통만큼 정신적 고통도 심했다. 어디를 가도 감시·감독과 대중의 손가락질이 따라다녔다. 보안 경찰의 감시는 생업을 이어갈 수 없을 정도로 심했다. 보안 경찰은 매일같이 전창일의 아내 임인영이 운영하던 양장점에 찾아와 "왜 '빨갱이' 집에 와서 굳이 옷을 맞추냐"며 손님들에게 엄포를 놓았고, 손님들은 점차 발길을 끊었다.

그럼에도 임인영은 남편의 무죄를 증명하는 게 급했다. 임인영은 처지가 같은 부인들과 함께 구명 운동을 시작했다. 그는 중앙정보부에 직접 따지고 싶었다. 어떻게 고문했고, 어떻게 가짜 진술을 받았는지 알고 싶었다. 그때부터 임인영은 잡혀갈 각오로 집회와 기도회에 나갔고, 기회가 나면 마이크를 잡았다. "인혁당은 고문으로 조작됐다! 공개 재판하라!"라고 외치면서 진실의 메신저가 되길 자처했다.

얼마 지나지 않아 임인영은 정말 중앙정보부에 연행됐다. 중앙정보부에 도착했을 때는 이미 피고인 가족 10명이 붙잡혀 있었다. 중앙정보부는 일선에서 인혁당 사건을 부정하는 피해자 부인들을 잡아들여 강압적인 분위기를 연출했다.

"내 남편 취조하고 고문한 수사관 데려오시오! 시중에서 파는 책을 증거로 가져가고, 사람 바글거리는 다방에서 국가 변란 모의했다는 게 말이 됩니까?"

"여기가 어딘 줄 알고 입을 함부로 놀려? 고문실로 데려가."

"그럽시다! 우리 남편이 받았다는 고문, 나도 받아 봅시다."

임인영의 고초는 그 후에도 이어졌다. 의상실로 생계를 이어 나가던 그는 박정희 유신 말기 최대의 공안 사건인 남민전* 사건에 연루됐다. 중앙정보부는 임인영이 인혁당 사형수들의 옷을 걸어 남민전

---

* 남조선민족해방전선준비위원회. 1976년 2월 이재문, 신향식, 김병권 등이 민주화와 한민족 해방을 목표로 결성한 비밀 조직이다. 유신 체제를 비판하는 유인물 『민중의 소리』를 만들어 배포하는 등 민주화운동을 했지만, 자금 조달을 위해 강탈을 벌여 논란을 빚었다. 2006년 3월, 민주화운동 관련자 명예회복 및 보상심의위원회는 남민전 사건 관계자 29명을 민주화운동 관련자로 인정했다.

깃발을 만드는 걸 도왔다고 주장했다. 다행히 긴 취조 끝에 혐의가 풀렸지만, 당시 받은 고문이 임인영을 죽을 때까지 괴롭혔다. 불을 끄면 잠을 이룰 수 없었다. 평생 우울증과 싸운 그는 2003년 11월 29일, 간경화 치료를 받던 중에 운명했다.

아버지와 어머니의 불행은 딸 셋의 불행이기도 했다. 세 딸은 부모님의 고행을 오랫동안 지켜보면서 점차 의기소침해졌다. 공부는 당연히 뒷전이 됐다. 어머니 임인영을 도와 멍석을 깔고 호소문을 베껴 썼고, 집안일을 분담했다.

2009년 6월 서울지방법원은 세 딸을 포함한 전창일 일가 모두에게 국가 폭력 행위에 대한 대가로 배상금을 지급했다.

국가가 준 배상금이 가족의 빚이 되다

다 끝났다고 생각한 고통은 2013년 7월 다시 시작됐다. 국정원이 인혁당 피해 가족에게 제기한 부당이득 반환 청구 소송에서 지면서, 하루아침에 받은 돈을 토해내야 하는 처지에 놓였다. 전창일의 삼녀 전재연은 인터뷰하는 내내 상기된 목소리를 감추지 못했다. 목소리에서 억울함과 분노가 고스란히 묻어났다.

"우리가 전두환처럼 국고를 훔치기라도 했나요? 인혁당이 과거사 손해배상의 시작이었어요. 지금은 당연시된 형사보상 청구도 우리는 안 했어요. 민사소송인 손해배상 청구부터 했죠. 어떻게 보면 더 요구하고 더 받을 수 있는 걸 안 받은 거죠"

전재연은 2009년 8월 가지급받은 배상금 6억 1900여만 원에서 변호사 비용 등을 뺀 돈으로 주택을 샀지만, 현재는 다달이 빚을 막아야 하는 신세가 됐다. 사금융권에서나 통용될 법한 연 20퍼센트에 달하는 연체이자율이 감당이 안 돼 은행에서 대출을 받았다.

2011년 1월 기준, 국정원에 반환해야 할 금액은 2억 8000여만 원지만, 2014년 10월, 실제로 국정원에 돌려준 돈은 4억 2600여만 원이었다. 1억 4000여만 원이 연체이자였다.

국정원의 이율보다 은행의 이율이 쌌다. 어떤 은행도 연 20퍼센트의 이자율을 적용하지 않는다. 20퍼센트 연이율이 부담스러웠던 전재연은 급한 대로 주택 담보 대출을 받아 돈을 갚았다. 전재연의 언니 전경애, 전경란도 마찬가지였다. 세 사람의 통장에서 국정원의 반환금을 갚느라 빚진 대출 이자가 빠져나간다. 국정원의 고리대금업 수준의 이자가 감당이 안 돼 눈물을 머금고 한 선택이었다.

"돈 다시 돌려줄 필요 없이, 당시 수사관과 법조인들도 8년 8개월간 징역 살게 하고 똑같이 고통 주면 좋겠어요. 그깟 배상금 다 뱉어낼 테니까요."

전창일이 중앙정보부에 불법 구금되기 전에 찍은 가족사진을 보고 있다.

ⓒ 주용성

가해자가 채권자가 되는 아이러니 /이명선

"어떤 놈이든 집을 헐러 오는 놈은 그냥 놔두지 않을 테야." ······

"그만둬." ······

"그들 옆엔 법이 있다."

— 조세희, 『난장이가 쏘아올린 작은 공』*

'하늘도 참 무심하시지.' 고 나경일(1930년생)은 2009년 8월 국가배상금 12억 7000여만 원을 받은 지 얼마 안 돼 몸져누웠다. 숱한 고문도 견뎠건만, 2009년 초여름 돌연 대장암에 걸렸다. 병을 발견했을 때는 손을 쓸 수도 없었다. 대장암 4기였다. '노후에는 돈에 시달리는 일 없겠구나' 하는 그의 기대가 무색해졌다. 노후를 누릴 새가 없었다.

배상금은 고스란히 치료비에 썼다. 돈이 많이 남지도 않았다. 빚 갚고, 변호사 비용 내고, 아내와 지낼 집 사고, 남은 돈 일부를 4·9통일평화재단을 비롯한 민주화 단체에 기부했다. 함께 활동했던 민주화운동가들에게도 금일봉을 전달했다. 전략당 사건**에 휘말려 가정

---

* 조세희, 『난장이가 쏘아올린 작은 공』, 문학과지성사, 1978.

이 망가진 집에 위로금을 건넸다.

이제 자신을 위해 사는 일만 남은 듯했다. 망가진 삶을 되돌릴 수는 없어도, 찢어지게 가난했던 세월을 끝낼 줄 알았다. 하지만 암이 찾아오면서 모든 게 바뀌었다. 대장에서 시작한 암은 다른 장기로 빠르게 전이됐고, 나경일은 빠르게 야위어 갔다. 수십 년 만에 찾아온 가정의 웃음도 그때 사라졌다.

"여서 제일 비싸고 좋은 병실로 주소"

의사는 가망이 없다고 했다. 나경일은 요양 병원에 가길 원했다. 아들 나문석이 아버지를 위해 할 수 있는 일은 고작 가장 좋은 병실을 빌리는 것이었다.

'모진 세월과 바꾼 배상금을 고문 때문에 병든 몸 치료에 쓰다니.'

이보다 더 모순된 상황이 또 있을까. 나문석이 할 수 있는 일은 아무것도 없었다. 돈은 아버지의 병을 고치지 못했다.

"선생님 같은 분을 모시게 돼 영광입니다. 의사 생활 오래 했지만, 이렇게 많은 분들이 병문안 오기는 처음이네요"

나경일의 소식을 듣고 전국에서 많은 사람이 병문안을 왔다. 그럴 법도 했다. 나경일은 평생을 당신이 아닌 남을 위해 살았다. 정의로운 일이면 앞뒤 가리지 않고 늘 총대를 멨다. 불행인지 다행인지 요양원

** 남조선해방전략당 사건. 1968년 7월 중앙정보부가 노동운동 방안을 논의하는 재야 단체 참가자 권재혁 등 13명을 강제 연행해 고문과 가혹 행위로 허위 진술을 강요한 간첩 조작 사건. 대법원은 1969년 9월 국가보안법 위반 등의 혐의로 권 씨에게 사형을 선고했고, 두 달 만에 집행됐다. 2009년 진실·화해를 위한 과거사정리위원회가 진실 규명 결정을 하면서, 정부에 피해자 보상과 재심을 권고했다.

에 오기 직전, '국가배상금으로 민주화운동 원로들과 함께 여행 가고 싶다'는 소원대로 분단국가였던 베트남에 여행을 다녀왔다. 그때 동행했던 사람들이 나경일의 암 투병 소식을 듣고 한달음에 달려왔고, 그를 보자마자 오열했다.

삼성 최초 노조 결성을 주도하다

나경일은 우리나라 노동운동 1세대다. 1960년 제일모직 재직 당시 부당한 노동환경에 저항하고자 노조를 만들려던 것이 첫 단추였다. 당시 제일모직은 밤낮으로 교대하며 일해도 월급이 쥐꼬리만큼 적었다. 노조 결성은 실패로 끝났고, 삼성의 창업주 이병철은 1960년 12월 나경일을 내쫓았다. "내 눈에 흙이 들어가기 전까지 노조는 안 된다"는 이병철의 유훈은 반세기 넘게 지속됐다.

나경일이 반독재·반유신 운동에 동참하자 정부마저 그를 탄압했다. 1961년 5·16 군사 쿠데타 때 예비 검속이란 명목으로 까닭 없이 나경일을 구금시키더니, 박정희 정권은 두 번이나 그를 간첩으로 몰았다. 존재하지도 않은 '전략당' '인혁당 재건위'에 몸담았다며 '민족의 반역자'라는 낙인을 찍었다.

두 번의 투옥 때 몸이 찢기는 고문을 당했고, 근 10년을 감옥에서 지냈다. 낙인을 지우는 데는 무려 30여 년의 세월이 필요했지만, 무죄 판결 전에도 나경일은 고집스러울 정도로 올곧은 생활을 했다. 생계를 위해 경비원 일을 할 때는 아무도 시키지 않았음에도 관리비 거품을 30퍼센트 걷어 내, 주민들의 박수를 받았다. 미련할 정도로 '옳음'을 좇았다. 그런 생활은 요양원까지 이어졌다. 고통의 순간에도 흐트

러지지 않았다.

"아프면 제발 고함치고 그러세요. 참지 마시고요."

"내는 개안타, 석아. 이것 가지고는 개안타."

'길어야 일주일 사실 것 같다'는 병원 쪽 말과 달리 나경일은 몇 달을 더 견뎠다. '고통을 감수하는 일에 인이 박힌 것인가.' 지켜보는 가족들은 타는 속을 움켜쥐고 매일 울었다. 가족들은 나경일이 조금이라도 더 살길 원하면서도, 고통을 참는 모습을 보고 싶지 않았다. 고통의 수위는 점점 올라갔다. 모르핀 투여량을 늘려도 소용없었다.

시간이 지날수록 나경일의 증세는 더욱 심해졌다. 나경일은 악착같이 붙잡고 있던 정신의 끈을 끝내 놓았다. 그는 1인 병동을 고문실로 착각했다. 사방이 막힌 벽, 형광등이 달린 천장이 고문실을 연상시킨 듯했다. 몸은 병실에 있지만, 정신은 1974년 중앙정보부 6국 지하 고문실 어딘가로 자꾸 돌아갔다.

"느그가 고문하믄 내가 당하고만 있을 거 같나?"

"아버지, 저 석이에요. 여기 병원이고요. 제발 정신 차리세요."

"인마들이 내를 직일라고 한다!"

2010년 7월 12일 밤 11시 30분. 나경일은 그렇게 고통 속에서 세상을 떠났다. 노동운동과 민주화운동의 대가로 맞바꾼 국가배상금은 끝내 나경일을 살리지 못했다. 돈으로 할 수 있는 모든 것을 했지만, 그게 무엇이든 그에게는 고문이었다. 좋은 병실에 누워 있었지만, 고통이 그를 과거에 묶어 두었다. 결국 고문실에서 죽은 셈이다.

치매조차 과거의 일을 지우지 못했다. 남편이 세상을 떠나자 아내 임분이의 치매가 급속도로 악화됐다. 임분이는 고령임에도 건강한

편이었다. 국가배상금 7억 3000여만 원을 가지급받았던 2009년 8월 무렵부터 임분이의 치매 증상이 두드러지기 시작했다.

나경일이 전략당 사건으로 연루된 후 취업 길이 막히자, 임분이는 악착같이 구슬을 꿰어 손가방을 만들어 팔았다. 못 먹고 못 입으면서 어렵게 네 자식을 키웠다. 하지만 정작 돈이 생기니 쓰지를 못했다. 수억 원의 돈을 쥐었을 때는 '어린아이'가 돼 있었다.

임분이는 샴푸와 비누를 구별하지 못할 정도로 치매가 심했다. 시장에서 옷과 양말을 매일 뭉텅이로 샀다. 그의 옆을 지키던 나경일이 자리에 눕자, 반대로 임분이가 나경일 옆을 지켰다. 하지만 임분이에게 사람들의 방문은 '문병'이 아니라 '면회'였다. 문병하러 온 사람들이 면회자라고 착각하고는 자꾸 빨리 가라고 성화를 부렸다.

"야! 이 사람아, 면회 시간이 짧은데 그래 오래 붙들고 있으면 어떡하노? 내 차례니까 퍼뜩 나온나!"

임분이는 나경일의 죽음을 받아들이지 못했다. 분명 장례식까지 함께했는데, 기억이 1970년대 어디쯤에서 멈춰 있었다. 날이면 날마다 동네를 어슬렁거리며 남편을 애타게 찾았다. '중앙정보부 사람들이 남편을 납치해 갔다'며 밤새 통곡했다.

나은주는 남몰래 눈물을 훔칠 수밖에 없었다. 나은주의 슬픔은 늘 어머니 슬픔을 위로하느라 유예됐다.

"해가 저물었는데 느그 아부지는 어디서 술을 마시노 왜 아직 안 오시노 금마들이 또 잡아간 거 아니가?"

"돌아가셨잖아요. 그만하시고 인자 집으로 들어가세요"

산소에 가서 보여 주면, 임분이는 비석에 적힌 남편 이름을 한참 바

부모님이 겪은 고통은 자식 세대까지 세습됐다.
고 나경일의 자녀 나문석과 나은주가 집 앞에 섰다.

ⓒ 주용성

라보면서 밀려오는 슬픔에 몸을 제대로 가누지 못했다. 그것도 잠시였다. 돌아서면 다시 나경일의 죽음을 잊었다. 나은주는 어머니로부터 아버지 얘기를 듣고 또 들으면서 어머니의 슬픔을 달래야 했다.

그럼에도 나은주는 어머니가 원하는 모든 것을 다 해드리고 싶었다. 어머니가 받은 고통의 값을 형제끼리 쓸 수 없었다. 통장이 압류되고 운영하던 회사가 위기에 처해도 어머니가 받은 국가배상금은 온전히 어머니를 위해 써야 한다고 형제끼리 약속했다.

임분이가 "아버지 면회를 가야 한다"고 하면, 새벽이라도 어머니를 모시고 아버지가 과거 투옥됐던 광주와 전주로 향했다. 치매에 걸린 임분이는 속옷을 바지 위에 입을 정도로 기억을 다 내려놓았지만, 놀랍게도 아버지 면회 가는 길만은 또렷이 기억했다.

"이병철이가 느그 아부지 쫓아내서 내가 돈 벌어야 하는데……."

임분이의 기억은 점점 과거로 거슬러 올라갔다. 시간이 지나자 나경일이 중앙정보부에 끌려가기 이전인, 제일모직 노조 활동 시절로 돌아갔다. "아부지가 회사에서 잘려 밥줄이 끊겼다"면서 자꾸 쌀독을 열어 봤다. 원망의 대상도 중앙정보부에서 삼성의 이병철 회장으로 바뀌었다.

그다음 임분이의 기억은 소녀 시절로 돌아갔다. 임분이는 나고 자란 일본으로 돌아가고 싶다며 보따리를 지고 "후루이치역으로 데려다 달라"라고 부탁했다. 그러면서도 늘 나경일을 찾았다.

"평생 아부지 때문에 고통스럽게 살았으면서도 그리 보고 싶나?"

"아부지는 옳았잖아. 그렇게 착한 사람을 왜 괴롭혀 가지고 참 보고 싶다.

2014년 11월 21일 저녁 6시. 임분이는 그토록 보고 싶던 남편을 따라 운명했다.

아버지와 살던 집이 팔렸다

돌아가셨으니 부모의 고통이 모두 끝날 줄 알았다. 하지만 2013년 7월, 국정원이 부당이득 반환 청구 소송을 걸면서 부모님이 겪은 고통은 자식 세대까지 세습됐다. 국정원이 나은주, 나문석, 나정수, 나정애에게 2009년 8월에 가지급받은 4억 5000여만 원의 상당액을 돌려 달라고 한 것이다. 법원은 국정원의 손을 들어 줬다. 네 형제는 그때부터 졸지에 채무자가 됐다.

애초 부당이득 반환 원금은 한 사람당 2억 원 정도였다. 하지만 연 20퍼센트에 달하는 연체이자율은 빚의 덩치를 순식간에 불렸다. 4억 5000여만 원을 받았는데, 돌려줘야 할 돈이 그 배가 되었다.

문제는 상황이 계속 더 나빠지고 있다는 점이다. 아버지와 함께 살던 집이 2019년 봄, 경매로 처분됐다. "고리대금업자 국정원" 취재가 한창이던 2017년 여름에는 경매에 넘겨지기만 했는데, 그 후 실제로 경매에 올라 집이 넘어갔다.

그 집은 가족이 평생 처음 마련한 집이었다. 아버지가 투옥된 사이 형제들이 야간 고등학교에 다니며 모은 돈으로 산 집이자, 친척들과 인혁당 재건위 사건 진상 규명을 위해 힘써 준 신부님들이 모아 준 돈으로 마련한 집이었다.

2019년 11월 기준, 각 형제들의 채무액은 7억 4000여만 원이다. 집이 경매로 팔리면서 채무액은 이보다 줄었지만, 빚더미 위에 앉아 있는 상황은 여전하다. 아버지를 간첩으로 조작한 당사자에게, 십 수 년의 설움과 노력이 담긴 공간을 넘겨 준 현실이 나은주는 원통했다.

"법이란 게 귀에 걸면 귀걸이, 코에 걸면 코걸이입니까? 배상해 줄 땐 언제고, 집을 뺏습니까?"

나문석도 절벽 끝에 선 기분이기는 마찬가지다. 작은 출판사를 운영하는 그는 통장이 모두 압류되면서 정상적인 영업을 할 수 없게 됐다. '빨갱이 자식'으로 손가락질 받던 어린 시절, 시에서 위로를 받던 문석은 결국 시인이 되었고, 책을 만들며 생계를 이어 나가고 있지만, 그마저도 언제까지 할 수 있을지 모르는 상황이다.

"아버지가 늘 인간답게 살아라, 폐 끼치지 말고 살라고 했는데……국가는 그러질 않는데 그게 다 무슨 소용입니까?"

정권이 바뀌고, 양승태 사법부의 재판 거래 의혹이 불거지면서 '해결될지도 모른다'는 기대를 품었던 적이 있다. 거기까지였다. 바뀌는 건 없었다. 누구도 인혁당 문제에 관심을 가지지 않았다.

"저희 집이 경매에 나왔다고 하니까, 이웃들마저 눈독 들이는 거예요. 싸게 살 수 있는 기회니까요. 눈물이 나더라고요. 대법원이 왜 그런 결정을 내렸는지, 국정원이 왜 이렇게까지 우리를 괴롭히는지, 이유를 아는 게 소원이에요. 그것만 안다면, 지금 눈 감아도 괜찮아요"

국가인권위원회는 2019년 2월 20일, 국가가 인혁당 사건 피해자들을 구제해야 한다고 결정했다. 인권위는 "인혁당 피해자들이 부당이득 반환 문제로 겪고 있는 어려운 상황을 조속히 해소하고, 국민 보호 책임을 충분히 실현할 수 있도록 완전하고 효과적인 구제 방안을 마련하여 시행하는 것이 바람직하다"고 문재인 대통령에게 의견을 냈다.

그 집은 가족이 평생 처음 마련한 집이었다.

형제들이 야간 고등학교에 다니며 모은 돈으로 산 집이자,

친척들과 신부님들이 모아 준 돈으로 마련한 집이었다.

아버지를 간첩으로 조작한 당사자에게,

십 수 년의 설움과 노력이 담긴 공간을 넘겨 준 현실이 원통했다.

© 주용성

그러나 현재까지 청와대는 아무런 반응이 없다.

"청와대에서 명절마다 인혁당 가족에게 선물을 보내요. 그런 것 필요 없으니까, 정부에서 저희 목소리를 들어주면 좋겠어요. 제가 곧 길바닥에 나앉을 텐데, 이 억울한 사정을 제발 알아주면 좋겠어요. 도대체 왜 해결할 수 없는지 설명이라도 해주면 좋겠어요."

친구 아들 등록금 냈다가 '자금책'으로

'인혁당 재건위' 사건 피해 가족 전영순은 아버지가 중앙정보부에 끌려간 날부터 '빨갱이 자식'으로 살았다. 갑오개혁 때 폐지됐다던 연좌제는 아직 남아 있었다. 무죄가 밝혀지기까지 무려 33년이나 걸렸지만, 아버지가 기뻐했는지 알 수 없었다. 아버지는 '빨갱이' 딱지를 떼지 못하고 돌아가셨다. 전영순은 무죄 판결문을 아버지 무덤 위에 올려놨을 뿐이다.

아버지는 사라졌지만, 고통은 사라지지 않았다. 고통은 전영순에게 고스란히 대물림됐다. 전영순의 학업·취업·결혼에서 아버지의 어두운 과거가 늘 걸림돌이 됐다. 상속된 고통은 덧나기를 반복하는 상처가 됐다. 고통의 연좌제다. 전영순은 이제 환갑을 넘겼다. 돌아가신 아버지의 나이를 넘어선 지도 오래다. 장성이 된 자식도 둘이나 있다. 세월은 고통을 치유한다는데, 왜 전영순의 고통은 그동안 치유되지 못한 것일까? 이야기는 1974년으로 거슬러 올라간다.

전영순의 집은 부유했다. 아버지 전재권(1928년생)은 대구의 유지였다. 대구 서문 시장에서, 지나가던 동네 꼬마도 다 아는 양복 천 도매점을 크게 운영했다. 이름은 '승리 라사점'이었다. '승리'라는 이름에 걸맞게 장사가 잘됐다. 전재권은 심보 나쁜 장사꾼이 아니었다. 금고에 돈만 채워 넣기를 바라지 않았다. 남몰래 민주화운동에 힘썼다. 삼선 개헌 반대 운동 등 반독재·반유신 운동에 몸담았다. 젊은 시절에는 동아일보 기자로도 일했다. 유능하고 깨인 전재권은 늘 경찰의 감시 대상 1순위였다.

전재권은 민주화운동이라면 쉽게 지갑을 열었다. 자식들에게 '유산 한 푼 남기지 않겠다'고 호언장담하면서도, 민주화운동에는 조건 없는 경제적 지원자가 됐다. 특히 전재권은 동갑내기 친구 송상진*(당시 46세)과 각별했다. 1차 인혁당 사건으로 구속됐다 나온 송상진이 이렇다 할 밥줄을 못 찾아 고생 중이라는, 아들 고등학교 입학금이 없어 절절맨다는 이야기를 전해 듣고는, 송상진의 손에 5만 원(현재 65만 원 상당)을 쥐어 줬다.

1974년 4월 30일. 여느 날과 다르지 않은 그날, 검은 정장을 차려입은 남자 셋이 양복점으로 들이닥쳤다. 그들은 "누구시오"라는 물음을 집어삼킨 채 다짜고짜 전재권을 끌고 나갔다. 전재권이 취미로 만든 등산회와 테니스회 명부도 가져갔다. 그때까지도 전영순은 알지 못했다. 그날이 자신의 운명을 어떻게 바꿔 놓을지.

전재권의 죄목은 '자금책'이었다. 중앙정보부는 전재권이 인혁당 재건위에 자금을 댔다고 밝혔다. 전영순은 인혁당이 무엇인지 몰랐지만, 하나는 확실했다. 아버지는 절대 나쁜 일을 할 사람이 아니라는

---

* 인혁당 재건위 사건으로 사형당한 희생자. 1964년 9월 1차 인혁당 사건에 연루된 이후에도 계속 유신 반대 민주화와 민족 통일을 위해 싸우다가 1975년 4월 9일 형장의 이슬로 사라졌다.

점이다. 친구에게 몇 만 원 줬다고 자금책이 될 리도 만무했다.

하지만 중앙정보부는 송상진을 알고, 송상진에게 돈 얼마를 건넸다는 이유만으로, 전재권을 조작 사건에 엮어 넣었다. 참 손쉬웠다. 뚜렷한 증거도 없고 증언도 없었지만, 중앙정보부는 손쉽게 전재권을 국가 전복을 꿈꾼 '빨갱이'로 만들었다.

전재권이 없는 양복점을 경찰들이 와서 진을 쳤다. 경찰은 오는 손님마다 신상과 방문 이유를 물었다. 자연스레 손님의 발길이 끊겼다. 대구에서 으뜸가던 천 도매점이 문을 닫는 데는 1년이 채 걸리지 않았다. 풍족했던 살림이 조금씩 다른 사람 손에 넘어갔다.

전재권이 '빨갱이'라는 뜬소문이 삽시간에 동네 전체로 퍼졌다. 엊그제까지만 해도 반갑게 인사를 나눴던 이웃의 얼굴이 갑자기 차갑게 변했다. '혹시 나도 엮일까' 하며 외상값조차 갚지 않는 사람도 많았다. 그때 돌려받지 못한 돈은 무려 2000만 원(현재 2억 6000만 원 상당)에 달한다. 전영순은 아버지를 믿었다. 죄를 지은 게 없으니 언젠가 진실이 밝혀지리라.

전재권의 아내 정점매는 남편의 구명 활동에 모든 것을 걸었다. 딸 전영순도 함께했다. 재판은 허울뿐인 쇼나 다름없었지만, 모녀는 재판이 있는 날이면 대구에서 서울로 향했다. 집회나 기도회에도 빠지지 않았다. 지푸라기라도 잡는 심정으로 매달렸다.

정점매는 인혁당 재건위 구명 활동의 물주였다. 전재권이 민주화 운동에 돈을 아끼지 않았던 것처럼 그도 그랬다. 다른 피해 가족보다는 살림이 나았기에, 그것이 도리라 생각했다. 형편이 어려운 이의 뒷주머니에 몰래 여비를 찔러 넣었다. 구치소 인근에 여관방을 얻을 때도 마찬가지였다. 정점매는 구명 활동이라면 쉽게 지갑을 열었다. 어린 자식들은 대구에 둔 채, 서울에서 구명 활동에 온 힘을 다했다.

그러나 그런 노력에도 불구하고 전재권은 끝내 15년형을 확정받았다. 형장의 이슬로 사라진 8명의 영혼을 위로할 틈도 없이, 전재권은 안양 교도소로 바로 이감됐다.

아버지의 얼굴

1년 만에 철창 너머로 본 아버지 전재권의 얼굴이 낯설었다. 또렷했던 눈매는 흐려져 있었고, 입술은 말라 있었다. 주말마다 등산을 갔을 정도로 건강하던 그가 푸석하고 홀쭉해져 있었다. 그 모습이 전영순의 가슴을 쳤다. 전영순은 결국 참지 못하고 눈물을 터뜨렸다. 첫 면회는 5분도 안 돼 끝났다. 억지 재판, 아버지의 무고함에 관해 묻고 싶은 게 많았지만 그럴 수 없었다. 교도관이 아버지 뒤에서 다 듣고 있었다. 나눌 수 있는 대화는 건강이나 안부뿐이었다.

"잘 지내고 있으니까 너무 걱정 마라. 나는 너희가 걱정이다."

"도대체 누가 그런 거예요. 피부는 또 왜 그래요."

"여기 이불이 좀 축축해. 나는 잘 있으니까 엄마 잘 모시고."

아버지의 진짜 수감 생활 이야기는 다른 사람에게 들었다. 인혁당 재건위 사건으로 무기징역형을 받은 이태환*(당시 49세)의 아내 구두선이 남편에게 들은 얘기를 전했다. 전재권이 고문 후유증을 앓으며

---

* 1926년 대구에서 태어난 이태환은 교사로 일하다가 1960년 4·19혁명 무렵부터 민주화운동에 본격적으로 몸담았다. 2001년 3월 8일 복역 후유증으로 운명했다.

수감 생활을 하고 있다고 했다. 전영순이 느낀 그대로였다. 아버지는 아픈 게 맞았다.

민청학련 사건으로 끌려갔다 풀려난 대학생들도 아버지의 안부를 전했다. 경찰의 감시를 받고 있던 그들은 위험을 무릅쓰고 영순의 집에 찾아왔다. 아버지에 대한 감사의 말을 전하기 위해서였다.

"전재권 선생님께서 수감 중에도 저희를 많이 챙겨 주셨어요. 없는 음식, 저희에게 양보하시고요. 대신 감사 말씀 드리고 싶어 이렇게 찾아왔습니다. 감사합니다."

1982년 3월 2일, 아버지의 8년간의 무고한 세월이 끝이 났다. 하지만 아버지의 건강은 생각보다 더 좋지 않았다. 호탕하던 성격은 사라지고, 날마다 병과 사투를 벌였다.

철쭉이 만개했던 1986년 5월 7일, 아버지는 돌아올 수 없는 강을 건넜다. 출소 후 불과 4년 2개월 만에, 향년 58세에 운명했다.

대물림된 권력 vs. 대물림된 고통

"아무래도 제가 옥중에 자주 넣어 드린 사탕 때문에 돌아가신 것 같아요. 왜 아버지는 늘 사탕을 드시고 싶다고 하셔서……."

전영순은 인터뷰 내내 흐느꼈다. 사실 세 번의 인터뷰 모두 젖은 목소리로 말을 이어갔다. 기자의 질문이 전영순의 아픈 기억을 계속 건드렸다. 깊은 상처가 전영순의 마음 어딘가에 있는 게 느껴졌다.

"제가 아직도 어두운 곳에 못 들어가요. 중국 옌타이로 관광 갔다가 우연히 감옥에 들어갔는데 그때 공포로 울부짖으면서 뛰쳐나왔어요. 철창만 봐도 살이 떨리고"

"아내와 운전할 때면 저는 내비게이션을 무시합니다. 남산 터널을 한 번도 지나간 적이 없어요. 멀더라도 늘 터널을 피해 갑니다."

묵묵히 인터뷰를 듣고 있던 남편 박홍식이 우는 전영순의 옆으로 자리를 옮겼다. 말을 잇지 못하는 아내 대신 아내의 트라우마를 기자에게 설명했다. 두 사람은 아버지 전재권이 투옥 중일 때 만나 결혼했다. 박홍식은 누구보다 아내의 과거와 현재를 잘 안다.

"아내의 고통을 어떻게든 보상해 주고 싶었어요. 그래서 이 집도 그렇고 부동산은 모두 아내 명의로 했어요. 그런데 그게 발목을 잡을 줄 몰랐어요. 국정원이 집을 뺏어 갈 줄 누가 알았겠어요."

아파트는 경매에 넘어간 상태다. 경매를 신청한 채권자는 국정원이다. 국정원은 2013년 7월 '가지급받은 국가배상금 일부를 토해내라'며 전영순에게 부당이득 반환 청구 소송을 내서 승소했고, 반환금을 받아 내기 위해 전영순이 소유한 아파트를 경매에 부쳤다. 전영순은 억울한 마음에 신용카드 현금 서비스까지 받아 항소에 상고까지 하며 국정원에 맞섰지만 결국 모두 기각됐다.

연 20퍼센트의 연체이자율은 무서운 속도로 몸을 불려 나갔다. 애초에 반환금은 1억 9100만 원이었지만, 시간이 지날수록 이자가 붙어 2019년 11월 기준, 4억 5000만 원을 넘어섰다. 가지급받은 배상금 4억 2300만 원을 훌쩍 뛰어넘는 규모다. 결국 전영순이 국가로부터 받은 돈은 아예 없는 셈이 됐다.

넷째 동생은 암 투병 중에 국정원에 돈을 주고 세상을 떠났다. 동생들이 버티지 못한 이유도 여기에 있다. 사금융권 연체이자율보다 높은 이자율에 둘째와 셋째 동생은 개인 회생 신청을 했고, 넷째와 다섯

전영순은 법원으로부터 받은 채무 상환 독촉장을 볼 때마다 눈물 흘린다.

"최후 변론에서도 울면서 호소했어요

어떻게 가해자가 채권자가 될 수 있냐고요"

ⓒ이명선

째 동생은 빚을 전부 갚았다. 어머니도 감당이 안 되는 스트레스 탓에 아버지의 고통 값을 국정원에 반환했다.

"법정에서 국정원 직원을 만났을 때 '제발 국정원 본연의 일을 하라'고 소리쳤어요. 최후 변론에서도 울면서 호소했고요. 어떻게 가해자가 채권자가 될 수 있냐고요"

사실 국정원은 아파트만 뺏은 게 아니다. 연금은 물론이고 전영순이 가진 7개 통장 모두를 압류했다. 국정원에 의해 경매에 부친 지금의 아파트도 절반가량 대출을 받아 사서 매달 대출 이자를 갚아야 했지만, 통장이 압류된 탓에 제대로 이자도 낼 수 없었다. 이게 끝이 아니다. 심지어 아버지가 묻힌 선산까지 압류됐다.

"아파트는 압류돼서 팔고 싶어도 팔 수 없고, 선산까지 압류되고 제가 원통하지만 '분납해 갚겠다'고 했는데 그게 안 된다는 거예요"

그럼에도 전영순이 고집스럽게 지키는 원칙이 있다. 대물림된 고통을 자신의 아이들에게까지 상속시키고 싶지 않다는 것이다. '빨갱이 자식'의 고통을 자신 세대에서 끊고 싶다며 입술을 질끈 깨물었다.

"내 애들한테는 절대 부담 주고 싶지 않아요. 절대로요"

과연 전영순의 의지대로 고통의 사슬은 끊어질 수 있을까?

전영순은 오늘도 법원으로 향한다. 집이 경매에서 팔리기 전에 부동산 강제 경매 집행 결정에 대한 이의 소송을 제기하기 위해서다. 하지만 그의 근심은 커지고 있다. 법원에 조정 신청을 요구했지만, 채권자 대한민국은 채권 포기가 힘들다는 입장을 고수하며 물러서지 않았다. 부동산 강제 경매 집행 결정에 대한 이의 소송 선고가 2019년 11월 현재까지 보류됐다. 어떤 결과가 나올 지는 미지수다.

가해자가 채권자가 되는 아이러니

'인혁당 재건위 사건' 일지

• 1974.7.11. 비상보통군법회의, 내란예비음모 등 혐의 유죄판결

• 1974.9.7. 비상고등군법회의 판결

• 1975.4.8. 대법원 서도원 등 8명 사형 확정 등 관련자 유죄 확정

• 1975.4.9. 서도원 외 8명 사형 집행

• 1982.12.24. 인혁당 유기수 무기수, 형집행정지로 석방

• 2002.9.16. 의문사진상규명위원회, 인혁당 고문 조작 진상 규명

• 2005.12.7. 국정원 과거 사건 진실 규명을 통한 발전위원회, 인혁당 사건 진실 규명

• 2007.1.23. 서울지법, 사형수 8명 재심 무죄 선고

• 2007.8.21. 서울중앙지방법원, 사형수 8명에게 국가배상 원고 승소 판결

• 2008.~2013. 법원, 인혁당 유기수·무기수 17명 재심 무죄 선고

• 2009.6.19. 서울중앙지방법원, 인혁당 유기수·무기수 피해 가족에게 국가배상 승소 판결

• 2009.8.12. 인혁당 유기수·무기수 피해 가족 77명, 배상금 65퍼센트 가집행 수령

• 2009.11.26. 서울고등법원, 원고 승소 판결, 1심 판결

유지

• 2011.1.27. 대법원, 국가배상 지연손해금 기산일 변경 등 파기자판*(앞서 원심은 지연손해금의 기산일을 유죄판결 확정 다음 날인 1975년 4월 9일로 산정, 그때부터 이자 계산을 해 국가배상금을 줘야 한다고 판단했지만, 대법원은 지연이자를 국가배상 소송 항소심 변론 종결일인 2009년 11월 5일로 상정해야 한다며 별다른 근거 없이 30여 년 치 이자를 삭제했다.)

• 2013.7.3. 국정원, 인혁당 유기무·무기수 피해 가족 77명에게 부당이득 반환 청구 소송 제기

• 2013. ~ 2016. 국정원, 부당이득 반환 청구 소송에서 모두 승소

• 2017. ~ 현재 정부, 부당이득 반환 청구 소송에서 패소한 가족에 대해 부동산 강제 경매 실시

* 극히 이례적으로 이뤄지는 것으로 원심 판결을 파기하면서 이를 하급심으로 돌려보내지 않고 직접 판결하는 것을 말한다. 증거가 충분해 별도로 증거 조사를 할 필요가 없을 때나 파기환송을 하급심에서 다시 심리해 소송이 길어질 경우, 사소한 법률 적용의 잘못이나 선고 결과가 잘못 기재된 경우에 파기자판이 내려진다.

엄마의 60년이 거래되다 /박상규

"대법원의 재판은 정말 순수하고 신성한 것입니다. ……

대법원의 재판의 신뢰가 무너지면 나라가 무너집니다."*

– 양승태

가슴에 할 말이 가득해도 엄마 이외식은 좀처럼 입을 열지 않았다. 환갑을 바라보는 딸 강○○에게도 함구했으니, 엄마의 비밀은 60년간 봉인 상태였다.

오래된 비밀은 한 남자가 눈앞에 나타나면서 조금씩 드러났다. 엄마가 60년간 하루도 잊어본 적 없다는 남자. 잊기는커녕 속으로 늘 안녕과 행복을 기도했다는 사람. 그 남자는 강○○ 씨와 아버지가 다른, 엄마가 오래전에 낳은 아들이다.

'나에게 오빠가 있다니, 내가 태어나기 훨씬 이전에 엄마에게 또 다른 결혼 생활이 있었다니.'

* '재판 거래' 파문에 대한 입장 표명 기자회견(2018/06/01).

엄마가 누구에게도 말하지 않은 과거는 놀라웠다. 골짜기에서 총살됐다는 엄마의 전 남편, 아버지가 다른 오빠 정도곤(1948년생)의 삶, 불발된 포탄이 터져 죽었다는 또 다른 오빠 정병곤…….

엄마가 입을 열수록 딸의 입은 다물어지지 않았다. 그런 세월, 이런 인생이 있다니. 자신에게도 말하지 않은 엄마가 밉지는 않았다. 비밀을 평생 간직해 온 엄마의 마음이 가슴에 사무쳤다.

일생에서 단 하루, 딱 한 번, 엄마 스스로 지난 삶을 토해낸 적이 있다. 2013년 9월 5일, 엄마는 먼 길을 떠나 만난 판사 앞에서 겪고 보고 들은 모든 걸 말했다. 판사가 놀라고, 변호사도 놀란 엄마의 무서운 기억력. 엄마는 그 하루를 위해 평생을 버텨 온 듯했다.

그리고 엄마의 증언으로 이득을 보려는 사람이 있었다. 양승태 대법원장과 대법관, 그때 그 시절의 판사들. 이들은 엄마 이외식의 60년 비밀을 박근혜 대통령과의 거래 대상으로 이용했다.

양승태 대법원장이 벌인 재판 거래의 살아있는 증거, 이외식을 만나러 2018년 6월 27일 오후 충북 영동군으로 향했다. 아버지가 다른 남매 정도곤, 강○○이 그 길에 동행했다. 이외식은 깊은 산골 한 요양원에서 삶의 마지막을 보내고 있었다.

초여름 태양이 뜨거운 날이었다. 아흔을 넘긴 이외식이 보조기구에 의지해 천천히 요양원 복도를 걸어 나왔다. 얼굴엔 주름이 가득했고, 머리카락은 눈처럼 하얗게 보였다.

"가슴에 박힌 이야기를 다 하면, 여기가 너무 아파. 그래서 말을 할 수가 없어."

이외식은 오른손으로 왼쪽 가슴을 툭툭 쳤다. 이외식은 일제강점기인 1928년, 경북 칠곡에서 태어났다. 그가 10대 중반일 때 일본은 태평양전쟁을 일으켰고, 곧 '처녀 공출'을 시작했다. 전쟁터에 끌려가기 싫었던 그는 15세 때, 다섯 살 많은 동네 총각 정재식(1923년생)과 결혼했다.

자신은 공출을 면했지만, 남편은 강제징용을 피하지 못했다. 정재식은 1944년 첫째 아들 정병곤이 태어나자마자 일본군 군속으로 오키나와에 끌려갔다. 이외식 혼자 아들을 키웠다. 그녀는 아들을 짧게 "곤"이라 불렀다.

식민지 조선 청년 정재식은 1946년 조국으로 돌아왔다. 아내 이외식이 고향 경북 칠곡에서 어린 아들 정병곤과 함께 남편을 기다리고 있었다.

해방 정국의 조국은 좌익·우익 대결이 치열했다. 적군과 아군이 불분명하고 전선도 없는 전쟁. 미군정이 친일 관리를 다시 고용하고 강압적으로 식량을 공출하자, 이에 항의하는 대구 경북 사람들이 많았다. 항의는 시위로 이어졌다. 미군정은 1946년 10월 2일 계엄령을 선포해 진압에 나섰다. 이때 경찰이 시위대에 총을 쏘면서 많은 사상자가 나온 '대구 10월 사건'이 터졌다. 수십 명이 사망하고 7500여 명이 체포돼 수사를 받았다.

이념은커녕 한글도 모르는 이외식은 남편과 함께 농사를 지으며 살았다. 1948년 둘째가 태어났다. 딸을 기대했으나 첫째 정병곤처럼 아이는 "고추를 달고" 나왔다. 엄마 이외식의 첫마디는 이랬다.

"또 '곤'이가 태어났네.."

둘째는 "또곤이"라 불렸고 '정도곤'이 됐다. 이 무렵 눈에 안 보이는 이념 전쟁이 마을을 덮쳤다. 1949년 초여름 경북 왜관 경찰서 소속 경찰들이 '빨갱이'를 색출한다며 마을로 찾아왔다. 그들은 과거에 식량 공출에 항의한 적 있는 남편 정재식을 끌고 갔다. 1949년 5월 정재식은 칠곡 경찰서로 강제 연행됐다.

아내 이외식은 가만히 있을 수 없었다. 첫돌 지난 젖먹이 또곤이를 업고, 걸어서 왜관 경찰서로 향했다. 편도 20리 길이었다. 경찰은 남편과의 면회를 허락하지 않았다. 다시 20리를 걸어 집으로 돌아왔다.

다음 날에도 또곤이를 업고 경찰서를 찾았다. 이번에도 실패. 그다음 날에도 또곤이를 업고 경찰서로 향했다. "남편 얼굴 좀 보게 해달라"고 애원했다. 한 경찰이 땀에 절은 이외식에게 말했다.

"수감된 사람들 전부 어젯밤 저쪽 골짜기로 끌고 갔으니까, 거기로 가보세요."

경찰은 칠곡 유학산을 손가락으로 가리켰다. 이외식은 또곤이를 업고 경찰이 가리킨 산으로 걸었다. 깊은 골짜기를 아무리 올라도 남편이 보이지 않았다. 등에 업힌 어린 또곤이는 계속 칭얼댔다. 우연히 만난 산골 마을 주민이 얼굴은 땀에, 등은 아이 눈물에 젖은 이외식에게 말했다.

"어젯밤 저 골짜기에서 총소리가 났는데, 그쪽으로 가보세요."

주민이 알려준 곳은 칠곡군 성곡리 절골이었다. 절골이 가까워질수록 심장이 빠르게 뛰었다. 세상 끝으로 끌려가는 기분이었다. 저쪽에서 거적에 덮인 사람들의 손발이 보였다.

학살지에 도착한 이외식의 등 뒤에서 또곤이는 또 칭얼댔다. 이외식은 가쁜 숨은 가라앉히고 거적을 하나씩 들추기 시작했다. 뜬 눈으로 죽은 사람의 눈동자를 봐도 무섭지 않았다. 오히려 다행이었다. 남편이 아니었으니까.

거적을 들춰 타인의 죽음을 확인 할 때마다 묘하게 안도감이 들었다. 남편은 여기에 없고, 어딘가에서 살아 있을 거란 희망도 꿈틀댔다. 타인의 죽음으로 커지는 희망은 부질없었다. 몇 번째 거적이었을까. 거기 숨을 거둔 남편 정재식이 누워 있었다.

이외식은 남편 얼굴을 거적으로 다시 덮고, 그 옆에 가만히 앉았다. 푸른 벼랑골이 검게 보였다. 아버지가 죽었는데, 등에 업힌 또곤이는 배가 고파 칭얼댔다. 이외식은 아들을 앞으로 안고 젖을 물렸다. 또곤이는 죽은 아버지 옆에서 맹렬히 엄마 젖을 빨았다. 이외식의 눈에서 눈물이 뚝뚝 떨어졌다. 온몸에서 물이 다 빠져 나가는 기분이 들었다.

"그 골짜기에 가서 남편 시신을 찾았습니다. 찾은 후 저는 먹지도 못하고 앉아 있었습니다. (학살 현장에서) 내려오니까 그 동네에 아는 사람이 물을 줘서 먹었습니다. (현장에서) 밤을 새우려고 하니까 저를 재워줬습니다. 그 이튿날 집에 와서 (마을 사람들에게) 이야기하니까 누가 알아줍니까. 죽은 듯이 있다가 3년 뒤에 좀 수그러져서 장사를 지냈습니다."

'빨갱이'로 몰리면 언제 죽을지 모르는 무서운 시절이었다. 이듬해 한국전쟁이 터지며 더욱 그랬다. 이외식은 남편의 죽음에 대해 아무 말도 못하고 살았다. 영장도 재판도 없는 처형이었지만, 억울함을 끌어안고 살았다. '빨갱이 아내'라는 손가락질은 전쟁의 총질만큼이나 잔인했다.

전쟁이 끝날 무렵, 첫째 아들 정병곤은 초등학교에 다닐 만큼 자랐다. 어느 날, 마을 냇가에서 터지지 않은 포탄을 가지고 놀던 아들 정병곤이 그 자리에서 숨졌다. 이외식은 "신식 병원은 죽은 사람도 살린다"는 헛소문을 믿었다. 죽은 아들을 등에 업고 종일 걸어 큰 병원이 있다는 대구로 갔다. 숨을 들이킬 때마다 아들 피 냄새가 이외식의 뱃속으로 들어왔다. 이윽고 도착한 신식 병원. 의사가 타박했다.

"죽은 사람을 어떻게 살립니까? 얼른 데려가 묻어 주세요"

죽은 아들을 업고 울면서 다시 집으로 향했다. 다시 온몸에서 물이 다 빠져 나간 느낌이 들었다. 마을에선 '빨갱이 아내는 팔자가 사납다'는 소문이 돌았다. 마을 청년 한 명이 나무를 해주고, 물도 길어다 주면서 이외식에게 친절히 대했다. 이외식은 11살 또곤이를 할아버지, 할머니에게 맡기고 그 청년과 마을을 떠났다.

아버지 얼굴을 모르는 '또곤이' 정도곤은 엄마에 대한 증오심부터 키웠다. 정도곤은 중학교를 그만두고 먹여 주고 재워 주는 대구의 도넛 공장에서 일했다. 엄마가 미웠지만 보고 싶었다.

15살 무렵, 친척들에게 엄마의 소재를 물었다. 엄마는 경북 상주의 산골에 있다고 했다. 어렵게 엄마 집을 찾아갔다. 한눈에 봐도 누추한 단칸방에 3살, 1살 된 남매가 누워 있었다. 아버지가 다른 동생들이었다. 정도곤이 엄마에게 모질게 말했다.

"이마이 없이 살라꼬 지는 처내삐리 놓고 갔능교? 저 아들 아버지는예?"

'빨갱이 아내'라고 손가락질 받던 엄마를 사랑한 청년의 얼굴을 정도곤은 안다. 엄마는 그 청년이 "탄광에서 일하다 땅속에서 죽었다"고 말했다. 또곤이는 잠자는 두 꼬맹이를 보며 생각했다.

'저것들도 내처럼 아버지 얼굴을 모른 채 살겠구마.'

이외식은 아들에게 말했다.

"이제 엄마 찾아오지 마라. 엄마 죽었다고 생각하고, 다시는 찾아오지 마. 너는 그냥 너대로 살면 돼. 또곤아, 알았지? 다시는 엄마 찾아오지 마."

두 남편과 첫째 아들의 죽음. 엄마는 이 모든 걸 자신의 팔자가 사나운 탓으로 돌렸다. 자기 곁에 있으면 정도곤마저 어떻게 될까 봐 멀리 밀어냈다. 그걸 알 리 없는 정도곤은 엄마를 증오하며 돌아섰다.

과거사 진실 규명으로 모자 50년 만에 재회

세월이 흘렀다. '또곤이'라 부르는 사람 없는 부산에서 그는 정도곤으로 살았다. 부두 노동자로 일하고, 부산 초량 시장에서 꽈배기를 만들어 팔기도 했다. 결혼해 1녀 3남을 낳았다. 엄마 이외식과 인연을 끊고 그렇게 50년을 살았다. 자식이 첫돌을 맞았을 때 죽은 아버지를 생각하는 건 사치였다. 어렸을 때 떠난 엄마를 오래 미워하고, 긴 세월 그리워했다. 전쟁같이 하루하루 살다 보니 정도곤도 어느새 환갑을 맞았다.

2009년 진실·화해를 위한 과거사정리위원회가 '대구 10월 사건'을 조사했다. 2010년 3월 30일, 얼굴도 모르는 아버지 소식이 멀리 서울에서 들려왔다. 진실·화해를 위한 과거사정리위원회는 정재식이 거론된 진실 규명 결정서를 발표했다. 한 대목은 이렇다.

칠곡군 지천동 심천동의 정재식 등은 1949년 6월 초순 칠곡군 성곡리

2005~2017

벼랑골에서 다른 면의 주민 수십 명과 함께 경찰에게 사살되었다.

내용은 이렇게 이어진다.

이 사건의 일차적 책임은 법적 절차 없이 민간인을 임의로 살해한 현지의
경찰에게 있으므로, 대구 10월 사건 관련 민간인 희생자 및 그 유족들에게
위령·추모 사업 지원, 가족관계 등록부 정정, 역사 기록 수정 및 등재,
평화 인권 교육 강화 등의 적절한 조치를 취할 것.

이를 근거로 정도곤은 2011년 4월 7일 부산지법에 국가 손해배상 소
송을 제기했다. 정도곤을 대리한 변영철 변호사는 "아버지 정재식 사
망 당시 어머니 이외식은 정식 혼인 관계였으니, 그분도 배상금을 받
아야 한다"고 조언했다.

엄마를 안 만난 지 50여 년. 먼 친척을 통해 엄마가 생존해 계시다
는 것을 확인했다. 그 친척에게 '엄마도 배상금을 청구하라'는 뜻을
전했다. 엄마는 소송을 거부했다. 아들 정도곤이 다시 우회적으로 엄
마를 설득했다. 엄마 이외식은 아들보다 1년 늦은 2012년 5월 24일,
부산지법에 국가 손해배상 소송을 제기했다.

같은 사건을 다루는 소송이니 이외식, 정도곤의 재판은 동시에 진
행됐다. 부산지법 같은 재판부가 맡아 2013년 1월 16일 선고했다. 국
가는 정재식의 아내 이외식에게 약 3억 3000만 원, 아들 정도곤에게
약 2억 6000만 원을 지급하라고 판결했다.

그러나 국가는 돈을 줄 수 없다며 항소했다. 부산고등법원에서

2013년부터 2심 재판이 시작됐다. 동일한 사건이니 같은 재판부가 맡았다. 하지만 박근혜 정권이 들어서자 사법부는 과거사 사건을 이전과 다르게 판단하기 시작했다. 이외식, 정도곤 사건도 예외는 아니었다. 특히 아들 정도곤 사건이 그랬다.

많은 걸 목격하고 경험한 엄마 이외식은 아버지 사망 사건의 증인이자, 피해자였다. 정도곤은 엄마에게 연락해 법정에 증인으로 나와 달라고 부탁했다. 50여 년 만에 듣는 아들 또곤이의 목소리. 엄마는 아들의 부탁을 받아들였다.

정도곤은 엄마가 사는 충북 영동군으로 찾아갔다. 제대로 걷지도 못하는 엄마가 지팡이를 짚고 아들을 기다렸다. 처음이자 마지막으로 봤을 때 1살, 3살이었던 두 동생도 중년이 되어 있었다. 정도곤은 엄마를 차에 태워 부산으로 달렸다. 한동안 어색했다. 얼마쯤 달렸을까. 엄마가 먼저 입을 열었다.

"또곤아. 너 깡패나 나쁜 사람 안 되고, 이렇게 살아 줘서 고맙다. 엄마가 너 하루도 잊지 않고, 잘 살게 해달라고 날마다 기도했어. 이렇게 살아 있어서…… 엄마가 고맙다."

이젠 엄마 등에 업힐 수 없는 칠순의 정도곤이 훌쩍였다.

"엄마도 그동안 고생 많았심니더. 나도 인자 엄마를 안 미워한다. 시절이 험악해서 그렇지 엄마가 뭐 잘못했능교. 엄마 잘못한 거 없으니까 마음고생 고만 하시소"

정도곤은 부산에 도착해 엄마에게 저녁으로 전복죽을 샀다. 이가 성치 않은 엄마가 먹을 수 있는 건 죽뿐이었다. 태어나 처음으로 엄마에게 대접한 음식이 죽이라니, 또곤이는 또 훌쩍였다.

다음 날, 이외식은 법정 증인석에 섰다. 판사는 선서를 요구했다. 정도곤이 끼어들었다.

"우리 어무이는 한글을 모릅니더. 다른 방법으로 선서를……"

엄마가 아들 말을 끊었다.

"됐다. 너 살아 있으면 기별이라도 할라고, 엄마가 한글 배웠어. 엄마 읽을 줄 안다."

드디어 아들을 위해 뭔가를 하는 순간, 엄마는 오른손을 들고 선서를 했다.

"양심에 따라 숨기거나 보태지 아니하고, 사실 그대로 말하며, 만일 거짓말을 하면 위증의 벌을 받기로 맹세합니다."

엄마는 놀라운 기억력으로 70여 년 전의 진실을 말했다. 재판 끝 무렵 재판장이 엄마에게 "더 하고 싶은 말 있으면 하시라"고 하자, 엄마는 잘 걷지도 못하는 자신이 여기까지 온 이유를 말했다.

"자식(정도곤) 보기도 미안하고, 서울에도 (아버지가 다른) 남매가 있습니다. 사주가 안 좋으니 거기에서도 남편이 먼저 죽었습니다. 저는 고향이고 뭐고 자식을 안 보려고 했습니다. 어린 것을 두고 50년이 넘도록 내려가지 않았으니까 아들 볼 면목이 없었습니다. 어미가 돼서 이 사건 증언은 한번 해주자고 생각하고 거동도 못 하는데 왔습니다. 존경하는 판사님, 우리 아들 잘 부탁합니다."

하지만 양승태 대법원장 시절의 재판은 이상하게 돌아갔다. 부산고법은 국가 폭력으로 정재식이 사망했다는 사실을 인정하면서도 이외식, 정도곤의 손해배상금을 대폭 삭감했다. 정재식 사망 당시 정확한 수입을 산정하기 어렵고, 배상금 지연이자는 1심 변론 종결일(2012

년 12월12일)을 기준으로 해야 한다는 등의 이유를 들었다. '대구 10월 사건'으로 정재식이 사망한 것이 1949년임에도 배상금 지연이자를 그때부터가 아닌, 사건 발생 63년 뒤부터 계산해야 한다는 납득하기 어려운 논리를 내세운 것이다. 재판부는 이외식에게 약 8800만 원, 정도곤에게 약 5000만 원만 지급하라고 2014년 1월 9일 판결했다. 이외식, 정도곤은 이에 불복해 각각 대법원에 상고했다.

그래도 이건 나은 편이다. 놀라운 반전은 대법원에서 일어난다. 2014년 5월 16일, 대법원 제2부(주심 김소영)는 엄마 이외식의 2심 판결을 그대로 인정했다. 사고는 1년 5개월 뒤, 아들 정도곤 판결에서 터졌다. 대법원 제3부(주심 김용덕)는 국가가 정도곤에게 단 한 푼의 돈도 주지 말라는 취지로 판결했다. 손해배상금을 청구할 수 있는 기간이 지났다는 논리를 댔다. "정재식이 사망한 것으로 추정되는 1949년 이후 5년이 훨씬 지났으니 손해배상을 해줄 수 없다"라는, 이른바 소멸시효 항변을 주장했다. 1심 법원은 이런 국가의 주장을 배척했지만, 대법원은 이를 받아들여 사건을 파기환송했다.

사실 민간인 집단 희생 사건과 같이 중대하게 인권침해가 벌어진 사건의 경우는 국가가 국민에게 누명을 씌워 불법행위를 자행했고, 사건이 벌어진 이후에도 오랜 기간 은폐되는 일이 많기 때문에 진실 규명이 힘들다. 따라서 일반적인 소멸시효 법리를 적용할 수 없다.

이런 불합리함을 우려해 우리 법에서는 권리를 행사할 수 있는 상태, 즉 객관적 장애 사유가 없을 때부터 소멸시효를 계산한다. 아무리 오래전에 일어난 사건이라도 진실·화해를 위한 과거사정리위원회 등을 통해 무고함이 확인됐을 때부터 소멸시효를 따진다. 피해 사실이 확인된 날로부터 3년 안에 소를 제기하면 여태 문제없었던 것도 그 때문이었다.

하지만 대법원 소부는 이해 불가능한, 황당한 논리를 펼쳤다. 아들 정도곤은 엄마보다 1년 4개월 일찍 손해배상 소송을 제기했는데, 엄마 이외식에 대한 국가의 손해배상 책임을 인정하더니, 먼저 청구한 정도곤에겐 늦게 신청해 돈을 줄 수 없다는 얼토당토 않는 결정을 내렸다. 같은 사건을 두고 앞뒤가 안 맞는 논리로 다른 판결을 한 대법원을 어떻게 이해해야 할까.

더불어 대법원 제3부는 "정재식 유가족이 직접 과거사위에 진실규명 신청을 하지 않았고, 정재식은 과거사위 결정서가 아닌 '첨부 자료'에만 이름이 등장한다"라며 유가족의 손해배상 청구 권리를 인정할 수 없다는 근거를 들었다.

자기모순에 빠진 판결이었다. 과거사위 첨부 자료에 정재식과 함께 피살자로 거론된 다른 사람에 대해서는 대법원이 국가배상을 확정했기 때문이다.

김용관 대법관, 같은 사건에 다른 판결

대법관들도 사람이니 단순 실수로 같은 사건인 줄 몰랐던 걸까? 이런 '인간적 실수' 방지와 빠른 판결을 위해 정도곤 변호인단은 엄마 이외식의 대법원 판결문을 대법원에 참고 자료로 제출했다. 그럼에도 대법원은 정반대 판결을 했다.

대법원 소부 판결은 만장일치를 원칙으로 한다. 의견 일치가 안 되면 대법관 전원합의체 판결로 넘어간다. 이외식에게 판결한 당시 대법원 제2부는 이상훈(재판장), 김소영(주심), 신영철, 김용덕 대법관으로 구성됐다. 이들은 만장일치로 국가배상을 결정했다.

1년 5개월 뒤 아들 정도곤에게 판결한 당시 대법원 제3부는 김신(재판장), 김용덕(주심), 박보영, 권순일로 구성됐다. 이들은 만장일치로 국가배상을 인정하지 않았다.

김용덕 대법관은 두 재판에 모두 참여했다. 만장일치 원칙을 고려하면, 김 대법관은 같은 사건을 두고 다른 판결을 한 셈이다.

정도곤은 "대법관으로서 형평에 어긋나고 신뢰를 저버리는 판결을 했다. 정의 관념에 비춰 봐도 도저히 용인할 수 없다"라며 2018년 6월 7일, 김용덕 전 대법관을 상대로 약 2억 원에 이르는 손해배상을 청구했다. 판결 책임을 두고 대법관에게 손해배상을 청구하는 일은 흔치 않다. 그는 "나와 엄마의 판결이 다른 이유에 대해 대법원이 납득할 만한 근거를 댔다면 덜 억울했을 것이다. 같은 죽음을 두고 원칙 없이 다른 판결을 하면 어느 시민이 이를 인정하고 가만히 있겠느냐"라고 반문했다.

도대체 대법원에서 무슨 일이 있었나. 짐작 가능한 것이 있다. 양승태의 법원행정처가 2015년 7월 31일에 작성한 "[71]정부 운영에 대한 사법부의 협력 사례" 문건에는 이렇게 적혀 있다.

"(대법원은) 대통령의 국정 운영을 뒷받침하기 위하여 최대한 노력해 왔다. 부당하거나 지나친 국가배상을 제한하고 그 요건을 정립했다."

정도곤은 자신과 엄마의 지난 삶이 양승태의 재판 거래에 이용됐다고 생각한다. 누구보다 큰 상처를 받은 건 엄마 이외식이다. 50여 년 만에 아들을 돕는다는 마음으로 법정에 섰는데, 모든 게 쓸모없는 일

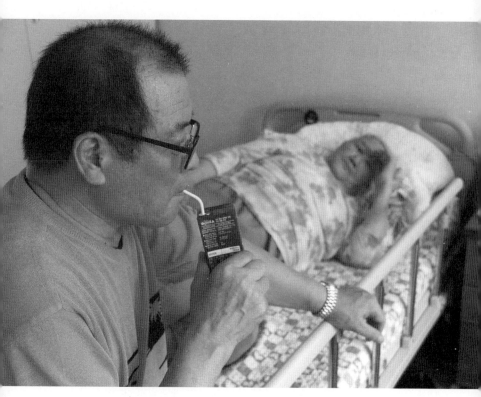

칠순의 또곤이는 엄마 앞에서 두유를 마셨다.
엄마 들으라는 듯 일부러 큰 소리를 내면서.
"엄마, 다 묵었다. 인자 됐능교?"

ⓒ박상규

이 됐다. 대법관 13명은 "재판 거래 의혹은 사실 무근"이라고, 2018년 6월 15일 발표했다.

부지깽이로 마당에 '가, 나, 다, 라……'라고 적으며 아들을 위해 한글을 배워, 보란 듯이 법정에서 선서를 한 엄마는, 많이 배워 똑똑한 대법관들이 같은 사건을 두고 왜 다른 판결을 했는지 도무지 이해할 수 없다. 그들을 이해할 수 없는 엄마는 오늘도 요양원 침대에 누워 자책한다.

"내가 팔자가 사나워서 그래. 이게 다 내가 못나서 그래."

정도곤은 엄마 잘못이 아니라며 이외식을 거듭 위로했다. 요양원을 나서려는데, 침대에 누운 이외식이 정도곤에게 두유 한 팩을 건넸다. 정도곤이 두유를 들고 가려하자, 이외식이 작게 말했다.

"또곤아…… 여기 앉아서 먹고 가. 다 먹고 가……."

세상에서 가장 듣기 좋은 것 중 하나가 자식 입에 밥 들어가는 소리라고 한다. 엄마는 자식 입에 밥 들어가는 소리를 오랫동안 못 듣고 살았다. 칠순의 또곤이는 침대 끄트머리에 앉았다. 두유에 빨대를 꽂아 쪽쪽 빨아 먹었다. 엄마 들으라는 듯 꿀떡꿀떡 소리 나게 두유를 마셨다. 엄마는 누워서 그런 아들을 가만히 바라봤다.

"엄마, 다 묵었다. 인자 됐능교?"

아들은 침대에서 일어나 요양원 엄마의 방을 떠났다. 침대에 누운 이외식은 가만히 눈을 감았다. 가슴에 박힌 여러 사연이 꿈틀대는지 가끔 한숨을 토했다. 그럴 때마다 91년을 버텨 온 한 여인의 오래된 몸이 작게 흔들렸다. 요양원 밖은 여전히 뜨거웠다. 정도곤의 얼굴은 땀인지, 눈물인지 물기로 범벅이 됐다.

2005~2017

서울 서초동의 대법원 판사들이 거래한 이외식의 60년. 이외식은
충북의 첩첩산중 요양원에서 생의 마지막을 보내고 있다.

정재식 '대구 10월 사건' 일지

- 1923 출생

- 1943 이외식과 결혼

- 1944 오키나와에 군속으로 강제징용

- 1946 귀환

- 1946.10. 계엄령 선포. '대구 10월 사건' 발생

- 1949.5. 칠곡 경찰서에 강제 연행. 사망

이외식 '대구 10월 사건' 일지

- 1928 출생

- 1944 첫째 아들 정병곤 출산

- 1948 둘째 아들 정도곤 출산

- 1949 남편 정재식 사망

- 1958 재혼

- 2012.5.24. 부산지법에 '대구 10월 사건' 관련 남편 정재
식 사망 사건 국가 손해배상 소송 제기

- 2013.1.16. 부산지법, 1심에서 3억 3000만 원 배상 판결.
피고 대한민국 항소

• 2014.1.9. 부산고법, 2심에서 8800만 원 배상 판결. 피고 대한민국 항소

• 2014.5.16. 대법원, 제2부(주심 김소영) 원고 승소 판결

정도곤 '대구 10월 사건' 일지

• 1948 출생

• 1949 아버지 정재식 사망

• 2010.3.30. 진실·화해를 위한 과거사정리위원회 '대구 10월 사건' 진실 규명 결정

• 2011.4.7. 부산지법에 '대구 10월 사건' 관련 부친 정재식 사망 사건 국가 손해배상 소송 제기

• 2013.1.16. 부산지법, 1심에서 원고 일부 승소 2억 6000만 원 배상 판결. 피고 대한민국 항소

• 2014.1.9. 부산고법, 2심에서 원고 일부 승소 5000만 원 배상 판결

• 2015.10.29. 대법원, 제3부(주심 김용덕) 원고 패소 취지 파기환송 판결

7번 방의 기적⋯⋯은 없다 /이명선

우리는 모두 법 아래에 있다.

그러나 법이란 법관이 그렇다고 말하는 것이다.

– 찰스 에번스 휴스*

파출소장 딸을 강간하고 죽였다는 누명을 쓴 남자는 끝내 빈털터리가 됐다. 평생 명예회복을 위해 싸웠지만, 여든이 넘은 그에게 남은 건 늙은 몸뿐이다. 몸도 그리 성하지 않다. 수사관들이 남긴 고문의 흔적이 남자의 몸 구석구석에 남아 있다.

최초의 사건을 말하려면 1972년으로 거슬러 올라가야 한다. 1972년 9월 27일, 강원도 춘천시 우두동의 한 논둑에서 춘천 경찰서 소속 경찰 간부의 딸이 주검으로 발견됐다. 죽은 아이는 불과 9살이었다. 현장에서 주인을 알 수 없는 빗과 연필이 발견됐다. 죽은 아이 목에 목을 조른 흔적이 선명하게 남아 있었다.

* 전 미국 연방대법원장.

특정할 수 있는 건 만화방 쿠폰뿐이었다. 동네 만화방 주인이 아이들에게 판촉용으로 뿌린 쿠폰이 죽은 아이의 주머니에서 나왔다. 현장에서 혈흔과 음모도 발견됐지만 무용지물이었다. 1972년도는 유전자 검사를 할 수 있는 시절이 아니었다.

경찰은 정원섭(당시 38세)을 찾아왔다. 발견된 쿠폰은 정원섭이 운영하는 만화방 것이 아니었지만, 경찰은 정원섭에게 아이를 사건 당일 목격한 적이 있느냐고 따져 물었다. 정원섭은 본 적 없다고 사실대로 대답했다. 사건 무렵 정원섭은 동네 주민 둘과 막걸리를 마시고 있었다. 아내도 만났다. 술을 마시고 잠시 집에 들렀을 때 "어떻게 가게를 어린 아들에게 맡기고 술 마시러 가냐"며 아내에게 군소리를 들었다. 사건 당일 알리바이가 분명하기 때문에 별다른 의심 없이 경찰 수사에 순순히 협조했다.

그러나 시간이 지날수록 경찰의 칼날은 정원섭을 향했다. 무엇보다 김현옥 당시 내무부 장관의 '시한부 검거령'의 역할이 컸다. '감히 어디 경찰 가족을 건드려'라는 분위기가 더해지면서, 동네 경찰 모두가 이 사건에만 매달렸다. 범인을 만들어서라도 사건을 반드시 종결해야 하는 분위기였다.

경찰이 가짜 범인으로 정원섭을 지목했다. 정원섭을 범인으로 만들기 위해 경찰은 모든 증거를 퍼즐처럼 정원섭에게 끼워 맞췄다.

사건 최초 목격자 이○○은 시신 발견 당시 본 연필이 '누런 빛깔'이라고 증언했다. 정원섭의 아들 정재호(당시 9세) 또한 경찰 조사 당시 본 연필이 '노랗고 짧았다'라고 했다. 하지만 어느 순간부터 연필이 달라졌다. 길이가 길어졌고, 색이 하늘색으로 바뀌었다.

바꿔치기 된 연필은 아들 정재호의 것이었다. 경찰은 정원섭의 아내에게 "아들의 필통을 가지고 오라"고 했는데, 그 후로 증거품 연필이 정재호의 것으로 바뀌었다. 경찰은 이를 근거로 "정원섭이 아들의 연필을 가지고 있다가 사건 현장에 흘렸다"라고 주장했다. 마치 제 물건인 양 경찰이 마음대로 증거를 위조한 것이다.

현장에서 발견된 빗이 정원섭의 것이라는 주장은 더 터무니없었다. 정원섭은 대머리에 가까웠다. 벗겨진 머리의 정원섭에게 빗은 거의 필요 없었다. 압수된 속옷도 경찰이 조작한 작품이다. 맨 처음 경찰이 정원섭의 속옷을 검사했을 때만 해도 별다른 흔적이 없었다. 나중에 경찰이 압수해 간 속옷에서는 희미한 피 얼룩이 생겨나 있었다. 마치 누가 일부러 묻힌 것처럼.

과학수사 따위는 없었다. 음모의 혈액형과 정원섭의 혈액형이 달랐지만, 경찰은 의도적으로 이 사실을 조서에서 뺐다. 정원섭의 무고를 입증하는 증거를 일부러 숨긴 셈이다. 대신 경찰은 현장에서 발견된 음모가 정원섭의 것과 유사하게 생겼다는 얼토당토않은 이유를 들어 정원섭을 용의자로 특정했다. 정원섭의 무고함을 알릴 핵심 증거는 그렇게 은폐됐다.

경찰은 어떻게든 정원섭을 '그럴 만한 놈'으로 만들려고 애썼다. 경찰은 만화방에서 일하는 17세 김○○와 14세 추○○를 여관방에 감금한 후, 따귀를 때리며 '정원섭에게 성폭행을 당했다'는 허위 증언을 하라고 협박했다. 결국 두 소녀는 거짓말을 했다. 김○○는 그 죄책감에 우울증 약을 한 움큼 삼켜 자살을 시도했다.

정원섭에게 고문으로 자백을 강요하기도 했다. 잠을 재우지 않고 밥도 안 줬다. 책상 사이에 봉을 끼우고 놈을 대롱대롱 매다는 일명 '통닭구이' 고문을 하기도 했다. 정원섭은 버틸 수가 없었다. 정원섭은 가혹 행위를 견디다 못해 사흘 만에 결국 허위 자백을 했다.

검사는 더 했다. 당시 정용식 춘천지방검찰청 담당 검사는 참고인 셋을 위증죄로 구속했다. 범행 입증에 반대되는 증언을 했다는 이유에서다. 최초 목격자 이○○도 그중 한 명이었다. 사건 목격 직후 '노랗고 짧은 연필'을 봤다던 이○○은 구속되자마자 "자신이 본 것은 사실 파란 것"이라며 증언을 번복했다. 검찰의 으름장이 먹힌 결과였다.

법원도 사건 조작의 동조자 역할을 했다. 정원섭이 허위 자백을 강요받았다고 법원에서 초지일관 말했지만, 법원은 정원섭의 호소를 묵살했다. 다른 참고인들 또한 법정에서 정원섭의 호소를 뒷받침하는 말을 쏟아 냈지만, 법원은 그런 이들을 외려 위증 혐의로 구속했다.

1973년 11월 27일, 대법원은 기어코 정원섭에게 강간치사죄를 적용해 무기징역형을 내렸다. 아내와 네 아이를 남겨둔 채 끌려갈 수밖에 없었던 정원섭은 억울함을 못 이기고 수차례 자살을 시도했다.

한국신학대학교에서 목회를 배웠고, 학교에서 윤리를 가르치던 그였다. 자신의 명예를 회복할 수 없다고 여긴 정원섭은 식음을 전폐했다. 몸무게는 금세 65에서 45킬로그램으로 줄었다. 하지만 목숨은 그의 생각보다 질겼다. 피가 나도록 머리를 시멘트벽에 들이받고, 유리 조각으로 동맥을 끊으려 했지만 그는 살아남았다.

정원섭은 유치장에 있을 당시 날마다 경찰의 고문 수사 사실을 종이에 기록했다. 일종의 수난 일기였다. 정원섭은 경찰의 감시를 피해 가방 밑창을 뜯어 수난 일기를 숨겼고, 이를 아내에게 몰래 건넸다.

언젠가는 자신의 무고함을 증명할 날이 오리라 믿었다. 실제로 이 일기는 훗날 재심에 중요한 증거가 됐다.

세상이 이런 사실을 알 리 없었다. 내무부 장관은 '성공적인 작전'이라며 수사 경찰 세 명에게 1계급 특진과 장관 표창을 선사했다. 경찰이 정원섭을 범인이라 발표한 날로부터 불과 사흘이 흐른 뒤였다. 정원섭이 진짜 범인인지 아닌지도 아직 알 수 없는 노릇이었다. 검찰에 사건을 송치하기 전이었으니 재판이 열리지 않은 상태였다.

지옥 같던 수감 생활이 끝나고, 1987년 12월 24일 정원섭은 석방됐다. 감옥에 들어간 지 15년 2개월 7일 만이었다. 정원섭은 모범수로 인정받아 성탄절 특사로 가석방됐다. 15년이 넘는 수감 시간은 정원섭을 사회에서 완전히 고립시키는 데 충분했다. 교도소 문을 나올 때 미닫이문을 열려면 문고리를 돌려서 밀어야 한다는 사실조차 모를 정도였다. 사회는 완전히 바뀌어 있었다.

진실·화해를 위한 과거사정리위원회는 2007년 11월 정원섭의 사건에 대해 '진실 규명' 결정을 내렸다. 그 후 재심을 신청한 정원섭은 2011년 10월 드디어 무죄판결을 받았다. 두 번째 재심 신청에서 얻어낸 값진 결과였다. 역사적으로도 의미가 있었다. 시국 사건이 아닌 형사사건이 재심으로 무죄가 나온 첫 사례였다. 그가 무고함을 인정받기까지는 34년이란 시간이 필요했다.

그 후 형사보상금*을 지급받기까지는 모든 게 순탄했다. 2012년 5

* 형사상의 재판 절차에서 억울하게 구금 또는 형의 집행을 받거나 재판을 받느라 비용을 지출한 사람에 대하여 국가가 그 손해를 보상해 주는 제도.

월 18일 법원은 정원섭의 억울한 옥살이에 대해 9억 6000여만 원 보상을 결정했다. 형사보상금은 네 번으로 나뉘어 정원섭에게 전달됐다. 2012년 6월 8일 처음 지급받고 2012년 10월 19일 비로소 모든 형사보상금을 수령했다.

형사보상은 말 그대로 형사 당국의 과오로 누명을 쓰고 형을 산 이에게 주는 돈이다. 무죄판결과 구금 일수만 확인되면, 수감 일수에 최저임금액을 하한으로 해 최대 5배까지 곱해 지급한다. 절차가 그리 복잡하지 않다. 따라서 정신적·경제적 피해를 배상받으려면 국가를 상대로 한 손해배상 소송을 따로 제기해야 한다. 이를 흔히 국가배상* 청구라고 부른다.

손해배상은 형사보상과 성격이 좀 다르다. 형사보상은 국가의 잘못이 없더라도 잘못된 형 집행에 대한 보상을 받는 것이지만, 손해배상은 공무원이 고의 혹은 과실로 불법행위를 범해 생긴 손해에 대해 받는 배상이기 때문에 입증 과정이 좀 복잡하다.

투옥되지 않았으면 벌었을 돈, 물리적·정신적 피해 대가 등을 직접 밝혀야 한다. 그만큼 준비할 서류가 형사보상에 비해 훨씬 많다. 예를 들면, 수십 년 전 다녔던 회사에 가서 월급 증명서를 떼야 한다거나, 때에 따라 뿔뿔이 흩어진 가족들을 찾아야 한다. 따라서 형사보상에 비해 손해배상 청구는 간단하지 않고 오래 걸린다. 그런 어려움에도 불구하고, 불과 4년 전까지만 해도 손해배상 청구가 허무하게 '소멸

* 공무원이 고의나 과실로 위법하게 타인의 권리를 침해했을 때 국가 또는 공공단체가 그 배상 책임을 지는 제도.

2005~2017

시효'를 이유로 기각되는 일은 없었다. 무죄판결 확정일로부터 3년 안에 손해배상 청구를 하면 법원이 받아들였다.

정원섭은 가족들의 무너진 삶에 대한 대가를 받고자 2012년 11월 28일 국가를 상대로 손해배상 청구 소송을 제기했다. 형사보상 이후에 손해배상을 청구하는 것이 보통의 순서였다.

바라는 바대로 다행히 손해배상 청구 소송 1심에서 정원섭의 가족이 이겼다. 서울중앙지법은 2013년 7월 15일, 정원섭의 가족 6명에게 총 26억 원의 손해배상금을 지급하라는 판결을 내렸다. 여러 일이 잘 풀리는 듯했다. 때마침 정원섭을 모티브로 한 영화 <7번 방의 선물>이 개봉하면서 정원섭의 삶이 재조명됐다. 정원섭은 기뻤다. 자신의 명예가 회복되는 것 같았다.

26억 원, 소송 제기 '열흘' 늦어 못 준다

비극은 다시 시작됐다. 항소심에서 판결이 뒤집혔다. "형사보상 결정 확정일로부터 6개월이 지나 손해배상 청구 소송을 제기했기 때문에 모두 기각한다"는 서울고등법원의 판결이 2014년 1월 23일 나온 것이다. 형사보상 결정을 확정받은 날짜는 2012년 5월 18일, 손해배상 청구 소송을 제기한 날짜는 2012년 11월 28일이었으니 딱 '열흘' 차이로 배상금을 받을 자격을 상실했다고 법원은 설명했다.

"형사보상 결정 확정일로부터 6개월 내에 손해배상을 신청하지 않았기 때문에 26억 원을 받을 수 없습니다."

1심 소송 당시까지는 형사보상 결정일로부터 3년 안에 손해배상 청구를 하면 됐지만, 2심이 진행되는 사이 3년이란 기간이 6개월로

출소 이후 정원섭은 사슴 농장을 운영하며 생계를 이었다.
'도대체 왜 국가는 국가배상금을 뺏어 갔을까?'
정원섭은 백방으로 뛰어다녔다.
담당 변호사는 물론이고 국회의원도 왜 법원이 갑자기
2심에서 태도를 바꿨는지 알지 못했다.

ⓒ이명선

2005~2017

바뀌는 판례가 생겼다며, 26억 원의 배상금 지급을 취소한 것이다. 즉 '미래에 바뀔 판례'를 대비해 일찍 소송하지 않았다는, 납득하기 어려운 근거로 26억 원을 앗아 간 셈이다. 대법원(주심 신영철)도 같은 판결을 내렸다. 누구도 예상 못한 선고였다.

국가배상 결정의 통상적인 과정

1. 진실·화해를 위한 과거사정리위원회에서 진실 규명 결정
2. 재심을 통해 무죄 확정판결
3. 형사보상 청구
4. 형사보상 결정 판결
5. 국가 손해배상 청구
6. 국가 손해배상 결정 판결

− 형사보상을 청구하지 않고 국가배상을 청구하기도 한다.

− '10월 대구 사건'처럼 피해자가 기소되지 않고 집단 민간 학살로 사망한 경우라면, 진실·화해를 위한 과거사정리위원회 진실 규명 결정일로부터 3년 이내 국가배상을 청구하면 법원은 국가배상 청구를 행사할 수 있다고 오랜 기간 봐왔다.

− 통상 1과 2 사이, 4와 5 사이에는 3년의 여유 기간이 있었지만, 2013년 12월 12일 선고된 '김상순 간첩 조작 사건' 판결 이후 대법원은 소멸시효 기준을 별다른 이유 없이 3년에서 6개월로 바꾸었다.

2013년 12월 12일 선고된 '김상순 간첩 조작 사건' 판결(대법원 2013다201844 판결, 주심 박병대)이 모든 걸 뒤집어 놨다. 김상순(당시 27세)은 1983년 7월 대구 보안부대 수사관들에 끌려가 고문 끝에 가짜 간첩으로 몰려 징역 12년 및 자격정지 12년을 선고받았다. 천신만고 끝에 김상순은 재심을 통해 2011년 1월 억울함을 씻었다. 판결 직후 김상순은 법원에 형사보상을 청구했고, 같은 해 11월 3억 6900여만 원의 형사보상금을 받았다. 이후 2012년 2월 국가를 상대로 27억여 원을 배상하라는 손해배상 청구 소송을 냈고, 2013년 12월 12일 국가로부터 국가배상 확정판결을 받았다. 하지만 이때 손해배상 청구의 소멸시효 기간이 3년에서 6개월로 확 줄어들었다.

> 채권자가 재심 무죄판결 확정일로부터 6개월 내에 손해배상 청구의 소를 제기하지는 아니하였더라도 그 기간 내에 형사보상법에 따른 형사보상 청구를 한 경우에는 소멸시효의 항변을 저지할 수 있는 권리 행사의 '상당한 기간'은 이를 연장할 특수한 사정이 있다고 할 것이고, 그때는 형사보상 결정 확정일로부터 6개월 내에 손해배상 청구의 소를 제기하면 상당한 기간 내에 권리를 행사한 것으로 볼 수 있다.*

판결문 어디에도 '왜 3년이 6개월로 줄어든 것인가'에 대한 설명은 나와 있지 않다. 국회에서 법을 바꾼 것도 아니었다. 난데없이 손해배상 청구 소멸시효가 3년에서 6개월로 줄었다. 만약 손해배상 청구에 앞

---

* 김상순 간첩 조작 사건 대법원 판결문(2013/12/12).

2005~2017

서 형사보상을 받았다면, 형사보상 결정 확정일로부터 6개월 이내에 손해배상을 청구해야만 배상금을 받을 수 있게 판례를 바꾸었다. 즉, 형사보상과 손해배상을 둘 다 받기 위해서는 재심 무죄판결 확정일로부터 6개월 이내에 형사보상을 청구해야 하고, 형사보상 결정 확정일로부터 무조건 6개월 이내에 국가배상을 청구해야만 국가배상금을 받을 수 있게 됐다. 갑자기 시간적 여유를 없앤 것이다.

사실 형사보상금을 다 받은 날로부터 따져 계산하면, 정원섭은 40일 만에 손해배상 청구를 한 셈이다. 정원섭은 보상금을 다 받는 데 약 5개월이 걸렸다. 2012년 5월에 형사보상 결정이 났지만, 2012년 6월 8일, 6월 21일, 6월 29일, 10월 19일, 이렇게 총 네 번에 걸쳐 보상금을 나눠 받았다.

이처럼 '형사보상' 지급이 늦어지면 그만큼 '손해배상' 소송도 늦어지기 마련이다. 형사보상 결정이 나도 '그 돈을 언제 받을 수 있는지' '몇 번에 걸쳐 받을 수 있는지' 모르기 때문에 최악의 경우 빚을 내서 손해배상 청구 소송 인지대를 내야만 한다. 하지만 이런 사정과 관계없이 법원은 형사보상 결정일로부터 6개월 내에 무조건 손해배상 청구를 해야 한다고 판례를 변경한 것이다.

정원섭은 좌절했다. 교통사고로 다리를 잃은 아내, 아버지를 죄인으로 만들었다는 죄책감에 시달리는 아들, 아버지에게 몇 번 안기지도 못한 채 학창시절을 보낸 자녀들은 결국 국가로부터 어떠한 위로금도 받지 못했다. 평생을 정원섭의 명예회복에 힘쓴 가족들은 바닥에 다시 주저앉았다.

'도대체 왜 국가는 국가배상금을 뺏어 갔을까?'

정원섭은 백방으로 뛰어다녔다. 언론사와 국회를 돌며 억울함을 알렸지만 바뀌는 것은 없었다. 담당 변호사는 물론이고 국회의원도 왜 법원이 갑자기 2심에서 태도를 바꿨는지 알지 못했다. 정원섭은 판결문에 적힌 법관의 이름을 보며 신세를 한탄했다.

헌재, 과거사 국가배상 청구권 6개월 소멸시효 "위헌"

과거사정리법에 규정된 위 사건 유형에 대해 일반적인 소멸시효를 그대로 적용하기는 부적합하다. [*]

박근혜 정권이 막을 내리자, 헌법재판소는 2018년 8월, 이 같은 시효 적용이 위헌이라고 결정했다. 진실·화해를 위한 과거사정리 기본법이 규정한 민간인 집단 희생 사건과 중대한 인권침해 사건에 민법상 단기 소멸시효 3년보다 짧은 6개월을 국가배상 청구권 행사 기간으로 적용하는 것은 부적합하다면서 6대 3 의견으로 위헌 결정을 내렸다.

이 결정으로 과거사 피해자들은 국가가 인권침해 진상을 규명한 날, 혹은 재심에서 무죄판결을 확정받은 날로부터 3년 안에 국가를 상대로 손해배상을 청구하면 손해배상을 받을 수 있게 됐다. '양승태 대법원'의 '과거사 역주행 판결'을 헌재가 바로잡은 것이나 마찬가지였다. 법무법인 지평의 이공현 대표 변호사와 조용환, 김지홍, 박성철, 박보영 변호사의 역할이 컸다.

[*] 헌법재판소, 2014헌바148(2018/08/30).

그 후 '소멸시효 6개월'의 벽에 가로막혀 배상금을 받지 못했던 피해자들은 법원에 재심 청구가 가능해졌다. '진도 가족간첩단 조작 사건'의 피해자들이 여기에 해당됐다. 1심 판결로 국가로부터 손해배상금을 미리 받았다가 소멸시효가 '형사보상 결정 확정일로부터 6개월'로 바뀌면서 이자까지 붙여 돈을 국가에 돌려줘야 할 처지에 놓인 박동운 씨를 비롯한 피해자들은 2019년 5월 고등법원에서 국가배상 승소 판결을 받았다.

그렇다고 해도 모든 문제가 해결된 것은 아니었다. 법무부는 예상과 달리 '진도 가족간첩단 조작 사건'을 대법원에 상고했다. 문재인 정권의 법무부는 과거사 사건에 무조건 항소 상고를 하지 않겠다고 했지만, 대법원에서 한정 위헌 결정을 받아 주지 않을 가능성이 있고 유사 사건이 대법원에 있어 통일적 대응도 필요하다는 이유로 상고했다고 밝혔다.

정원섭은 이런 다툼조차 할 수 없었다. 재심을 신청할 자격 자체가 안 되기 때문이다. 위헌법률심판*을 청구하지 않은 피해자들은 똑같은 상황에 처했더라도 재심을 청구할 수 없다. '비청구인'에게도 전면 적용되는 형법 조항의 위헌 결정과 달리, 민법 조항의 위헌 결정은 청구 당사자에게만 적용되기 때문이다. 정원섭은 청구인이 아니기 때문

---

* 법률이 헌법에 합치하는가 여부를 심판해 위반된다고 판단되면 그 효력을 없애는 제도를 말한다. 해당 법률이 헌법에 반하는 것으로 의심할 만한 경우, 재판 당사자는 위헌법률심판을 법원에 신청할 수 있다. 만일 당사자가 법원에 위헌법률심판 제청 신청을 했는데 법원이 이를 기각하면, 헌법재판소에 직접 그 법률 조항에 대한 헌법소원 심판을 청구할 수 있다.

에 이미 확정판결이 난 사안에 대해 법원에 문세 세기조사 할 수 없다.

사법부가 아니라 개법부다

내가 정원섭 선생께 다시 전화를 건 것은 2018년 6월이었다. 사법부 블랙리스트 의혹을 조사한 사법부 특별 조사단이 3차 보고서를 낸 직후였다. 보고서 내용을 알리기 위해 건 전화였다. '드디어 왜 사법부가 26억 원의 배상금을 주지 않으려고 했는지 알게 됐다'는, 비보인지 낭보인지 모를 말을 하고자 휴대전화를 들었다.

"저 예전에 선생님 기사를 썼던 이명선입니다. 잘 지내시지요?"

"안녕하세요? 아버지가 얼마 전에 뇌출혈로 쓰러지셔서 제가 모시고 있어요"

전화를 대신 받은 사람은 뜻밖에도 첫째 아들 정재호였다. 그에게서 정원섭이 경기도 안성의 한 요양원에 있다는 말을 전해 들었다. '셜록'에 기사가 나간 뒤 얼마 안 돼 뇌출혈로 쓰러졌고, 그 후 치매를 진단받았다고 했다.

1972년 그 사건이 벌어졌던 당시, 아들 정재호의 나이는 불과 9세였다. 경찰은 수사 과정에서 정재호의 연필을 가져다가 죽은 아이 근처에서 발견된 연필이라며 증거를 조작했다. 아버지 정원섭이 아들 정재호의 연필을 우연히 가지고 있다가, 경찰서장 딸을 살해한 뒤 현장에 흘린 거라고 주장했다. 이 때문에 정재호는 평생 죄책감에 시달렸다. 그때의 일을 떠올리고 싶지 않을 정도로 평생을 고통 속에 살았다. 쉰이 넘어서도 그 일이 트라우마로 남았다. 다 큰 자식들에게도 말하지 못할 정도로 치부로 여겼다.

정재호가 사는 경기도 동탄에서 요양원이 있는 안성까지는 차로 한 시간 남짓 걸렸다. 이동하는 내내 나눈 대화의 주제는 강간 살인범 가족으로 살아가면서 느낀 비애였다. 아버지가 수감된 뒤 쫓겨나듯 춘천에서 빠져나와 판자촌 생활을 이어간 사연, 공사장에 일하러 가다가 교통사고가 나 다리를 절단하게 된 어머니 이야기를 하며 빌딩숲을 가로질렀다.

대화는 자연스레 근황으로 이어졌다. 뇌출혈 때문에 아버지에게 갑자기 찾아온 치매는 많은 것을 앗아 갔다. 명예회복을 위해 평생을 싸워 온 아버지가 최근에는 애꿎은 아들에게 화풀이를 시작했다고 했다. "그때 네 연필만 아니었으면, 내가 감옥에 가는 일은 없었다"면서 아들의 가슴에 비수를 꽂는 일이 잦아졌다고 고백했다.

"머리를 바닥에 피가 나도록 박으면서 석고대죄를 하라고, 제게 말하세요. 한 번도 아니고 여러 번……. 솔직히 서운함을 감추지 못하겠더라고요. 제가 어떻게 견뎠는데."

자기와 가족의 인생을 송두리째 날려 버리고도 반성하지 않는 국가. 그 원한과 아쉬움을 가족들에게 풀고 있는 아버지 이야길 하면서 정재호는 운전대를 더욱 꽉 움켜 줬다. 서운함과 분노가 교차하는지 한숨을 여러 번 토했다.

모내기가 한창인 논을 가로지르자, 요양원이 나타났다. 차 문을 열자마자, 근처 젖소 농장에서 풍기는 가축 분뇨 냄새가 콧속으로 들어왔다. 요양원 복도에서부터 많은 어르신이 보였다. 누군가는 그림을 그리고, 누군가는 텔레비전을 보고 있었다.

정재호가 "아버지"라고 부르기 전까지 누가 정원섭인지 찾지 못했

아버지에게 갑자기 찾아온 치매는 많은 것을 앗아 갔다.
최근에는 애꿎은 아들에게 화풀이를 시작했다고 했다.
"그때 네 연필만 아니었으면, 내가 감옥에 가는 일은 없었다."

ⓒ주용성

2005~2017

다. 아들 목소리를 듣고 곧장 자리에 일어선 어르신을 보고 한참 시선을 떼지 못한 것도 그 때문이었다. 앙상해진 다리, 깊어진 주름……. 지난 1년 동안 많이 달라져 있었다. 정원섭도 몇 초간 가만히 내 얼굴을 응시했다. 뒤늦게 누구인지 떠오른 듯 반갑게 안부 인사를 건넸다.

"기자님. 여길…… 어떻게……."

"선생님께 인사도 드리고, 중요한 말씀을 드리려고 왔어요."

3평 남짓한 공간에 놓인 두 침대 사이에 간이 의자를 두고 앉았다. 정원섭은 말하기는 힘들어 했지만 다행히 듣는 데는 어려움이 없었다. 건강 문제 때문에 사법부의 재판 거래 의혹을 모를 거라 생각했다. 사법부 자체 조사단의 1~3차 발표 내용과 최근 법원행정처 컴퓨터에서 발견된 문건에 대해 설명했다.

"선생님께서 왜 26억 원을 못 받으셨는지 알게 됐어요. 사법부가 박근혜 정부에게 잘 보이려고 내부적으로 재판 통제를……."

예상과 달리 정원섭은 최근 사법부의 재판 거래 의혹을 알고 있었다. 문장을 온전히 완성하지 못했지만, 박근혜와 양승태라는 이름이 그의 말에 자주 등장했다. 그는 가슴을 치며 말했다.

"양승태…… 손해배상 청구해야 해요. 박근혜…… 감옥……."

2015년 11월 19일 법원행정처가 작성한 "[82]상고법원의 성공적 입법 추진을 위한 BH와의 효과적 협상 추진 전략" 문건에 나온 재판 거래 흔적은 이러하다. '사법부가 VIP(대통령)와 BH(청와대)의 원활한 국정 운영을 뒷받침하기 위해 최대한 협조해 온 사례를 상세히 설명' 하겠다면서 '합리적 범위 내에서의 과거사 정립'을 첫 번째 업적(?)으로 소개한다. 친절하게 그 방법이 무엇인지도 괄호 안에 적시했다.

2017년 4월, 남원에서 정원섭을 처음 만난 날.
그의 집 시계가 멈춰 있었다.

ⓒ이명선

2005~2017

'국가배상 제한'을 통해 합리적인 범위 내에서 과거사를 정립하겠다
고 썼다.

2015년 7월 31일 "[71]정부 운영에 대한 사법부의 협력 사례" 문건
에도 비슷한 내용이 등장한다. '사법부는 그동안 대통령의 국정 운영
을 뒷받침하기 위하여 최대한 노력해 왔다'면서 그 근거로 '부당하거
나 지나친 국가배상을 제한하고 그 요건을 정립했다'고 했다.

정원섭은 최근까지 심부전증으로 고생했다. 아들 정재호는 낮에는
아버지를 돌보고, 밤에는 치킨집을 운영하고 있다. 아버지의 요양 비
용을 벌기 위해 새벽까지 일해야 한다. 본인만이라도 아버지의 과거
를 위로하고 싶어 결정한 일이다.

과연 사법부가 말한 '합리적인 범위 내에서의 과거사 정립'은 이런
것이었을까?

정원섭의 시계는 오늘도 멈춰 있다.

정원섭 '춘천 강간·살인 조작 사건' 일지

• 1972.9.27. 강원도 춘천시 한 논둑에서 춘천 경찰서 간부
의 딸이 강간, 살해된 채 발견

• 1973.11.27. 대법원, 정원섭에 대해 강간치사죄 적용해
무기징역 선고

• 1987.12.24. 정원섭, 모범수로 가석방 출소

• 1999.11. 정원섭, 서울고등법원에 재심 청구

- 2001.10. 서울고등법원, 정원섭의 재심 청구 기각

- 2003.12. 대법원, 재심 기각결정에 대한 재항고 기각

- 2007.11.20. 진실·화해를 위한 과거사정리위원회, 진실
규명 결정

- 2008.2.12. 춘천지방법원에 두 번째 재심 청구

- 2011.10.27. 두 번째 재심 신청에서 무죄 확정판결

- 2011.12.2. 정원섭, 춘천지방법원에 형사보상 청구

- 2012.5.8. 춘천지방법원, 정원섭에 대해 형사보상 결정
판결

- 2012.6.~10. 정원섭, 6월 8일, 21일, 29일, 10월 19일
네 번에 걸쳐 형사보상금 수령

- 2012.11.28. 정원섭, 서울중앙지법에 국가배상 청구

- 2013.7.15. 서울중앙지법, 정원섭에 국가배상 승소 판결

- 2014.1.23. 서울고등법원, 형사보상 결정 확정일로부터
6개월이 경과한 후에 국가배상 청구 소송을 제기했다는 이유
로 원고 청구 기각 판결

- 2014.5.29. 대법원, 상고 기각 판결

권리 위에 잠든 적 없다 /이명선

권리 위에 잠자는 자는 보호받지 못한다.

– 루돌프 폰 예링*

애초에 소멸시효제도는 왜 생긴 걸까? 헌법재판소가 밝힌 손해배상 청구 소멸시효 존재의 이유**를 살펴보면 '채무자의 권리 존중'에 방점이 찍혀 있다. 오랜 기간 자기 권리를 주장하지 않는 채권자를 '권리 위에 잠자는 자'로 보고, 보호할 이유가 없다는 것이 내용의 핵심이다.

국가 범죄 피해 사례의 경우 채권자는 피해자다. 채무자는 사건을

* 독일의 법학자.

** "첫째, 과거 사실 증명의 곤란으로부터 채무자를 구제하고 분쟁의 적절한 해결을 도모하기 위한 것이다. 둘째, 오랜 기간 동안 자기의 권리를 주장하지 아니한 자는 이른바 권리 위에 잠자는 자로서 법률의 보호를 받을 만한 가치가 없다", 헌법재판소, 2004헌바54결정.

조작한 국가다. 국가가 피해자에게 피해 대가에 상응하는 배상을 해야 하는 입장에 있기 때문에 국가가 채무자가 된다.

"때려잡자! 공산당"이 아이들 고무줄놀이 노래였던 시절, '간첩' 딱지는 사형선고나 다름없었다. 친척들마저 등을 돌리는 상황에서 피해자 가족들은 갖은 질타와 멸시를 들으며 고립무원에 갇혀 살았다. 비로소 입을 뗄 수 있었던 것도 2000년대 들어서였다. 노무현 정부 때 진실·화해를 위한 과거사정리위원회가 생겼고, 그때부터 은폐, 조작됐던 과거가 제대로 모습을 갖추기 시작했다. 그전까지는 '간첩' 딱지가 피해자들 입을 틀어막았다.

국가가 '잘못된 과거였다' 판단해 준 다음에야, 피해자들은 형사보상이나 국가배상 소송을 통해 돈으로나마 억울한 과거에 대해 보상받았다. 피해자들은 진실·화해를 위한 과거사정리위원회에 진정을 넣거나 법원에 재심 청구를 해서 무고함을 증명받는데, 이런 작업은 보통 수십 년이 걸린다. 소송을 제기해야만 피해 보전을 받을 수 있기 때문에 변호사를 구하는 수고스러움도 감내해야 한다.

이런 번거로운 과정을 통해 소정의 배상금을 받았다면 그나마 다행이다. 진실 규명 신청을 한 피해자에게만 국가배상 판결을 내리면서, 신청 기회를 놓친 사람 중에는 같은 고통을 겪었음에도 배상금을 받지 못하는 일도 있었다. 게다가 진실·화해를 위한 과거사정리위원회가 지난 2010년 활동을 종료하면서, 더는 진실 규명 신청을 할 수 있는 길이 없어졌다. 뒤늦게 피해를 구제받으려 해도 쉽지 않다.

일례로 '조총련 간첩단 사건'의 송○○도 입을 틀어막고 살다가 백발노인이 되어서야 입을 뗐다. 송○○은 결혼 4개월 때 기술 연수 받으러 일본에 갔다가 장모의 부탁으로 장모 가족을 만나 1시간 동안 안부를 주고받았고, 그 일로 간첩으로 날조됐다. 아내는 '너 때문에 내 아들이 간첩이 됐다'며 시댁 식구들로부터 괄시와 모욕을 받아야 했다. 그 스스로 자책도 했다. '내 엄마 때문에 남편이 간첩이 됐다'는 죄책감이 우울증과 불면증의 원인이 됐다. 송 씨의 무죄 선고를 보지 못하고 암으로 세상을 떠난 아내는 죽기 직전까지도 진실이 밝혀지길 원했다. "언젠가 억울한 거 밝혀질 거야"가 아내의 마지막 유언이었다.

아내의 바람대로 송 씨는 2008년 진실·화해를 위한 과거사정리위원회로부터 무고함을 인정받았다. 2010년 재심을 통해 무죄를 확정받기도 했다. 남산 지하 밀실에 끌려갔던 때로부터 27년 만의 일이었다. 송 씨와 송 씨 아내는 그렇게 무려 27년간 진실이 밝혀지길 기다려야 했다. 그들은 권리 위에서 잠든 적 없었다. 외려 그런 권리 자체를 가진 적이 없었다.

법원의 소멸시효 기준은 앞서 밝혔지만 뒤죽박죽이다. 앞서 "엄마의 60년이 거래되다"에서 언급했듯, 대구 10월 사건의 피해 유가족 정도곤은 어머니 이외식보다 1년 4개월 일찍 손해배상 소송을 제기했지만, 법원은 이외식에게는 배상금을 주고 정도곤에게는 배상금을 주지 않았다. '손해배상을 청구할 수 있는 기간이 지났다'는 황당한 논리를 근거로 같은 사건을 다르게 결정했다.

국가배상 소멸시효를 둘러싸고 법원이 엉뚱한 결정을 내린 경우는 이 밖에도 더 있다. 법원이 능장을 부리는 사이, 바뀐 판례 때문에 판결이 뒤집혔다. 고문한 수사기관만 다른, 엇비슷한 간첩 조작

	일본 관련 간첩 조작 사건	모자 간첩 조작 사건
무죄판결 확정일	2009. 8. 7.	2009. 7. 17.
형사보상 결정일	2009. 8. 27.	2009. 9. 16.
손해배상 청구일	2010. 6. 30.	2010. 5. 4.
1심 판결 선고일	2010. 11. 24.	2010. 11. 11.
2심 판결 선고일	2011. 9. 14.	2011. 6. 23.
3심 판결 선고일	2012. 7. 26.	
소멸시효 축소판결		2013. 12. 12.
3심 판결 선고일		2014. 1. 23.
	승소	파기환송 결정

표 1 일본 관련 간첩 조작 사건과 강화군 모자 간첩 조작 사건의 비교

사건 '일본 관련 간첩 조작 사건'과 '강화군 모자 간첩 조작 사건'이
바로 그 예다.

하나는 일찍 심리가 이뤄져 배상을 받았고, 다른 하나는 늦게 심리
가 이뤄져 배상을 못 받았다. '어떤 판사에게 배정됐는지'에 따라 결
과가 다르게 판가름 난 것이다.

두 사건은 무죄판결 확정일부터 손해배상 청구 상고심 접수일까지
거의 모든 일정이 비슷하게 진행됐다. 한두 달 정도의 시간 차이를 두
고 두 건 다 무죄를 선고받고, 형사보상 결정을 받았으며, 손해배상을
청구했다. 차이가 있다면 '강화군 모자 간첩 조작 사건'의 상고심 심
리가 '일본 관련 간첩 조작 사건'과 비교해 매우 더디게 진행됐다는
점이었다.

그 차이는 엄청난 반전을 야기했다. 상고심이 접수되고 선고되기

까지 2년 반의 세월이 흐르는 동안, 국가에 대한 손해배상 청구 소멸시효가 3년에서 6개월로 줄어드는 판결이 나온 것이다. 대법원은 바뀐 판례를 근거로 '모자 간첩 조작 사건'을 고등법원으로 파기환송했다. 형사보상 결정일로부터 6개월이 지나 손해배상 청구를 했다는 이유였다. 결국 원고는 패소했다. 위헌법률심판 제청 신청까지 했지만 법원은 각하했다.

'일본 관련 간첩 조작 사건'도 6개월이 지나 소를 제기한 것은 마찬가지였지만, 이 사건은 운이 좋았다. '우연'하게도 심리가 상대적으로 빨리 이뤄지면서 문제의 판례가 나오기 전에 선고됐고, 결국 승소했다. 무심코 던진 돌에 개구리가 죽듯, 우연히 두 판결이 갈렸다.

똑같은 재판에서, 똑같이 형사보상 결정을 받았는데, 누구는 배상을 받고, 누구는 못 받은 일도 있었다. 바로 '조총련 간첩단 사건'이다. 이 사건의 피해자 오○○, 송○○, 안○○, 김○○는 2010년 10월 28일 재심을 통해 동시에 무죄판결을 받았다. 2011년 8월 8일에는 형사보상 결정을 받아 보상금을 받기도 했다. 역시 같은 재판부에서 네 사람 모두에게 똑같이 난 결정이었다.

다만 작은 변수가 있었다. 김 씨가 이사를 하는 바람에 형사보상 결정문을 못 받았다. 오 씨, 송 씨, 안 씨는 불행하게도(?) 이사를 가지 않는 바람에 2011년 8일 18일과 19일 사이 정상적으로 결정문을 받았지만, 김 씨는 공시송달* 결정이 나면서 김 씨의 형사보상결정 확정

---

* 송달을 할 수 없는 경우 법원 게시판에 관련 내용을 게시하고 일정 기간이 지나면 송달을 완료한 것으로 간주하는 것.

	형사보상결정 확정일		손해배상 청구일	
오 송 안	2011. 8. 18	(6개월 초과)	2012. 3. 13.	패소
김	2011. 9. 28. (공시송달)	(6개월 이내)		승소

표 2 조총단 간첩단 사건 피해자 네 사람의 비교

일은 9월 28일이 됐다.

이 차이는 엄청난 결과를 불러왔다. 2012년 3월 13일 네 사람이 같이 국가를 상대로 손해배상 청구를 했는데, 법원이 김 씨를 제외한 나머지 셋에게 '형사보상결정 확정일로부터 6개월이 지나 손해배상 청구를 제기했다'는 이유로 배상금 수령 기회를 묵살했다. 오직 김 씨만 손해배상금을 받았다. '운' 때문이었다. 의도치 않게 형사보상 결정문을 못 받은 것이 '운'으로 작용했다.

진실·화해를 위한 과거사정리 기본법 제4장 제36조(피해 및 명예회복)*에 따르면 정부는 국가 폭력 피해자들에게 적절한 조치를 해야 한다. 희생자나 그 유가족들이 입은 피해를 복구하고, 그들의 명예를 회복시켜야 한다는 것이다. 피해를 복구한다고 약속해 놓고, 시효를 이유로 적절한 조치를 마련해 주지 않는 것은 약속을 위반하는 것이

---

* "정부는 규명된 진실에 따라 희생자, 피해자 및 유가족의 피해 및 명예를 회복시키기 위한 적절한 조치를 취하여야 한다."

나 다름없다.

시효 적용을 따져 보기 전에 국제 기준을 살펴볼 필요가 있다. 2005년 12월 16일 유엔총회는 만장일치로 "국제인권법의 중대한 위반과 국제인도법의 심각한 위반 피해자를 위한 구제조치와 손해배상에 관한 기본 원칙과 지침"Principles and Guidelines on the Right to a Remedy and Reparation for Victims of Gross Violations of International Human Rights Law and Serious Violations of International Humanitarian Law을 결의했다. 인권침해 피해자를 대우하고 손해배상을 책임질 의무가 국가에 있다고 하면서 "국제법상 범죄를 규정하는 국제인권법의 중대한 위반과 국제인도법의 심각한 위반에는 시효가 적용되지 않는다"라고 기본 원칙 6항에 명시했다.

여기에 적용되는 피해자 범위는 8조에 나온다. '국제인권법의 중대한 위반 또는 국제인도법의 심각한 위반에 해당하는 작위 또는 부작위로 인하여 신체적 또는 정신적 피해, 감정적 고통, 경제적 손실을 당한 사람'이며 '필요한 경우 피해자는 피해자의 직계가족과 피부양자, 그리고 고통 받는 피해자를 돕거나 피해를 방지하기 위해 개입하다가 피해를 입은 사람'도 포함된다고 나와 있다. 이 기본 원칙은 대한민국 정부도 찬성한 가운데 채택됐다. 대한민국 헌법 제6조 1항*에 따르면 유엔 기본 원칙은 국내법과 같은 효력을 지닌다고 명시되어 있다.

하지만 우리나라에서 벌어진 '중대한 인권침해'에는 국가 범죄 피

---

* "헌법에 의하여 체결·공포된 조약과 일반적으로 승인된 국제 법규는 국내법과 같은 효력을 가진다."

해가 포함되지 않는다. 국가의 태도를 비쳐 봤을 때 국가가 조직적으로 사건을 조작해 피해자를 양산한 잘못이 중대하지 않다고 판단하는 모양이다.

위안부 피해와 비교해도 앞뒤가 맞지 않는다. 우리 정부는 현재 일본군 위안부 피해자들의 배상 청구권이 아직 소멸하지 않았다고 주장하고 있다. 헌법재판소 역시 이를 당연한 전제로 받아들인다. 여기에는 위안부 동원이 '중대한 인권침해'에 해당한다는 논리가 녹아 있다. "일본군 위안부 배상 청구권의 실현을 가로막는 것은 근원적인 인간으로서의 존엄과 가치의 침해와 직접 관련이 있다"[*]면서 아직 배상 청구권이 있다고 보았다.

국가 손해배상 책임은 통한의 세월을 위로받는 유일한 방법이다. 과거는 되돌릴 수 없다. 위안부 피해자로, 가짜 범죄자로, '빨갱이'로 살아간 세월에 대해 금전적으로나마 보답하겠다는 것이 국가 손해배상의 궁극적 취지다.

또 하나, '중대한 인권침해' 발생의 재발을 억제하고 예방하는 효과가 있다. 고의적이고 극악무도한 범죄행위에 시효를 두지 않듯, 국가가 합당하고 정의로운 방법으로 힘을 행사하도록 하는 것이다.

[*] 헌법재판소, 2006헌마788결정.

국가배상 청구권과 소멸시효

대법원의 이른바 '6개월 판결'로 고통 받는 사람들이 아직 있다. 극심한 고통을 겪고 손해배상 청구 소송을 냈는데도 전부 기각 판결을 받은 피해자들은 실의에 빠졌다. 심지어 가해자와 피해자가 뒤바뀌기도 한다. 피해자들이 하급심에서 승소 판결을 받아 배상금 일부를 가지급받았으나, 대법원이 전부 뒤집어 도리어 배상금을 토해내야 하는 상황에 몰리기도 한다. 국가가 부당이득 반환 청구 소송을 냈다. 피해자들이 패소하고 강제집행을 당하는 일까지 벌어졌다. 아직 해결되지 않은 6개월 판결을 더 들여야 보아야 한다.

우리 헌법은 국가배상 청구권을 보장한다. 즉, "공무원의 직무상 불법행위로 손해를 받은 국민은 법률이 정하는 바에 의하여 국가 또

는 공공단체에 정당한 배상을 청구할 수 있다"고 정한다(헌법 제29조 제
1항).

　국가에 배상을 구할 수 있는 기본권도 시효로 소멸할까. 국가배상
청구권을 구체화한 "국가배상법"은 시효소멸을 배제하지 않는다. 법
원 역시 국가권력이 조직적으로 저지른 중대한 인권침해 사건에도
소멸시효가 적용된다고 판결해 왔다.

　그럼에도 인권을 유린한 국가의 불법행위에 대해 시효 항변을 만연
히 허용하면 정의가 무너질 수 있다. 반드시 국가 범죄 사건이 아니더
라도, 법원은 일정한 경우 소멸시효 항변이 권리남용이라는 이유로
배척해 왔다.

　조금 복잡해 보이지만 논의를 위해 더 들어가 본다. 시효 항변을 배
척하는 네 가지 유형이 있다. ① 가해자가 피해자의 권리 행사나 시효
중단을 불가능 또는 현저히 곤란하게 했거나 피해자로 하여금 권리
행사 조치가 불필요하다고 믿게 하는 행동을 한 경우, ② 객관적으로
피해자가 권리를 행사할 수 없는 장애 사유가 있었던 경우, ③ 일단
시효 완성 후에 가해자가 시효를 원용하지 않을 것 같은 태도를 보여
피해자가 이를 신뢰한 경우, ④ 피해자 보호의 필요성이 크고 같은 조
건의 다른 피해자가 피해 배상을 받는 등 배상 거절을 인정하면 현저
히 부당하거나 불공평하게 되는 특별한 사정이 있는 경우, 로 세분화
된다. 법원은 이런 네 가지 상황에서 가해자가 시효 완성을 주장한다
면 권리남용으로 허용될 수 없다는 법리를 제시해 왔다.

　대법원은 간첩 조작 사건에서 ② 또는 ④ 유형을 이유로 시효 완성
의 항변을 허용하지 않았다. 즉, 고문과 조작으로 유죄판결을 받은 사

람은 재심에서 무죄판결을 받기 전까지는 국가배상을 행사할 수 있는 장애 사유가 있었다고 보았다(② 유형). 또는 국민의 인권을 유린한 국가가 피해 배상을 거절하는 것은 현저히 부당하거나 불공평하다고 판단했다(④ 유형). 그렇기 때문에 시간이 오래 흘렀어도 국가는 시효 항변을 하지 못하고 피해 배상을 해야 한다고 판시해 왔다.

어렵지 않게 이해할 수 있는 논리다. 피해자 자신이야 고문에 의한 허위 자백, 조작된 증거로 내려진 잘못된 판결이라는 것을 알지만, 유죄판결이 엄연히 존재하는데도 피해자가 국가를 상대로 손해배상 청구 소송을 제기하는 일은 쉽지 않기 때문이다. 재심에서 무죄판결을 받아야 비로소 국가배상 청구를 생각해 볼 수 있다. 그러니 ② 유형에 해당한다고 보는 것이 자연스럽다.

④ 유형에 속하는 이유도 어렵지 않게 수긍할 수 있다. 국가가 증거를 날조하고 고문해 간첩으로 조작된 피해자 보호성이 크지 않을 수 없다. 간첩 조작 피해자에게 시효 완성의 항변을 하는 것이 현저히 부당하다는 점에 대해 굳이 더 설명할 필요가 없을 것이다.

은밀하게 6개월 기준 선례를 만든 2013년 대법원

그런데 2013년부터 이상한 선고가 나오기 시작했다. 특히 2013년 5월 16일, 12월 12일에는 두 번의 대법원 판결이 최악으로 치닫는 변곡점에서 내려졌다. 운명의 장난처럼, 선고 날짜도 이상하다. 덫을 심어 둔 판결이었다.

2013년 5월 16일 선고한, 대법원 2012다202819 전원합의체 판결이 발단이었다. 이 판결에서 대법원은, 원심이 국가의 소멸시효 항변을 배척한 사유로서 진실 규명 결정이 있기까지는 객관적으로 피해자들이 권리를 행사할 수 없는 장애 사유가 있었다거나(② 유형), 가해자인 국가의 피해배상 거절을 인정해도 현저히 부당하다고 보아야 할 특별한 사정이 있다(④ 유형)고 본 것은 잘못이라고 지적했다. 국가가 시효소멸의 항변을 하지 못하는 근거가 ② 유형이나 ④ 유형이 될 수 없다는 뜻이다.

시효소멸 항변을 하지 못하는 이유를 명시적으로 변경했다. 국가가 소멸시효 완성 후 시효를 원용하지 아니할 것 같은 태도를 보여 피해자들로 하여금 이를 신뢰하게 한 점에 해당해, 즉 ③ 유형에 해당하기 때문에 시효소멸 항변을 할 수 없다고 판결했다.

중대한 변화였다. 우선 ② 유형에 해당하지 않는다고 보게 되면서, 재심에서 무죄판결을 받기 전까지 혹은 진실·화해를 위한 과거사정리위원회의 진실 규명이 있기 전까지 피해자들이 손해배상을 구하지 못할 객관적인 장애 사유가 있었다는 사유를 고려할 필요가 없게 된다. ④ 유형에 해당하지 않는다고 본 것은 더 큰 변화다. 과거 국가의 인권유린 불법행위에 대해 배상을 하지 않더라도 피해자 보호의 필요성이 크지 않다고 볼 수 있게 된다. 국가의 시효항변을 인정해도 현저히 부당한 사유는 없다는 뜻이 된다.

과거 대법원은 간첩 조작 사건에서 국가가 시효항변을 하는 것은 현저히 부당한 결과를 낳는다고 보았다. 즉, "피해를 당한 원고를 보호할 필요성은 큰 반면, 국가가 국민의 인권을 보호할 의무가 있음에도 오히려 위헌적·위법적 불법행위로 국민의 인권을 중대하게 침해한 국가의 손해배상 채무 이행 거절을 소멸시효제도를 들어 인정하는 것은 현저히 부당한 결과를 초래하게 되는 것"이라고 했다(④ 유형, 대법원 2010다53419 판결 등). 그런데 이제 그러한 부당성을 고려할 필요가 없다고 태도를 바꿨다.

이때까지만 해도 국가가 시효 항변을 할 수 없다는 결론 자체는 다르지 않았다. 그렇기 때문에, ② ④유형이 아니라 ③ 유형에 해당한다고 변경한 것이 어떤 함의가 있는지 쉽게 눈치 채기 어려웠다.

돌이켜 보면, 이처럼 국가가 시효 항변을 할 수 없는 근거를 바꾼것은 매우 불길한 전조였다. 이로써 법원은 국가 범죄사건 피해자들에게 배상을 하지 않아서 생기는 피해자 보호 소홀이나 부당성 문제에서 자유롭게 되었다.

나아가 피해자들의 소 제기 기한을 제한할 수 있는 발판을 마련했다. 가해자인 국가가 시효 완성의 항변을 할 수 없는 이유를 가해자인국가가 특별법을 만들어 피해 배상을 해줄 것 같은 태도를 취했기 때문이라고 좁혔기 때문에(③ 유형), 가해자가 시효소멸 항변을 할 수 없는 경우에도 피해자 역시 상당한 기간 내에 청구를 해야 한다는 논리를 세울 수 있게 되었다. 피해자도 '상당한 기간' 내에 권리 행사를 해야 한다는 결론으로 가는 징검다리를 만들었다.

2013년 12월 12일, 대법원은 다시 놀라운 판결을 선고했다. 마각을 드러내는 실제 변화가 가시화되었다(대법원 2013다201844판결). 대법원은 '상당한 기간'이 6개월이라고 못 박았다.

큰 변화였지만 당시에는 이 또한 쉽게 드러나지 않았다. 대법원은 치밀했다. 6개월이라는 새로운 기준을, 원고들이 6개월 내에 소송을 제기한 사건에서 제시했다. 다시 말해, 이 사건에서 대법원은 원고들이 6개월 내에 청구해야 하는데 6개월 내에 청구했으므로 문제가 없다고 보았다. 결론이 아니라 "6개월 내에 청구해야 하는데"라는 조건이 문제였다. 그럼에도 결론을 바꾸는 것은 아니어서, 새로운 기준을 가볍게 넣을 수 있었다. 상고를 기각해 원심 판결을 확정했으므로 판례변경이 아니라 전원합의체를 거칠 필요도 없었다. 6개월이라는 새로운 기준을 조용히 제시할 수 있었다.

이처럼 슬쩍 6개월이라는 새로운 기준을 만든 대법원은, 이후 하급심 판결들을 무섭게 파기하기 시작했다. 후속 판결에서는 2013년 12월 12일 선고한 대법원 2013다201844 판결을 선례로 내세웠다. 6개월을 넘겨 소를 제기한 피해자들의 청구를 전부 기각하는 판결을 연달아 선고했다.

요컨대, 대법원은 종래 국가의 간첩 조작, 인권유린 사건에서 국가의 소멸시효 항변을 권리남용으로 보고 피해자들의 청구를 인용하는 판결을 해왔으나, 은밀하게 6개월이라는 새로운 기준을 만들어 하급심 판결을 연달아 뒤집었다. 부당한 대법원 판결을 등에 업은 국가는 심지어 이미 가집행된 국가배상금을 반환하라는 부당이득 반환 청구 소송까지 제기했다. 평생을 고통 받던 과거사 사건의 피해자들은 채무자가 되었다. 집이 경매로 넘어가기도 했다. 또 다시 헤어날 수 없는 지옥과 같은 늪으로 잠기게 되었다.

대법원 판례의 변경은, 정교하고 치밀하게 설계되고, 실행되었다. 한 번에 판례를 거칠게 변경하면 생길 수 있는 관심을 최소화하기 위해, 변경 장치를 교묘하게 미리 심어 두었다는 느낌을 지우기 어렵다. 인권 보호의 보루가 되어야 할 법원이, 피해자들의 청구를 전부 기각

★

하기 위해, 머리를 싸매고 궤변을 짜낸 모습을 생각하면 할수록, 분노 이전에 슬픔이 밀려온다.

대법원의 6개월 기준에 제동을 건 헌법재판소

대법원의 부당한 판결 행진은 2018년 8월 30일 헌법재판소 결정으로 비로소 멈추게 되었다.* 헌법재판소 결정에도 아쉬움, 이 결정으로도 마저 치유되지 않는 한계가 남지만, 그나마 일부라도 대법원 판결들을 바로잡을 수 있는 계기를 마련했다는 점에서 큰 의미가 있다.

헌법재판소는 "진실·화해를 위한 과거사정리 기본법"에서 말하는 '민간인 집단 희생 사건' '중대한 인권침해 사건·조작 의혹 사건', 이러한 사건에도 소멸시효의 객관적 기산점 조항을 그대로 적용하는 것은 위헌이라고 결정했다. 즉, 피해자들은 진실·화해를 위한 과거사 정리위원회의 진실 규명 결정을 알거나 무죄 재심 판결 확정을 안 날로부터 3년 이내에 국가배상 청구를 하면 족하다고 판단했다. 쉽게 말해 대법원이 갑자기 요구한 6개월 기준은 위헌이며, 원래의 판례처럼 돌아가야 한다는 뜻이다.

대법원의 '6개월 판결'은 아무리 생각해도 이상하고 납득할 수 없지만, 그렇다고 헌법재판소에서 쉽게 바로잡을 수 있으리라 기대하기는 쉽지 않았다. 우리 "헌법재판소법"은 재판에 대한 헌법소원을 허용하지 않고 있다. 개별적·구체적 사건에서 법률 조항의 단순한 포

---

* 헌법재판소(2018/08/30), 2014헌바148·162·219·466, 2015헌바5
0·440(병합); 2014헌바223·290, 2016헌바419(병합).

섭·적용에 관한 법원의 해석·적용이나 재판 결과를 다투는 헌법소원은 불허된다. 이 사건도 재판소원이라는 이유로 각하될 위험이 있었다. 실제 3인의 재판관은 재판소원이라는 이유로 각하 의견을 냈다.

재판소원으로 오해될 수 있는 법리적인 어려움에도 결국 헌법재판소가 위헌 결정을 내린 이유는, 대법원 판결의 지나친 폭력성에 있었다고 생각한다. 대법원이 갑자기 6개월이라는 부당한 기준을 내세워 국가 범죄 피해자들의 청구를 기각하는 위헌적인 폭력을 휘두르는데는 눈감을 수 없었을 것이다. 대법원의 큰 망신이 아닐 수 없다.

헌법재판소 결정문에는 지극히 당연한 내용이 담겨 있다. 먼저, 소멸시효제도의 존재 이유가 이 사건에 들어맞지 않는다고 했다. 시효제도가 추구하는 목적, ① 법적 안정성 보호, ② 이중 변제 방지, ③ 피해자가 권리를 행사하지 않은 데에 대한 제재 및 가해자의 정당한 신뢰 보호라는 목적을 국가 범죄 피해자들에게 들먹일 수 없다는 뜻이다.

헌법재판소는 시효제도의 목적별로 나누어 판단했다.

첫째, 국가가 현재까지 피해자들에게 손해배상 채무를 이행하지 않은 것이 명백하기 때문에, '이중 변제 방지'라는 입법 취지는 문제될 여지가 없다.

둘째, 국가가 공무원을 조직적으로 동원해 불법행위를 저지르고 조작·은폐까지 해서 피해자들의 권리 행사를 장기간 방해한 사안이라는 점을 생각해 보면, '피해자의 권리 불행사에 대한 제재 및 가해자의 보호 가치 있는 신뢰 보호'라는 시효제도 취지는 피해자들의 권리 행사를 제한하는 근거가 되기는 어렵다고 했다.

셋째, '법적 안정성'이란 입법 취지도 이 사건에 내세울 수 없다고

★

보았다. 국가배상 청구권은 단순한 재산권 보장의 의미를 넘어 헌법이 특별히 보장한 기본권이다. 헌법에 따라 개인이 지니는 기본권을 보장할 의무를 지는 국가가 오히려 국민에 대해 불법행위를 저질렀을 때 사후에 회복하기 위해 마련된 특별한 기본권이다. 국가배상 청구권을 시효로 소멸시켜 달성하려는 법적 안정성의 요청이 있다고 한들, 국가의 기본권 보호 의무와 국가배상 청구권을 보장할 필요성을 완전히 희생시킬 정도로 중요하다고 보기 어렵다고 판단했다.

이 사건의 실체를 제대로 짚었다. 공무원들이 조직적으로 가담한 사건이다. 장기간 불법구금·고문으로 허위 자백을 받아 유죄판결을 했다. 이후에도 진실을 조작·은폐해 진상 규명을 막아 왔다. 이러한 국가 범죄 사건에서 불법행위 책임이 시효로 소멸하였다고 함으로써 피해자와 가해자 보호의 균형을 도모한다고는 보기 어렵다. 손해의 공평·타당한 분담이라는 손해배상제도의 지도 원리에도 부합하지 않는다. 지극히 타당한 결정이다.

헌법재판소의 위헌 결정으로 대법원 판결의 잘못이 일부 시정되고 있다. 여순 사건이 발생한 1950년 무렵, 전남 보성군 등에서 경찰과 군인들이 무고한 주민들을 좌익으로 몰아 사살한 '전남 동부지역 민간인 희생 사건'에서, 유족들이 제기한 국가배상 청구 소송의 제1심 판결이 2018년 9월 12일 선고되었다(서울중앙지방법원 2018. 9. 12. 선고 2017가합589141 판결). 법원은 헌법재판소 결정을 직접 인용해 시효 완성의 항변을 배척했다. 헌법재판소 결정에 따라 소멸시효의 객관적 기산점 및 장기 소멸시효를 적용할 수 없게 되었다고 판결했다.

헌법재판소 결정 이후 피해자들의 청구를 기각했던 판결들에 대한 재심 청구가 잇따르고 있다. 피해자들이 패소한 확정판결을 취소하고 피해자들의 재심 청구를 인용하는 판결이 선고되었다(서울고등법원 2019. 2. 15. 선고 2018재나20262 판결 등).

헌법재판소 결정의 한계와 남은 과제

헌법재판소 결정에도 구제받지 못하는 피해자들이 남아 있다. 헌법재판소 결정은 형사처벌 조항에 대한 위헌 결정을 제외하고 원칙적으로 장래를 향하여 효력이 있기 때문이다. 국가배상 청구 소송을 하는 과정에서 대리인의 도움으로 법원에 위헌법률심판 제청 신청을 하고 헌법소원 심판 청구까지 한 피해자들은 위헌 결정의 효력에 따라 구제될 수 있지만, 그렇지 않은 이들은 사각지대에 놓여 있다. 패소 확정판결을 다툴 수 없는 피해자들이 많다.

그런 점에서 헌법재판소가 '민간인 집단 희생사건' 내지 '중대한 인권침해 사건·조작 의혹 사건'에는 소멸시효를 적용하는 것 자체가 위헌이라는, 보다 더 과감한 결정을 내리지 않은 점은 아쉽다.

시효는 절대적인 제도가 아니다. 가령 1999년께 당시 6세 아이에게 황산 테러를 한 사건을 계기로 사회적 공분이 일어 일명 '태완이법'이 발의됐다. 살인죄의 공소시효를 폐지하는 형사소송법이 2015년 7월 개정되어 시행되고 있다. 이처럼 중범죄에 공소시효를 두지 않는 입법례는 여러 나라에서 발견된다. 우리 민법에서 일반 민사 채권에 10년이라는 기간을 둔 것은 스위스 채무법 제60조를 계수한 것으로 평가되는데, 정작 스위스의 시효 연장 조항은 누락됐다. 스위스에서는 범죄행위로 인한 불법행위에 대해서는 범죄의 공소기간이 소멸시

★

효 기간인 10년보다 장기長期인 경우 시효도 공소기간에 따라 늘어난 다는 규정을 두고 있다. 독일민법은 일반 소멸시효 기간을 3년으로 단축하면서도, 생명·신체·건강·자유의 침해로 인한 손해배상 청구 권의 시효는 30년으로 연장했다. 시효는 사회적 합의에 따라 변경 가 능한 제도다. 심각한 불법행위에 대해 시효를 배제하거나 연장하는 흐름이 있다.

중대한 인권침해에 대한 법적 책임을 지우는 데에 시효를 배제하는 국제 규범도 찾아 볼 수 있다. 2005년 12월 16일 유엔총회에서 채택 한, "국제인권법의 중대한 위반과 국제인도법의 심각한 위반 피해자 를 위한 구제조치와 손해배상에 관한 기본 원칙과 지침"을 들 수 있 다. 국제법상 범죄를 구성하는 중대한 인권침해 범죄에는 시효가 적 용되지 않는다고 한다. 국내법상 시효가 부당하게 제한적이어서는 안 된다는 것이 현존하는 국제법의 원칙임을 분명히 선언했다. 국가 범죄에 대한 법적 책임에는 시효를 배제할 수 있고, 또 배제해야 한다.

만일 헌법재판소가 '민간인 집단 희생사건' 내지 '중대한 인권침해 사건·조작 의혹 사건'에 한정하여 시효 적용을 완전히 배제하는 결정 을 했더라면, 미처 헌법소원 심판 청구를 하지 못했던 피해자들도 구 제될 수 있었다. 국가 범죄 피해자들의 인권을 보호하는 전범을 국제 사회에 제시할 수 있었다는 아쉬움도 남는다.

남은 방법은 입법적 해결이다. 헌법재판소 결정의 한계를 극복하 는 법안이 제출되고 있다.

김철민 의원 등 12인이 2018년 12월 6일 제안한 민법 일부 개정 법률안(의안번호 17202)은 시효 배제 조항을 담고 있다. 즉 "국가 공권력에 의한 민간인 집단 희생 사건 및 고문, 증거 조작 등 반인권적 불법 행위로 인한 손해배상 청구권은 시효로 인하여 소멸하지 않는다"고 명시했다.

2018년 12월 27일 노웅래 의원이 대표 발의한 민법 일부 개정 법률안(의안번호 17823)도 유사하다. 구체적으로 보면, "반민주적 또는 반인권적 행위에 의한 민간인 집단 희생 사건 및 헌정 질서 파괴 행위 등 위법한 공권력의 행사의 결과로 발생한 사망·상해·실종·폭력사건으로 인하여 피해자가 국가배상 청구를 하는 경우 이 법, 국가배상법 및 국가재정법의 소멸시효 규정을 적용하지 아니한다"는 내용이 있다. 특히 이 법률안에서는 이미 소멸시효가 완성된 손해배상청구권에도 소멸시효를 배제하는 부칙을 두고 있다. 대법원의 부당한 판결로 희생된 남은 피해자들도 구제할 수 있게 된다. 과거사 사건의 국가배상 청구 소송에서 패소 판결을 받았으나 헌법 소송으로 다투지 않은 피해자들을 구제하는 특례를 두는 방법도 생각해 볼 수 있다.

법안이 발의됐을 뿐, 국회에서의 논의는 지지부진하다. 언론과 시민사회의 관심도 찾아보기 어렵다. 대법원의 위헌적인 판결로 국가에서 두 번 버림받은 사람들의 고통을 조금이라도 위로할 수 있도록 사회적 관심과 토론, 합의가 절실하다.

★

'광정'이라는 말의 쓰임 /이명선

사람들이 운집한 면전에서 철거반원을 향해 '김일성보다 더한 놈들' 운운한 것은

…… 북괴에서는 대한민국보다 나은 행정을 하고 있다는 것을 암시하게 될 것이고,

그곳에 가서 살아보겠다는 의사도 내포된 것이라 할 것이어서

반국가단체를 이롭게 하는 행위에 해당된다.

– 대법원[*]

오종상(1941년생)은 2018년 '광정'匡正이라는 말을 생애 처음 들었다. 양승태가 대법원장이었던 2015년 7월 27일, 법원행정처가 작성한 문건에서 나온 "과거 왜곡의 광정"이라는 문구에서다. '광정'의 뜻은 '바로잡아 고치는 것'이다. 과거가 왜곡됐으니 이제는 제대로 돌려놓자는 말이다.

문건에서 광정의 사례로 나온 것 중 하나가 '긴급조치'다. 오종상의 인생을 박살 낸 사건명이 법원행정처 문건에 등장했다. 오종상은 긴급조치 1호 피해자다. 막걸리를 마시다 바른 소리 한 번 해도 쥐도 새

---

[*] 긴급조치 시대의 대표적인 대법원 판결 사례. 70도 제1486호 사건 (1970/08/31).

도 모르게 잡혀간다고 해서, 긴급조치는 '막걸리 보안법'이라 불렸다.

오종상은 명예회복을 위해 평생 싸웠다. 재심을 추진할 때는 직접 '민주사회를 위한 변호사 모임'(민변) 변호사들을 찾아가 설득했다. 그의 노력으로 헌법재판소가 움직였고, 긴급조치 1, 2, 9호가 위헌임을 최초로 이끌어 냈다. 2013년 3월 21일, 헌재는 재판관 8명 전원 일치로 긴급조치 1, 2, 9호에 대해 위헌을 결정했다.

그보다 앞선 2010년 12월 16일, 대법원은 오종상의 무고함을 인정했다. 대법원 전원합의체는 긴급조치와 반공법 위반 혐의로 징역형을 선고받은 오종상에게 무죄를 선고했다. 긴급조치 위헌성을 인정한 첫 판결이었다. 오종상의 인생에 처음으로 빛이 드는 순간이었다.

구 대한민국 헌법* 제53조에 근거하여 발령된 대통령 긴급조치 제1호는 그 발동 요건을 갖추지 못한 채 목적상 한계를 벗어나 국민의 자유와 권리를 지나치게 제한함으로써 헌법상 보장된 국민의 기본권을 침해한 것이므로, 긴급조치 제1호가 해제 내지 실효되기 이전부터 유신헌법에 위배되어 위헌이고, 나아가 긴급조치 제1호에 의하여 침해된 각 기본권의 보장 규정을 두고 있는 현행 헌법에 비추어 보더라도 위헌이다.**

'그래, 막걸리 보안법은 잘못됐으니 바로잡는 게 맞지.'

* 1980년 10월 27일 헌법 제9호로 전부 개정되기 전의 것.
이하 '유신헌법'.
** 대법원 전원합의체 판결 2010도5986(2010/12/16).

오종상은 사법부 문건에 나오는 '광정'의 대상이 위헌 결정이 난 '긴급조치'일 거라고 생각했다. 헌법재판소는 긴급조치에 대해 위헌을 결정하면서 "긴급조치가 선포된 절차와 내용 모두가 국민의 기본권을 침해하고, 영장주의 등 현행법의 기본 원칙에 어긋난다"고 이유를 밝혔다. 오종상에게 무죄를 선고한 대법원 또한 "긴급조치는 국민의 기본권을 침해했다"고 했다.

그런데 사법부 문건을 자세히 보니, 광정의 대상은 그게 아니었다. 긴급조치 같은 일로 피해를 입은 국가 폭력 피해자에게 배상금 주는 것을 바로잡아야 한다는 주장이었다. 문건에는 '부당하거나 지나친 국가배상을 제한하고 그 요건을 정립'하는 방식으로 대법원이 '합리적인 범위 내에서 과거사 정립'을 해왔다고 적혀 있다. 과거사 피해자들에게 돈을 주지 않기 위해 사법부가 애썼다는 말과 다름없었다.

법원행정처가 밀실에서 논의한 내용은 충격적이다. 대법원이 긴급조치 9호 피해자들에게 손해배상 판결을 내린 1심 판사에 대해 징계를 검토한 사실이 사법부 내부 문건에서 드러난 것이다. 사법행정권 남용 의혹 관련 특별 조사단이 2018년 5월 25일 공개한 조사보고서 가운데 "[412]법관의 잘못된 재판에 대한 직무감독"이라는 문건을 보면, 대법원 판결과 배치되는 하급심 판결을 한 두 판사에 대해 직무 감독이 필요하다는 취지의 내용이 등장한다. 여기에 대해 민변은 이 문구가 "김기영 전 부장판사와 이옥형 전 부장판사를 명시적으로 특정한다"며, "긴급조치 등 과거사 사건 재판 거래 의혹"*이라는 보고

* 민주사회를 위한 변호사모임(민변)은 '사법 농단 진상 규명 책임자

서를 통해 밝혔다.

먼저 2014년부터 2015년까지 긴급조치 사건에 대한 대법원 분위기를 설명할 필요가 있다. 당시 대법원은 긴급조치에 있어 국가의 책임을 부정하는 판결을 연달아 내놓아 과거사 단체와 다수의 법률가들로부터 질타를 받았다. 문제의 대법원 판결은 다음과 같다. 2014년 10월 대법원은 "긴급조치가 당시로서는 법규였던 만큼 이를 따른 공무원의 직무 행위가 불법행위에 해당하는 것이 아니다"라고 판결했고, 2015년 3월에는 "긴급조치 9호는 위헌이지만, 긴급조치 발령은 고도의 정치적 행위로 국가가 배상할 필요가 없다"는 판결을 내며 논란을 빚었다.

이런 분위기 속에 김기영, 이옥형 판사의 판결은 '대법원에 대한 반기'로 비춰졌다. 2015년 9월 서울중앙지법 민사11부 김기영 당시 부장판사는 "헌법에 명백히 위반되는 긴급조치 발령은 대통령의 헌법 수호 의무를 위반한 것으로 고의 내지 과실에 의한 위법행위"라며 박정희 전 대통령을 비판해 처벌받은 송 모씨와 가족에게 1억 원을 배상하라고 주문했다. 2015년 2월 광주지법 목포지원 민사1부 이옥형 당시 부장판사도 "위헌성이 중대하고 명백한 긴급조치가 발령되고 집행됐으면 개별 공무원의 과실이 없더라도 국가의 불법"이라며 "그렇게 해석 안 되면 국가는 형식적 법치주의 논리 아래 중대한 위법을 저지르고도 책임을 회피하게 된다"며 국가의 책임을 인정하는 판결

처벌을 위한 T/F를 구성해, '사법 농단 이슈 페이퍼' 보고서 15개를 발표했다. "긴급조치 등 과거사 사건 재판 거래 의혹" 문건은 9번째 보고서로, 2018년 7월 18일 작성됐다.

을 내렸다.

"[73]대법원 판례를 정면으로 위반한 하급심 판결에 대한 대책" 문서에서는 더 노골적으로 김기영 판사를 질타한다. "김기영 부장판사와 같이 대법원 판례를 정면으로 위반하는 판사는 문제의식 있는 소신 판사라는 왜곡된 프레임이 판사들 사이에서 형성될 가능성이 존재"한다면서 모든 법관이 자신만의 독단적인 관점으로 판결해서는 안 된다고 썼다. "'매우 부적절한 행동'으로서 '직무 윤리' 위반 가능성이 존재한다"는 평가를 덧붙였다.

그렇다고 재판장에 대해서는 막무가내로 직무 감독권을 발동해서는 안 된다는 것을 법원행처는 알고 있었다. "판사들의 심각한 반발" "『한겨레』『경향신문』 등의 진보 언론과 야당에서 법원을 공격"할 수 있기 때문에 대신 회피나 재배당을 통해 판사가 문제의 사건을 맡지 못하게 하는 방법 등을 제안했다. 후속 조치 방안도 제시했다. 법관들에게 판례를 따라야 한다는 구속력을 고취시키기 위한 연수를 강화해야 한다고 밝혔다.

이런 문서를 만드는 일에는 법원행정처 구성원뿐만 아니라 해외 연수 중인 판사들까지 동원됐다. 해외에 있는 판사들에게 연락해 "외국 법원에서는 판사들에게 어떤 방식으로 징계를 내리는지 검토하라"고 지시했다. 실제로 "[73]대법원 판례를 정면으로 위반한 하급심 판결에 대한 대책" 문건을 보면 일본과 영국에서는 하급법원이 상급법원의 판결을 뒤집은 경우에 어떻게 조치를 하는지 나와 있다.

'왜 대법원은 내게 국가배상금을 주지 않았을까.' 오종상은 위의 문건이 공개된 이후 '모든 퍼즐이 맞춰졌다'고 생각했다. 왜 사법부가 자신에게 배상금을 수지 않는 판결을 내렸는지, 그 이유를 짐작하게 됐다. 오종상은 고문 후유증으로 저릿한 왼쪽 다리를 바라보며 펴지지 않는 허리를 억지로 곧추 세웠다. 재심 때부터 함께한 조영선 변호사에게 전화를 걸었다.

"조 변호사, 사법부는 이제 믿을 게 못 돼. 국회에서 날 구제하는 방법밖에는 없는 것 같소"

'분식 장려 반대했다'고 3년형 징역

1974년 5월, 사건이 벌어진 그때는 중앙정보부가 민청학련 사건의 배후에 인혁당이 있다고 발표한 직후였다. 장준하, 백기완 등이 유신헌법 개정을 요구하다 감옥에 끌려갔다. 대통령 박정희는 대중의 입을 막고자 긴급조치를 연속 발동했다.

당시 33살이던 오종상은 토끼를 키우며 평택에서 살았다. 유신헌법을 반대하던 친구들을 숨겨 준 것이 탄로 나면서 가족과 함께 서울에서 시골로 내려온 것이다. 오종상은 직접 민주화운동에 나서진 못해도 숨은 지지자였다. 민주주의를 유린하는 유신 시대를 어떻게든 끝내고 싶었다.

사건은 버스에서 우연히 발생했다. 고등학생 몇 명의 대화에 오종상이 끼어들었다. 오종상이 "어디 가냐" 물었고, 학생들은 평택 교육청에서 열리는 웅변대회에 참석하러 가는 길이라고 했다.

"학생, 웅변 주제가 뭐라고?"

"반공, 근면, 분식 장려, 저축, 이렇게 네 가지입니다."

"아저씨가 진실 하나 말해 줄까? 아무리 샐러리맨들이 쥐꼬리 같은 봉급을 저축해도, 은행이 특정인에게 대출하면서 허비해 버리면 끝이야."

"학교에서는 그렇게 말하면 '빨갱이'라고 했어요."

"분식 장려에 관해서도 얘기해 줄까? 서민들에게만 분식을 장려해. 부자들은 계란하고 육류가 태반인 분식을 먹는데, 어떻게 국민들이 정부 시책에 순응하겠니? 이런 얘기를 웅변 내용에 담으면 좋겠다."

학생들과의 에피소드는 이렇게 끝난 줄 알았다. 오종상은 다시 토끼를 먹일 풀을 베고, 토끼에게 밥을 주고, 토끼를 시장에 내다 팔며 생계를 이어갔다. 버스에서 만났던 학생들이 닷새 후 오종상 집으로 찾아왔다. 학생 중 한 명이 같은 동네에 살고 있어서 오종상의 집을 알았다. 학생들은 뜬금없이 "데모에 대해 어떻게 생각하냐"고 물었다. 오종상은 당황스러웠지만 보고 들은 대로 학생들에게 대답했다.

"데모하면 구속되고 고문당한다."

학생들에게 오종상을 찾아가라고 지시한 사람은 도덕 교사 우 씨였다. 우 씨는 학교에서 학생들에게 반공 사상을 가르쳤다. 그는 학생들의 노트에서 본 오종상의 발언을 자신의 노트에 옮겨 적었고, 1974년 6월 2일 중앙정보부에 찾아가 오종상을 정부 비판자라고 신고했다.

오종상이 "토끼에게 먹일 풀을 베러 간다"며 나간 사이, 중앙정보부 사람 두 명이 오종상의 집을 찾았다. 부인 김 씨는 놀라 바닥에 주저앉았다. 검은 점퍼를 입은 중앙정보부 사람들은 방을 뒤졌고, 용공 서적이라면서 책 몇 권을 가져갔다. '김대중' 이름이 적힌 화환이 찍혔다는 이유로 결혼식 사진을 압수했다.

집에 돌아온 오종상은 속옷 바람으로 중앙정보부에 끌려갔다. 아내 김 씨는 다섯 살, 세 살 아들의 손을 잡고 떨었다. 남편을 끌고 가는 사람들이 누구인지, 어디로 끌고 가는지 알 길이 없었다. 약 일주일 후, 구속 통지서가 집으로 배달됐다. 아이들은 아빠를 잃은 것을 아는 것처럼 밤새 울었다.

오종상이 유독 심한 고문을 당한 건, 처남 때문이었다. 처남 김 씨는 '서울대 내란 예비 음모 사건'에 연루돼 도피 중이었다. 중앙정보부 수사관들은 온갖 고문을 하며 처남의 소재를 알아내려 했다. 잠을 안 재우고, 양 무릎 사이에 각목을 엑스 자로 넣어 허벅지를 눌렀다.

"너 같은 건 죽여서 바다에 던지면 쥐도 새도 몰라. 상처 안 남게 골병들게 해줄게."

수사관 2명씩 총 4명이 교대로 오종상을 고문했다. 그중 가장 끈질기게 고문한 수사관의 얼굴을 오종상은 지금도 기억한다. '만약 죽어서 귀신이 된다면, 팽지수 고문관만큼은 기필코 데려 간다'는 심정으로 얼굴을 보고 또 봤다. 실제로 진실·화해를 위한 과거사정리위원회 조사위원들이 2007년 6월, 오종상에게 "팽 씨 얼굴을 사진에서 찾아봐라"고 했을 때 단번에 짚어 낸 것도 그 때문이다. 나중 일이지만, 팽지수는 몸이 좋지 않다는 이유로 진실·화해를 위한 과거사정리위원회 출석을 거부했다.

고문은 오종상의 의지를 꺾었다. 끝내 허위 자백을 했다. 대법원은 1975년 2월 10일, 오종상에게 징역 3년 및 자격정지 3년을 확정했다. 법원은 오종상의 억울한 호소를 단 한 번도 진지하게 듣지 않았다. 표현과 신체의 자유 등 기본권은 법정에서 사치에 불과한 말이었다.

오종상은 1977년 7월 6일, 만기 출소했다. 그사이 부인은 아이 둘을 오종상 가족에게 맡기고 집을 떠났다. 오종상에게 남은 건 고문으로 만신창이가 된 몸뿐이었다. 고문으로 휜 척추가 신경을 눌러 직업을 구할 수 없었다. 당연히 생활이 어려웠다. 학교를 마치고 돌아온 아이에게 줄 음식이 없어 동사무소에서 받은 쌀과 라면으로 끼니를 겨우 때웠다. 이마저도 떨어지면 보리밥에 싸구려 버터를 비벼 아들 둘과 간신히 허기를 면했다.

가난이 턱 밑까지 찼을 때 민주화보상금이 나왔다. 2000년 1월 민주화운동과 관련하여 희생된 사람과 유족들에 대하여 명예회복과 보상을 실시하는 '민주화운동 관련자 명예회복 및 보상 등에 관한 법률'(민주화보상법)이 제정되자 오종상은 생활지원금을 신청했다. 민주화보상법에 따른 생활지원금은 가구 소득이 도시 근로자 연간 평균 가계 지출비보다 적고 공무원이 아닐 경우에만 5000만 원 이내에서 지급됐다.

가난했던 오종상은 2006년 6월 22일, 4200여만 원을 받았다. 재혼으로 만난 아내 성 씨가 교통사고를 당해 아픈 다리로 식당 일을 하던 때였다. 큰돈은 아니었지만, 정부의 생활지원금은 오종상 가족에게 가뭄의 단비였다.

과거사 위원회는 오종상에게 명예회복의 길을 열어 줬다. 2007년 10월 30일, 진실·화해를 위한 과거사정리위원회는 "오종상의 긴급조치 사건에 대해 중대한 인권침해가 있었다"며 "국가가 오종상과 가족에게 명예회복을 비롯한 적절한 조치를 해줘야 한다"는 진실 규명 결정을 통보했다. 33년 만에 국가가 잘못을 인정한 셈이다.

그 후 재심부터 형사보상금 지급까지는 탄탄대로였다. 2010년 1월

28일 재심이 결정됐고, 2010년 12월 16일 대법원은 오종상에게 무죄를 선고했다. 2011년 3월 11일, 대법원은 헌법에 보장된 권리에 따라 오종상이 구금됐던 1123일에 대한 손해를 보상했다. 형사보상금 1억 8000여만 원이 지급됐다.

'민주화보상금' 받았으면 '국가배상' 자격 없다?

국가의 태도는 국가 손해배상 소송이 진행되면서 달라졌다. 오종상이 볼 때 국가의 논리는 해괴했다. 오종상이 국가로부터 생활지원금을 이미 받았으니 배상을 요구할 자격이 없다면서, 2012년 5월 3일, 1심 법원이 각하 결정을 내렸다. 민주화보상금을 받은 것은 재판상 화해를 한 것이나 다름없기 때문에 국가의 배상 책임이 없다고 서울중앙지법은 판단했다.

2심은 1심과 다르게 판결했다. 서울고등법원은 2012년 12월 21일, 민주화보상금을 받았더라도 재판상 화해 대상을 민법상의 손해배상 청구권까지 확장하는 것이 지나치다며 1억 1500여만 원을 배상해야 한다고 판단했다.

대법원의 판결만 남은 상황에서 헌법재판소에서 희소식을 전했다. 2013년 3월 21일, 헌재는 "긴급조치 1, 2, 9호는 위헌이다"라고 결정했다. 헌법소원을 제기한 사람은 오종상이었다. 헌재의 결정으로 긴급조치 피해자들은 재심을 청구하기 수월해졌다.

오종상은 헌재의 결정에 마음이 부풀었다. 1심 판결 이후 오종상은 법원에 민주화보상법 제18조 제2항에 대해 위헌법률심판 제청 신청을 한 상태였다. 민주화보상법 제18조 2항에는 "이 법에 따른 보상금 등의 지급 결정은 신청인이 동의한 경우에는 민주화운동과 관련하여 입은 피해에 대하여 민사소송법에 따른 재판상 화해가 성립된 것으로 본다"고 나와 있다.

오종상은 위헌법률심판 제청을 통해 "민주화보상금은 생활을 보조하기 위한 지원금일 뿐, 이걸 재판상 화해가 성립했다고 보고 국가배상 청구권을 인정하지 않는 것은 헌법에 위반한다"고 주장했다. "국가 사이에 재판상 화해가 성립된 만큼 추가로 손해배상을 청구할 수는 없다"고 판단한 1심 판결의 근거에 대해 "당시 상대적으로 형편이 좋아 생활지원금을 신청하지 않은 이들만 손해배상금을 받게 되는 역차별이 발생한다"고 지적했다.

기대와 달리 대법원은 헌법재판소와 정반대 결과를 냈다. 양승태 대법원은 2016년 5월 12일, 위헌법률심판 제청을 기각함과 동시에, 국가가 오종상에게 배상할 필요가 없다고 자판自判*했다. 대법원은 원심 재판에 반대되는 판단을 하더라도 직접 판결을 내리는 자판을 하기보다, 원심 법원으로 사건을 환송하는 경우가 많지만, 이 경우에는 이례적인 판단을 내렸다(주심 박보영).

대법원의 논리는 1심과 같았다. 얼마가 됐든, 민주화보상금을 받은 것은 국가와 합의를 한 것이나 마찬가지이기 때문에 배상을 하면 중복 지급이 된다는 논리를 내세웠다. 2심 판결이 나오고, 무려 3년 6개월 만에 내려진 결정이었다.

---

* 상소심 법원에서 원심 판결을 파기한 경우, 환송하거나 이송하지 않고 사건을 직접 재판하는 일.

이 사건 불법행위에 의한 복역으로 인하여 원고 오종상이 입은 피해는 모두 민주화보상법에서 정한 민주화운동과 관련하여 입은 피해에 해당하므로, 원고 오종상이 위원회의 보상금 등 지급 결정에 동의한 이상 이에 대하여도 민주화보상법 제18조 제2항에 따라 재판상 화해와 동일한 효력이 미친다고 보아야 한다. 따라서 원고 오종상이 민주화운동과 관련하여 입은 피해에 해당하는 이 사건 불법행위에 의한 복역으로 인한 위자료를 청구하는 이 사건 소는 권리 보호 이익이 없어 부적법하다. *

"찢어지게 가난해서 민주화보상금으로 빚 먼저 갚았는데, 그때 누가 재심을 해서 국가배상 신청할 걸 예상해요. 그때 오히려 민주화보상금을 못 받은, 상대적으로 부유했던 사람들은 국가배상을 받을 수 있어요. 저와 다르게."

오종상의 위헌법률심판 제청이 기각되면서 민주화보상법에 대한 위헌 결정 여부는 헌법재판소의 몫으로 넘어갔다. 위헌법률심판 제청 신청은 재판 중인 법원에 해야 하는데, 재판부가 이를 기각하자 헌법재판소에 직접 헌법소원을 낸 것이다.

헌재는 양승태 사법부의 판결 논리를 뒤집고 오종상의 손을 들어줬다. 2018년 8월 30일 "정신적 손해에 대한 적절한 배상이 이뤄지지 않은 상태에서 재산상 손해에 상응하는 보상이 이뤄졌다는 이유만으로, 정신적 손해에 대한 국가배상 청구를 금지하는 것은 입법 목적에도 부합하지 않고 지나치게 가혹한 제재"라면서 재판관 7대 2 의견으

* 오종상의 국가배상 청구에 관한 대법원 판결문(2016/05/12).

로 위헌 결정을 내렸다. 민주화보상법상 보상금과 의료지원금, 생활지원금은 일종의 사회보장 목적으로 지급되는 돈일 뿐, 정신적 손해에 대한 배상·보상이 아니라고 판단한 것이다.

헌재가 민주화보상법에 위헌 결정을 내렸기 때문에, 오종상은 법원에서 다시 손해배상 소송을 이어갈 수 있게 됐다. 헌법소원이 오종상이 국가배상을 받을 수 있는 마지막이자 유일한 방법이었다. 헌재의 판단으로 오종상은 재심의 길이 열렸지만, 현재 사건은 진행이 멈춰 있다. 재심 신청은 이뤄졌지만, 대법원이 계속 미루는 중이다.

헌재의 위헌 결정은 의미가 크다. 오종상과 비슷한 사정의 여러 사건이 현재 재판 중이거나 재판을 기다리고 있기 때문이다. 오종상과 비슷한 이유로 재판에서 진 사례는 총 18건이다. 다만, 민주화보상법에 따라 보상받았더라도 2018년 8월에 나온 헌재의 결정 전에 패소가 확정됐다면 구제받을 수 없다는 점이 아쉬운 부분으로 남는다.

오종상 '긴급조치 위반 사건' 일지

• 1974.5.17. 오종상, 버스에서 우연히 동석한 고등학생에게 정부 시책에 대한 비판 발언을 했다는 이유로 중앙정보부 수사관들에 의해 연행되어 1주일간 감금

• 1975.2.10. 대법원, 오종상에 대해 징역 3년 및 자격정지 3년 선고

• 1977.7.6. 만기 출소

• 2000.12.4. 민주화운동 관련자 명예회복 및 보상심의위
원회 결정에 따라 관련자로 지정

• 2006.6.22. 민주화보상법에 따라 약 4200만 원 수령

• 2007.10.30. 진실·화해를 위한 과거사정리위원회, 오종
상 긴급조치 위반 사건에 대해 재심 권고 결정

• 2009.2.12. 오종상, 서울고등법원에 재심 청구

• 2010.1.28. 서울고등법원, 재심 결정

• 2010.12.16. 대법원, 재심 재판에서 무죄 확정판결

• 2011.3.11. 대법원, 오종상에 대해 형사보상금 결정 선고

• 2011.5.3. 서울중앙지법, 오종상 국가배상 청구에 대해
각하 결정

• 2012.12.21. 서울고등법원, 오종상 국가배상 청구에 대
해 승소 결정

• 2013.3.21. 헌법재판소, 재판관 전원 일치 의견으로 '긴
급조치 1, 2, 9호' 위헌 결정

• 2016.5.12. 대법원, 오종상 국가배상 청구에 대해 원고
패소 판결

• 2018.8.30. 헌법재판소, "민주화보상금 받았어도 국가
배상 청구 가능" 결정

오종상은 재심 때부터 함께한 조영선 변호사에게 전화했다.
"조 변호사, 사법부는 이제 믿을 게 못 돼.
국회에서 날 구제하는 방법밖에는 없는 것 같소"

한 명 / 이녕선

한 명밖에 남지 않았다고 했다.

둘이었는데, 간밤 한 명이 세상을 떠나.

– 김숨, 『한 명』*

"선생님, 저희 초인종 여러 번 눌렀는데, 안 들리셨구나."

초인종을 누르는 이가 거의 없기 때문일까. 사진 촬영을 위해 찾은, 광주에 있는 이춘식의 집 앞에서 나와 사진작가는 꽤 오래 기다렸다. 선생이 자리를 잠시 비운 줄 알았다. 문을 열지 않았던 이유는 따로 있었다. 사회복지사와 주변 이웃들은 혹시 모를 사태를 위해 자유롭게 이춘식의 집을 드나들었기에, 그가 직접 초인종 소리를 듣고 문 열어 주는 일이 자주 없었던 모양이다.

"누구셨더라?"

"안녕하세요? 연락드렸었는데, 근데 왜 불을 끄고 계세요?"

* 김숨, 『한 명』, 현대문학, 2016의 첫 문장.

문을 열자마자 마주한 좁은 복도가 어두웠다. 청명한 가을 하늘을 뚫고 쏟아지는 햇빛이 이춘식의 집에는 들지 않았다. 마치 시간이 멈춘 듯했다. 누렇게 바랜 벽지, 흰 저고리를 입고 있는 모친의 초상화, 브라운관 텔레비전 속 일그러진 화면…… 방 두 개가 딸린 낡은 아파트에서 '지금'을 확인할 수 있는 물건은 달력뿐이었다. 화장실 타일 줄눈에 켜켜이 낀 때가 지난 세월을 말해 줬다.

수북한 자료들이 좁은 방을 더 좁게 만들었다. 텔레비전과 침대 사이에는 일본어와 한국어로 적힌 자료가 가득 있었다. 손때 가득한 일본어 문서가 꼬깃꼬깃해진 채 곳곳에 놓여 있었다. 모두 이춘식의 삶을 송두리째 바꿔 버린 강제징용 손해배상 사건과 관련된 자료였다. 이춘식은 어딘가로 전화하더니 요깃거리를 가져 달라고 말했고, 우리는 귤과 떡을 앞에 둔 채 손님맞이에 바쁜 선생님을 바라봤다.

"기억도 잘 안 나는 얘기를 자꾸 해달라고 하네. 다른 기사에서 베껴 쓰면 안 돼?"

"직접 듣고 쓰는 것과 또 다르죠. 그리고 선생님 사진 멋지게 찍어 드리려고요."

"근데 광주는 자주 오는가? 자주 왔으면 좋겠는디."

이춘식의 기억력이 요새 오락가락한다는 얘기는 주변을 통해 많이 들었다. 담당 변호사를 종종 못 알아보는 일도 있었고, 같이 활동해 온 시민단체 사람들 또한 비슷한 경험을 했다고 했다. 1924년생. 100세를 바라보는 나이에 과거를 기억하는 일이 고될 것이다. 하지만 그는 광주까지 찾아온 서울 청년들을 어찌나 반가워 했는지, 두세 번째 방문 때는 이부자리까지 꺼내 오려 했다. 오랜 외로움을 달래는 그만의 방법이었을 것이다.

이춘식은 신일본제철(현 신일철주금)을 상대로 싸우는 강제징용 피해자로, 지난 2005년부터 시작된 신일본제철 강제동원 소송 원고 중 유일한 생존자다. 처음 소송을 제기한 피해자는 모두 4명이었지만, 여운택, 신천수, 김규수가 세상을 떠나면서 이춘식만 대법원 선고까지 남았다. 2018년 10월 30일, 대법원이 최종적으로 이춘식의 손을 들 때까지 외롭게 자리를 지켰다. 당시 선고 시간은 불과 10분 남짓이었다. 13년 8개월, 길게는 18년을 끌어 온 '일제 강제징용 손해배상 청구 소송'은 그날에야 종지부를 찍었다.

"나까지 네 사람인데 혼자 재판받은 게 많이 아프고 눈물도 나고 기분이 안 좋습니다."

대법원 선고가 있던 날, 그는 '같이 살아서 왔다면 마음이 안 아픈데, 혼자 오니 슬프고 서운하다'라며 흐느꼈다. 여운택·신천수·김규수는 영정사진으로 대법정에 들어왔다.

과연 그 13년 8개월 동안 청와대에서는 무슨 일이 벌어지고 있었을까. 시계를 2013년으로 돌려 보고자 한다.

청와대-대법원-외교부의 '비밀 회동'

2013년, 김기춘 전 비서실장은 분주했다. 그때는 강제징용 판결이 엎치락뒤치락하던 때였다. 2013년 2심인 서울고등법원에서 패소한 피고 신일철주금이 재판 결과에 불복해 상고함으로써 최종 판단이 대법원으로 넘어갔을 무렵, 삼청동 김 전 비서실장의 공관에는 손님들이 많이 찾아왔다.

2013년 12월, 출입 기록이 남지 않는 이 공관에 당시 대법관이자 대법원 서열 2위인 차한성 법원행정처장이 방문했다. 이 모임이 1차 소인수회의이다.

그날은 일요일이었다. 휴일 오전에 사법부 내에서 손꼽히는 인사가 청와대를 쥐락펴락하던 장관급 행정부 인사의 공관을 찾은 것이다. 이 사실만으로도 사법 독립이 침해됐다고 보기 충분했다.

윤병세 당시 외교부 장관도 이 자리에 함께했다. 윤 전 장관은 강제 징용 사건과 인연이 깊다. 그는 장관이 되기 전 김앤장 법률사무소의 고문으로 재직하면서 일제 강제징용 피해자 소송과 관련된 일본 기업 측 대응 업무를 담당했다. '강제징용 문제 전문가'인 당시 외교부 장관이 합석한 것이다. 이후 검찰 조사 과정에서 황교안 전 법무부 장관 또한 함께 있었다는 것이 밝혀졌다. 독실한 기독교인으로 알려진 황 전 장관이 일요일 오전에 교회가 아닌 비서실장 공관으로 향했다는 것만 봐도 이 회의가 얼마나 각별했는지 알 수 있다.

그 자리에서 윤병세 당시 외교장관은 일본의 대변인 역할을 했다. 강제징용 소송과 관련해서 피해자 손을 들어 주는 쪽으로 판결이 나면 얼마나 한일 관계에 나쁜 영향을 주는지를 강조했다. 전범 기업을 변호했던 이력이 있었으니, 누구보다 일본 측 입장에 정통했을 것이다. 윤 전 장관은 차한성 당시 대법관을 앉혀 놓고, '소송의 최종 판결을 지연시켜야 한다'는 청와대의 요구를 전달한 것으로 전해진다.

차한성 전 대법관도 거래를 시도했다. '법관의 해외 파견을 늘려야 한다'는 사법부의 요구로 맞대응했다. 훗날 이것은 '재판 거래'라 불렸다.

강제징용 재판은 박근혜 정부 내내 늦춰졌고, 5년 이상 지연됐다. 사법부가 청와대의 요구를 들어주고, 청와대도 사법부의 요구를 들어줬다. 이명박 정부 때 중단한 법관 해외 공관 파견도 박근혜 정부 들어 다시 시작된 것이다. 이 사실이 알려지자 차 전 대법관은 '대법원을 대표해서 (김 전 비서실장 공관에) 간 것'이라며 재판 거래를 일축했지만, 그 해명은 사법부 신뢰가 곤두박질치는 걸 막지 못했다.

1차 회동 후로도 비밀 회동은 더 있었다. 2차 소인수회의에는 조윤선 청와대 정무수석, 윤병세 외교부 장관, 황교안 법무부 장관, 정종섭 행정안전부 장관 등이 참석했다. 이 자리에서 윤 전 장관은 '대법원의 판결이 확정되면 외교적 해결이 불가능해진다'고 난색을 표하는 방식으로 일본 편을 재차 들었다. 2차 회동은 일종의 중간 점검이었다.

정부는 2차 회동 1년 뒤인 2015년 12월 28일, 일본과의 위안부 합의 타결을 발표했다. 피해 당사자의 동의도 없이, 일본 정부로부터 10억 엔을 받았다. 합의 직후 박근혜 전 대통령이 "대법원에서 강제징용 피해자 배상이 확정되면 나라 망신이다"라는 말을 한 것으로, 관련자들 증언을 통해 드러났다.

검찰 수사에 따르면, 2013년 11월 박준우 당시 청와대 정무수석이 강제징용 대응 방침을 박근혜 전 대통령에게 건의했다. '대법원을 접촉해 (최종) 판결을 늦춰야 한다'면서 '청와대나 국무총리실은 소문이 날 수 있으니' 외교부가 나서는 것이 좋겠다고 했다.

외교부는 지시를 받고 곧장 움직였다. '재판이 조기에 선고되지 않도록 해야 한다'는 요구를 법원행정처에 전달했고, 그 후 대법원은

2015년 1월 민사소송규칙을 고쳐 '참고인 의견서 제출 제도'를 도입했다. 외교부 의견을 대법원 판결에 반영할 수 있게 방법을 마련해 준 것이다. 그때까지만 해도 외교부가 일본 측을 대변하는 의견을 내리라고는 아무도 생각하지 못했다.

일본 전범 기업을 변호하던 '김앤장'과의 접촉

과연 청와대-대법원-외교부 간의 3자 회담을 주선했던 것은 누구일까. 이 비밀을 밝힌 인물은 의외였다. 바로 김기춘 전 비서실장이다. 이외의 인물이라고 표현하는 이유는 그가 박근혜 대통령과 특별한 관계이기 때문이다. 박 전 대통령이 박정희의 딸이라면, 김기춘은 그야말로 '박정희 키즈'다.

정수장학회의 전신 5·16장학회가 주는 장학금을 받아 학업을 마친 김기춘은 유신헌법 초안 작성에 참여했고, 1974년부터는 정부 주요 요직을 맡았다. 국정원의 전신 중앙정보부에서 대공수사국 부장을 거쳐 대공수사국장을 지내며 수많은 가짜 간첩을 만들어 내기도 했다. 그런 구시대적인 인물을 다시 청와대로 부른 사람은 박근혜 전 대통령이었다.

국정 농단 청문회에서 그 어떤 의혹에 대해서도 '모르쇠'로 일관하던 그가 자신의 공관에서 벌어진 강제징용 비밀 회동이 박근혜 전 대통령의 지시 하에 벌어진 일이라고 고백한 것은 주목해 볼 만하다. 외교부 압수 수색을 통해 문건이 나오자, 더는 숨길 수 없을 거라고 판단한 것이다.

그렇다면 대법원장은 이 일을 정말 몰랐을까. 차한성 전 대법관 역시 양승태 전 내법원장에게 청와대-대법원-외교부 간의 비밀 회동 결과를 보고했을 가능성이 크다고 검찰은 의심했다.

법원은 일본 전범 기업을 변호하던 김앤장 변호사들과도 접촉했다. 2015년 5월, 당시 임종헌 법원행정처 기조실장은 김앤장의 한 모 변호사를 만나 '강제징용 피해자들이 승소하면 외교에 문제가 있다'는 취지의 의견서가 곧 외교부를 통해 대법원으로 제출되는 안이 검토되고 있다는 사실을 귀띔해 주었다. 적군에게 전략을 알려준 꼴이다.

임종헌 전 실장은 심지어 '김앤장이 앞으로 무엇을 해야 하는지'도 친절히 알려 줬다. 외교부 의견서가 대법원에 도착하기 전에, 김앤장 쪽에서 직접 촉구서를 내야 한다면서 김앤장이 작성한 의견서 초안을 매만져 줬다. 문서 제목을 '촉구서'로 수정하고, 내용을 일부 수정해 김앤장 쪽으로 돌려보낸 것이다.

나중에 밝혀진 일이지만, 당시 대법원에서 근무하던 판사들은 '윗선에서 강제징용 소송을 지연시키려고 한 일을 추진하려고 했던 것이 공공연한 일로 받아들여졌다'라는 취지로 진술했다고 한다. 법원의 이런 행태는 마치 경기를 앞두고 심판이 특정 선수를 따로 만나 코치해 주는 것과 다름없는 일이었다.

임종헌 전 실장이 부심이라면 양승태 전 대법원장은 주심으로 뛰었다. 검찰이 김앤장에 대해 압수 수색을 벌인 결과, 양 전 대법원장이 김앤장 변호사를 수시로 접촉했다는 사실이 드러났다. 2015년 무렵 김앤장에서 송무 담당이었던 한 모 변호사를 최소 세 차례 이상 만난 것으로 검찰 조사 결과 확인됐다.

한 변호사는 법원의 녹을 먹던 사람이었다. 대법원 도서관장 출신으로 1998년부터 김앤장 법률사무소에서 일했다. 이때 양 전 원장은 과연 말을 아꼈을까. 검찰은 양 전 원장이 강제징용 재판과 관련한 발언을 했다고 보고 있다.

"한일 관계도 역사를 직시하는 가운데 미래지향적인 관계로 새롭게 만들어 나아가야 할 것입니다."

박근혜 전 대통령이 2016년 71주년 광복절 경축식에서 한 말이다. 과연 그가 꿈꿨던 한일 간의 '미래지향적인 관계'는 무엇이었을까? 그 관계를 위해 '강제징용 피해자들의 패소'가 꼭 필요했을까?

청와대와 대법원이 그토록 배상금을 주기 꺼렸던, 이춘식이 겪은 강제징용 피해를 돌아보고자 한다. 지금으로부터 80년을 거슬러 올라, 태평양전쟁이 벌어지기 직전이던 1940년부터 그 이야기가 시작된다.

나중에 주겠다는 월급은 75년간 주지 않았다

나라는 뺏겼지만, 고향의 아름다움은 그대로였다. 청년 이춘식이 나고 자란 전라남도 나주는 젖줄 영산강이 가져다준 선물로 기름진 땅이었다. 넓은 곡창을 만들어 내면서 땅에 씨를 뿌리는 대로 벼가 무럭무럭 자랐다.

이를 배불리 먹은 것은 조선인들이 아니었다. 비옥한 평야가 펼쳐진 나주는 일제강점기 시절 수탈의 현장이 됐다. 일본인들은 영산포를 교두보 삼아, 한반도의 곡물을 일본으로 향하는 배에 옮겨 실었다.

"일본에서 사람을 뽑는다는 소문이 있던데, 춘식이 너 갈려?"

당시 대전시는 보국대를 모집하고 있었다. 보국대는 일제가 조선인 학생과 여성 등을 동원하기 위해 조직한 단체였다. 고등학교 2학년이던 이춘식은 흔들렸다. 조선보다 더 나은 환경에서 일할 수 있다는 달콤한 유혹에 넘어갔다. 인솔자를 따라 열차를 타고 부산으로 간 뒤, 관부연락선을 타고 시모노세키로 가는 동안 이춘식은 큰 꿈에 부풀어 잠을 이룰 수 없었다. 이춘식과 같은 사람은 총 80명이었다.

당시 일본 제철소들은 어린 조선인을 노동 인력으로 동원하기 위해 여념 없었다. 제철소에서 훈련을 받으면 기술을 익힐 수 있고, 그 후 한국에 돌아와서 기술자로 취직할 수 있다고 광고했다. 일제는 제2차 세계대전의 전쟁 물자를 만들기 위한 노동력이 필요했고 여기에 돈을 쓰고 싶지는 않았다. 달콤한 말로 유혹해 조선인들이 보국대에 지원하도록 유도했다. 물론 강제로 끌려가는 이들도 있었다.

금의환향錦衣還鄕할 수 있다는 꿈은 시간이 지날수록 흐려져 갔다. 동경을 지나 이춘식이 도착한 곳은 이와테현 가마이시 제철소였다. 가마이지 제철소는 신일본제철이 운영하던 곳이었다. 이춘식에게 맡겨진 일은 단순노동이었다. 코크스Cokes라고 불리는 고체탄소를 용광로에 퍼다 나르는 일이었다. 제철소는 먼지가 가득했고, 공정은 위험천만했다. 아침 7시 30분까지 공장으로 출근하면 8시부터 일을 시작해 오후 4시 30분에 작업이 끝났다.

일본 사람들은 폭행도 일삼았다. 보름에 한 번씩 일본 헌병이 와서 인력에 구멍이 생기지 않았는지 확인했다. 잔꾀를 부리는 사람이 생길 정도로 일은 고됐다. 일을 나가지 않고 꾀 부리는 이가 생기면, 헌병이 와서 발길질을 했다.

작업을 하다가 추락해서 사망한 이도 있었다. 이춘식은 일하다 넘어지면서 배에 상처를 입어 병원에 3개월이나 입원했다. 주로 기술적인 일은 일본인이 맡고, 힘들고 위험한 일은 조선인이 맡았다.

"도대체 임금은 언제 주는 겁니까? 제 임금이 얼마나 저축됐는지라도 알 수 있습니까?"

"노부에서 관리해서 잘 몰라요. 걱정 마시고 일단 일해. 차곡차곡 쌓이고 있으니까."

월급을 직접 볼 수 없으니 답답함이 쌓였다. 일하면서 단 한 번도 일한 대가가 현금으로 지급된 적이 없었다. 주변에 물어 봐도 '노무과에서 관리하기 때문에 우리도 알 수 없다'는 답만 얻고 돌아왔다. 오도 가도 못 하는 상황에서 한 고된 노동의 대가가 무일푼이라는 사실을 받아들이기 힘들었다.

회사는 처음 6개월간 이춘식을 비롯한 조선인들의 외출을 금했다. 숙련자가 아니라는 이유였다. 6개월이 지나니 일요일에 반나절 정도 외출하는 것을 허락했다. 나가봤자 돈이 없기 때문에 할 수 있는 게 별로 없었다. 제철소 주변에 사는 일본인 집에 가서 허드렛일을 돕고, 밥 얻어먹고 오는 것이 고작이었다.

태평양전쟁의 여파는 이역만리의 이춘식에게도 미쳤다. 1944년 태평양전쟁이 막바지에 이르자, 조선총독부는 일본에서 노역 중인 이춘식에게 징병 영장을 보냈다. 고향 땅도 아닌, 타국을 위해 싸워야 한다니, 이춘식은 마음이 아팠다. 서울 용산에서 3개월간 간단한 훈련을 받고, 일본으로 배치됐다. 일본 고베에 있는 8875부대에서 미군 포로들을 감시하는 일을 맡았다. 저녁에 공습이 심해 목조건물이 불타고 방공호가 무너지면서 많은 민간인들이 죽었지만, 시멘트로 지은 학교에서 지내던 이춘식은 운 좋게 목숨을 건질 수 있었다.

1945년 8월, 군 복무 10개월 만에 이춘식은 해방을 맞았다. 조선인 200여 명이 귀국선을 타고 조선 땅으로 향했지만, 이춘식은 가마이시로 발길을 돌렸다. 신일본제철에서 받지 못한 임금을 받기 위해서였다. 하지만 가마이시 제철소는 폭격으로 부서져 있었다. '줄 돈을 차곡차곡 저금 중'이라고 말했던 제철소 사람들도 사라지고 없었다. 3년여 기간의 임금이 전쟁 통에 다 타버린 걸까. 망연자실 제철소 터에 앉아 멍하게 하늘을 올려다봤다.

"이 씨. 조선 가지 말고, 여기서 살자. 여기서 다시 시작하자."

제철소 부근에 이춘식을 기억하는 사람들이 남아 있었다. 언젠가 돈을 받아 낼 마음으로 거주할까 잠시 고민했지만, 해방의 기쁨을 뿌리칠 수 없었다. 빨리 조국으로 돌아가 가족들을 만나고 새로운 일을 찾는 게 빠르다고 생각했다. 고향에 돌아오니 가족들과 고향 사람들이 죽은 사람이 살아 돌아왔다고 펄쩍 뛰며 좋아했다. 당시 징병 영장을 받아 일본으로 끌려갔던 수많은 조선인들이 살아 돌아오지 못했다. 사람들은 돌아온 것만으로도 감지덕지라며 이춘식을 끌어안고 한참 울었다.

"춘식아, 인사해. 네 각시다. 네가 없는 사이에 아는 사람 첫째 딸과 혼인을 맺어 놨다."

조선으로 돌아오니 가족이 하나 더 늘어 있었다. 바로 아내 정일순이다. 집안 어른들이 신랑이 없음에도 결혼을 시킨 것은 아내를 위한 선택이었다. 일제강점기 시절, 결혼 안 한 젊은 소녀들이 위안부로 끌려갔다. 위안부가 아니면 강제징용 대상이 됐다. 곱게 키운 딸을 일본에 뺏기지 않으려고, 집안 어른들끼리 일본에 있는 이춘식과 정일순을 엮은 것이다.

정일순은 전남 광주에서 베 짜는 일을 하며 죽었을지도 모를 신랑을 기다렸다. 아픈 역사가 맺은 인연은 애틋했다. 아내 정일순은 이춘식의 삶에서 가장 큰 위로이자 동력이었다. 정일순은 2001년 먼저 하늘나라로 떠났다.

"통일적이고 모순 없이 처리하기 위해 검토 중"

밀린 임금을 영영 받지 못할 거라 생각했는데, 다른 강제징용 피해자들이 먼저 용기를 냈다. 신일본제철 소속 오사카 제철소에서 기술을 배우고, 훈련이 끝나면 한국의 제철소에 기술자로 취직할 수 있다는 광고만 믿고 일본으로 떠났던 여운택, 신천수가 1997년 12월, 일본 오사카 지방재판소에서 신일본제철을 상대로 손해배상 소송을 제기한 것이다.

쉽지 않은 싸움인 줄은 진즉 알았지만, 그들은 1심부터 졌고, 2003년 10월 일본 최고재판소에서 패소 판결을 확정받았다. 일본 법원은 전범 기업 편이었다(지금도 변함없다).

그렇다고 그들의 뜻을 굽힐 수 없었다. 일본에서 패소 판결이 확정된 지 2년이 지난 2005년, 한국에서의 소송이 시작되자, 이춘식도 원고에 자기 이름을 추가했다. 김규식도 함께했다. 그러나 결과는 좋지 않았다. 2008년 4월에 열린 1심에서 패소하고, 2009년 7월에 열린 2심에서도 패소했다. 결국, 마지막으로 남은 상고심에 모든 걸 걸어야 했다.

2012년 5월, 사건이 벌어졌다. 대법원이 원고 승소 취지로 파기환송을 결정한 것이다. 강제징용 피해자들의 손해배상 청구권을 인정하고, 신일본제철에게 강제 노동에 대한 배상 책임이 있다며 사건을 고등법원으로 돌려보냈다. 일본의 확정판결이 국내에서는 효력이 없고, 1965년 맺은 한·일 청구권 협정으로 개인 청구권까지 소멸됐다고 볼 수 없다는 게 판결 이유였다.

파기환송심에서도 마찬가지 결론이 나왔다. 2013년 7월 강제징용 피해자 4명에게 각 1억 원씩 총 4억 원의 위자료와 그에 따른 지연 손해금을 지급하라고 판결했다. 이춘식은 기쁨을 감추지 못했다. 언론도 이를 대대적으로 보도했다.

그러나 기쁨도 잠시. 신일본제철이 다시 파기환송심의 판결에 불복하며 대법원에 소를 제기했다. 그 후 법원은 꿈쩍도 안 하기 시작했다. 100세를 앞둔 원고들이 하나둘 세상을 떠나는 동안에도 대법원은 기일을 잡지 않았다. 파기환송심이 있고 5년이 지나도록, 대법원은 "강제징용 손해배상 청구 사건에 관하여 통일적이고 모순 없이 처리하기 위해 검토 중"이라며 기다려 달라고만 했다.

시기는 묘했다. 박근혜 정부가 들어서고 대법원이 강제징용 사건에 대해서만 입장을 보류했다. 대외적으로 신중을 기하기 때문에 기다려 달라는 모양새을 보였지만, 사실상 일부러 사건을 지연시키고 있었다. 보통 늦어도 1년 정도면 판결이 나오는데, 5년이라는 세월은 쉽게 납득이 가질 않는다.

실체가 드러난 것은 2018년 5월에 사법행정권 남용 의혹 관련 특별 조사단(특조단)이 공개한 문건을 통해서였다. 재판 거래 의혹의 중

"기억도 잘 안 나는 얘기를 자꾸 해달라고 하네.
다른 기사에서 베껴 쓰면 안 돼?"
"직접 듣고 쓰는 것과 또 다르죠.
그리고 선생님 사진 멋지게 찍어 드리려고요"

ⓒ 주용성

심에 선 법원이 자체적으로 조사한 것이어서 조사의 신빙성에 대해 여러 말이 많았지만, 그 내용은 충격적이었다. 의혹과 관련된 모든 문서를 공개한 것이 아니라 '연관 검색어'를 검색하는 식으로 찾아낸 문건 일부를 공개했음에도, 의혹의 실체가 충분히 드러났다. 상고법원 도입을 위해 다분히 청와대의 의중을 파악하려고 한 흔적이 고스란히 남아 있었다.

> 청와대(이병기 비서실장)의 최대 관심사는 한일 우호 관계의 복원이며,
> 일제 강제징용 피해자 손해배상 청구 사건에 대하여 청구 기각 취지의
> 파기환송 판결을 기대할 것으로 예상*

"[79]상고법원 관련 BH 대응전략"과 "[357]상고법원 입법 추진을 위한 BH 설득 전략"을 보면 "대상자별 성향과 관심사, 정치적 입장, 특보단 회의에서의 역할 등을 종합적으로 고려한 개인별 맞춤형 접촉·설득 방안 수립"을 하면서 설득 대상자를 "이병기 당시 청와대 비서실장"으로 특정했다.

문서에는 이 실장의 최대 관심사가 "한일 우호 관계의 복원"이며 "일제 강제징용 피해자 손해배상 청구 사건에 대하여 청구 기각 취지의 파기환송 판결을 기대할 것으로 예상"된다고 적혀 있다. 한술 더 떠서 이러한 관심 사항에 대해 "원론적 차원에서의 법원의 협조 노력 또는 공감 의사 피력"을 할 필요가 있다고 기술했다.

* "[79]상고법원 관련 BH 대응 전략"(2018/06/05), 5쪽.

특조단조차 "청와대(이병기 전 비서실장)가 재판과 관련하여 부적절한 요구 또는 요청을 한 것으로 의심된다"고 평가했다. 하지만 특조단은 "주요 재판 사건 처리 시 청와대와 비공식적인 대화 채널을 적극가동하는 기조"가 있다면서 원세훈 전 국정원장 사건, 전교조 법외 노조 사건을 예로 들었지만, 나열만 하고 그쳤다. 더 깊이 조사하려 들지 않았다. 구체적인 검토나 평가도 내리지 않았고, 추가 검증 등을 비롯한 후속 조치에 대해서도 언급하지 않았다. '중이 제 머리 못 깎는다'는 말처럼 법원은 자기 조직이 벌인 반헌법적 행위에 대해 늘 한 발자국 물러난 태도를 보였다.

> 청와대와 사전 교감을 통해 비공식적으로 물밑에서 예측 불허의 돌출 판결이 선고되지 않도록 조율하는 역할을 수행해 왔고 앞으로도 그렇게 할 수 있는 가능성을 가지고 민정수석 등 청와대에 대한 설득 또는 압박의 카드로 활용하겠다는 기조 역시 유지하고 있었던 바 이는 사법행정권을 남용한 사례*

도대체 상고법원이 무엇이길래

상고법원에 대해 알아야만, 법원행정처가 왜 위험을 무릅쓰면서까지 청와대와 국회 입맛에 맞는 사법 활동을 하려고 했는지 이해할 수 있다. 상고법원 추진의 역사는 2013년으로 거슬러 올라가야 한다.

양승태 전 대법원장은 2013년 7월 상고법원 추진을 위해 자신과

---

* "사법행정권 남용 의혹 관련 특별 조사단 3차 조사보고서", 176쪽.

생각이 비슷한 사람들을 사법정책자문위원회에 위촉했다. 이후 과정은 예상대로 흘러갔다. 2014년 6월 사법정책자문위원회는 상고법원 설치를 양 전 대법원장에게 건의했고, 2014년 10월 대법원 국정감사장에서 박병대 당시 법원행정처장이 대법원의 업무 계획 발표를 하던 도중 상고법원의 중요성을 피력했다. 상고법원에 대한 외부의 관심이 커지기 시작한 것은 이때부터다.

다만, 상고법원이 세워지려면 국회의 문턱을 넘어야 했다. 국회 법제사법위원회 심사를 거쳐야 하고, 법무부의 의견을 들어야 한다. 여론을 살펴야 하는 것은 두 번째 문제였다. 양 전 대법원장의 뜻에 공감을 보인 것은 새누리당의 홍일표 의원이었다. 2014년 12월 홍일표 의원은 여야 의원 168명의 동의를 받았고, 양승태 대법원의 상고법원 법안이 발의됐다. 168명의 동의를 받았다는 것은 법안이 국회의원 과반수의 찬성을 이끌어 냈다는 의미다.

양승태 대법원이 상고법원을 추진했던 이유는 '선택과 집중' 때문이었다. 대법관 1인당 연간 상고 사건이 4000건에 달하고 민사사건의 경우 70퍼센트가 기각되는 상황에서 불필요한 상고를 줄여 대법원이 중요 사건에만 집중할 수 있도록 해야 한다고 대법원은 주장했다. 언뜻 보면 국민을 위한 일 같다. 하지만 상고법원의 인사권을 누가 쥐는지를 살펴보면 대법원의 숨은 뜻을 짐작할 수 있다. 대법원의 수장 대법원장은 국회 동의를 얻어 대통령이 임명한다. 대법원장은 비선출직 중에서 가장 서열이 높은 인사다. 대법원 아래 상고법원을 설치하게 되면, 일반 국민의 경우 최종심을 사실상 상고법원에서 받게 된다. 여기서 문제는 상고법원장을 대법원장이 뽑는다는 점에서 발생한다. 국민의 최종심을 결정하는 상고법원의 수장이 비선출직이면서, 국민의 대표 기관인 국회의 동의를 받지 않고 대법원장에 의해 임명되기 때문에 사법 독립을 해칠 수 있다는 지적이 계속 제기됐다.

상고법원이 설치되면 상고법원장은 소위 대법원장 '라인'이 앉게 될 가능성이 크다. 경력이 차오르면 승진할 수 있는 기회가 줄어드는 법인데, 승진에 눈이 먼 일부 법관들이 대법원장 눈에 들기 위해 독립적인 재판을 하지 못할 수도 있는 길이 열리는 것이다. 고등법원 부장판사 이상의 고위 법관들은 굳이 대법관이 되지 못하더라도 상고법원 판사가 될 수 있는 길이 열리기 때문에, 상고법원 추진에 호의적일 수밖에 없었다.

양승태 대법원장 입장에서는 이런 고위 법관들의 승진 열망을 활용할 수 있는 기회였다. 대법원장이 상고법원 판사 임명권까지 갖게 되면 고위 법관들에 대한 통제권이 더욱 커졌다. 그 때문에 대법원장이 상고법원을 이용해 사법부 내 지위를 높이려는 게 아니냐는 의혹이 제기된 것이다.

이후 알려진 사실이지만, 법원행정처는 상고법원 설치를 위해 부지런히 국회의원들을 만나고 있었다. 로비로 비춰질 만한 일을 했다. 임종헌 전 법원행정처 차장은 상고법원 법안을 발의한 자유한국당 의원 홍일표에게 법률 자문 서비스를 제공했다는 사실이 밝혀지기도 했다. 홍 의원이 정치자금법 위반 혐의와 관련해 검찰 수사를 받을 때 임 전 차장은 법원행정처 양형위원회 판사에게 대응 전략을 짜주라고 지시했다. 이와 같은 내용은 임 전 차장의 공소장을 통해 알려졌다. 검찰은 지난 1월 이런 정황을 공소장에 담아 법원에 제출했다.

홍일표 의원뿐만 아니라, 다른 현직 의원들도 공소장에 이름을 올렸다. 임 전 차장 공소장을 보면, 문용선 재판장이 임 전 차장으로부터 서영교 더불어민주당 의원의 지인 아들 사건 선처를 부탁하는 내용을 담당 법관에게 전달했다고 나온다. 참고로 문 판사는 사법 농단 사건을 수사한 검찰이 대법원에 비위 사실을 통보한 66명 법관 가운데 한 명이다. 더불어 자유한국당 유동수 의원도 공소장에 등장한다. 공소장에 따르면 이민걸 판사가 법원행정처 기조실장, 기획조정실장을 지내면서 더불어민주당 유동수 의원의 재판 관련 문건 작성을 지시했다고 한다.

법원행정처의 노력에도 불구하고 이 법안은 국회 법사위에서 제대로 논의조차 되지 못했다. 19대 국회 임기가 막을 내리면서 자연스럽게 폐기됐다.

"가장 아픔을 겪고 고통을 받는 사람은 나, 양승태다."

임종헌 전 법원행정처 차장은 처음 출석한 2019년 3월 11일 1차 공판을 마치고 나오면서 "공소장에 켜켜이 쌓인 검찰 발 미세 먼지로 생긴 신기루가 만든 허상에 매몰되지 마십시오"라고 말했다. 법정에서의 임 전 차장은 '과정이 어찌되었던 국익(?)에 도움을 주면 그만'이라는 태도로 일관했다. "사법부 발전을 위해 헌신하는 선의가 있었을 것이라고 검토해 달라"며 "양 전 대법원장 시절의 사법부가 재판 거래 등을 일삼는 사법부 적폐 온상으로 취급돼서는 안 된다"고 말했다.

사법부와 청와대 간의 유착을 스스로 인정하는 말도 덧붙였다.

"국가기관끼리 상호 보완하고 협조하는 것을 법원행정처가 담당할 수밖에 없다."

사법부 서열 1, 2위가 대법원장과 법원행정처장이라면, 법원행정처 차장은 서열 3위로 여겨진다. 헌법에 나와 있는 사법권 독립을, 한때 사법부의 '서열 3위'였던 그가 공개적으로 부정한 셈이다.

양승태 전 대법원장은 한 발 더 나아갔다. 2019년 2월, 보석 청구를 위한 심문이 있었던 서울중앙지법 법정에서 "이 사건으로 가장 큰 피해를 입은 사람이 본인입니다. 피고인입니다"*라는 말로 재판 거래 피해자들에게 또 다시 상처를 입혔다. "무소불위無所不爲의 검찰과 마주 서야 하는데, 내가 가진 무기는 호미 자루 하나도 없다"고 토로했다. "흡사 조물주가 무에서 유를 창조하듯 300여 쪽이나 되는 공소장을 만들어 냈다"면서, 임종헌 전 차장과 마찬가지로 검찰 수사의 정당성을 부정하기도 했다.

과연 호미 자루 하나 없이 싸운 존재는 누구일까. 휠체어에 몸을 의지해 10여 년간 법원을 오간 이춘식의 고통과 비교하면 과연 누구의 고통이 클까.

2018년 10월, 대법원 판결로 이춘식이 일본 기업으로부터 손해배상액을 받는다고 해도, 그 금액은 고작 1억 원이다. 지연이자액까지 계산해도 2019년 11월 기준, 2억 2000여만 원에 불과하다. 고통 받은 세월과 비교하면 큰돈이 아니다.

한편, 일본 정부는 기존 입장을 굽히지 않고 있다. "한국 대법원의 징용 배상 판결은 한일청구권협정, 즉 국제법을 위반한 것"이라며 배

* 양승태, 보석 청구 심문(2019/02/26).

상 책임을 피하고 있고, 배상 절차는 제자리걸음이다. 피해자들이 일본 기업의 국내 압류 자산을 매각 신청하는 등 후속 절차를 진행하고 있지만, 반가운 소식이 들리지 않는다.

변한 것은 한일 관계다. 대법원의 '일제강점기 강제동원 기업 배상 판결'은 양국의 관계를 완전히 바꿔 놓았다. 과거사 문제가 경제·무역 영역으로 번졌다. 일본 정부가 수출규제 조치로 한국 정부에게 보복했고, 우리 국민들은 불매운동으로 이에 맞섰다. 이제 안보 문제로까지 확대될 조짐을 보이고 있다.

"나 때문에 대한민국이 손해가 아닌지 모르겠다."

대법원의 '일제강점기 강제동원 기업 배상 판결' 이후 이춘식이 한 말이다. 강제징용 피해자가 '나 때문에 일본의 수출규제가 시작된 것 같다'며 자책하는 지경에 이른 것이다.

판결 1주년을 맞아 진행된 2019년 10월 기자회견에서 이춘식은 인천 도림초등학교 학생들이 쓴 편지에 눈시울을 붉혔다. 학생들이 '할아버지 잘못이 아니다. 강제징용을 한 일본 잘못이다'라고 적은 편지를 읽으며 이춘식은 말했다.

"국민들이 도와 주셔서 감사하다."

이춘식의 눈물은 오늘도 마르지 않는다.

'신일본제철 강제징용 손해배상 사건' 일지

• 1997.12.24. 여운택 등 2명, 일본에서 신일본제철 상대

로 손해배상·임금 미지급 소송 제기

- 2001.3.27. 일본 오사카 지방재판소, 여운택 등 원고 청구 기각

- 2002.11.19. 일본 오사카 고등재판소, 여운택 등 원고 항소 기각

- 2003.10.9. 일본 최고재판소, 여운택 등 원고 상고 기각

- 2005.2.28. 여운택, 이춘식 등 5명, 우리나라에서 신일본제철 상대로 5억 원 손해배상 청구 소송 제기

- 2005.8.26. 한일회담 문서 공개 민관공동위 "반인도적 불법행위, 청구권협정으로 해결된 것 아냐"

- 2008.4.3. 서울중앙지법, 여운택 등 원고 패소 판결

- 2009.7.16. 서울고법, 여운택 등 원고 항소 기각결정

- 2012.5.24. 대법원, 서울고법에 파기환송, "일제강점기 강제동원은 불법"

- 2013.7.10. 서울고법, 파기환송심에서 여운택 등 원고 일부 승소 판결

- 2013.12. 김기춘 비서실장, 차한성 법원행정처장, 윤병세 외교부 장관 등 1차 회동

- 2014.10. 김기춘 비서실장, 차한성 법원행정처장, 윤병세 외교부 장관 등 2차 회동

- 2015.12.28. 박근혜 정부, 피해 당사자 동의 없이 일본과 '위안부 합의' 타결 발표

· 2016.11.19. 외교부, 대법원에 "배상 판결 시 양국 관계 돌이킬 수 없는 파국" 의견서 제출

· 2018.8. 검찰, 강제징용 재판 의혹 관련 전직·현직 대법관 및 법원행정처 근무자들 압수 수색영장을 청구했지만 법원, "재판의 본질적인 부분 침해할 수 있다"며 기각

· 2018.10.30. 대법원, 소송 제기 13년 8개월 만에 "강제동원 위자료 청구권은 한일청구권협정 대상에 미포함" 원고 승소 판결

· 2019.1.8. 대구지방법원, 강제징용 신일철주금 국내 자산 압류 승인

"나 때문에 대한민국이 손해가 아닌지 모르겠다."
대법원의 '일제강점기 강제동원 기업 배상 판결' 이후 이춘식이 한 말이다.
강제징용 피해자가 '나 때문에 일본의 수출규제가 시작된 것 같다'며
자책하는 지경에 이른 것이다.

ⓒ주용성

김주중의 마지막 인터뷰 /이명선

정지된 화면의 한 점을 손가락으로 가리켰다. "저기 있네."

몸을 동그랗게 만 남자가 경찰 방패를 몸으로 받고 있었다.

······ "이 사람이, 나다."*

– 고 김주중

검은 구름이 평택으로 모여 들었다. 먹구름은 장대비를 불렀다. 억수 같은 비가 도시를 빠르게 적셨다. 그런 하늘을 보며 김주중은 발을 동동 굴렸다. 김주중은 새벽에 배달할 화장품 박스들이 빗물에 젖어 찢어질까 봐, 트럭 운전대를 잡기 위해 황급히 집을 나섰다. 2018년 6월 26일의 일이다.

사실 지난 10년간 김 씨는 식구들을 부양하기 위해 안 한 일이 없었다. 벽돌 공장에도 다니고, 빚을 얻어 친구와 고물상을 차리기도 했다. 시멘트 미장일에 이삿짐을 나르는 중노동을 했다. 몸을 쓰는 것 말고

* 고 김주중의 마지막 인터뷰. "2009년 8월 5일 '그날의 옥상'", 『한겨레』 (2018/06/23).

는 할 수 있는 다른 일이 없었기 때문이다. 닥치는 대로 일해야 했다. 새벽이슬을 맞으며 화물차로 화장품을 배송하는 일을 시작한 것도 마찬가지 이유였다. 가족들이 다 자는 시간, 김 씨는 운전대를 지키는 것으로 가족의 생계를 지켰다.

그렇게 고생했지만 남편 김 씨가 5월에 번 돈은 고작 76만 원이었다. 생활고가 짜증을 불러왔다. 6월 27일 오전 7시, 아내 신상진은 물류센터로 출근하기 위해 주차장에 갔다가 남편이 주차해 둔 자리를 보고 화가 치밀어 올랐다. 비바람이 치는 날, 나무 아래 세워진 차를 나뭇잎이 뒤덮고 있었다. 별것 아닌 일이었지만, 그날따라 신 씨는 새벽일을 마치고 퇴근하던 남편에게 전화해 버럭 화를 냈다.

"차를 왜 나무 밑에 세웠어! 나뭇잎이 차 유리창을 다 덮었잖아."

출근한 신 씨는 여느 때처럼 물류센터에서 옷을 분류했다. 백화점에 배송할 옷을 차곡차곡 박스에 담는 일을 했다. 제대로 된 옷 한 벌 사 입지 못하는 형편이지만, 매일 일당의 몇 배에 이르는 값비싼 옷을 만졌다. 그날도 어김없이 땀에 흠뻑 젖은 채, 그 일을 반복했다. 특별할 것 없는 날이었다. 그 문자메시지가 도착하기 전까지는.

"그동안 못난 남편 만나 고생만 시키고 마지막에도 빚만 남기고 가는구나. 사는 게 힘들겠지만 부디 행복해라. 그리고 천하에 못난 자식, 어머님께도 효도 한번 못하고 떠나서 정말 죄송하다고 전해 주라."

6월 27일 오후 2시, 신 씨는 남편의 문자를 받고 등골이 서늘해졌다. 문자를 보는 순간 신 씨는 남편에게 안 좋은 일이 생겼음을 직감했다. 회사에 사정을 얘기하고, 바로 경찰서로 향했다. 경찰은 휴대전화 위치 추적을 했다. 신 씨는 '설마' 하는 마음으로 기다렸지만, 김주중의 휴대전화 신호가 야산에서 멈췄다. 휴대전화는 야산 아름드리 나무에서 김주중과 함께 발견됐다.

경찰은 신 씨에게 남편의 최후를 보지 못하게 했다. 남편의 친구이 자 직장 동료인 지선열 씨가 대신 남편의 신원을 파악했다. 하지만 하얗게 질린 그의 얼굴에서 참혹한 남편의 마지막이 상상됐다. 현장에 서 발견된 목장갑이 신 씨를 더욱 슬프게 했다. 시신을 수습하기 어려 울 정도로 줄이 높이 매달려 있었다. 실패 없이 죽으려고 목장갑까지 준비했다는 생각이 들자 다리에 힘이 풀려 그만 주저앉았다. 김주중 의 나이는 불과 48세였다.

하얀 면포에 덮인 아버지를 본 첫째 아들 김○○는 모든 상황이 믿 기지 않았다. 울고 있는 어머니와 빈소에 놓인 아버지의 사진이 마치 다른 시공간의 모습으로 느껴졌다. 뒤늦게 소식을 듣고 온 둘째 아들 또한 넋을 잃었다. 벌겋게 충혈된 눈으로 빈소를 찾는 조문객들의 손 을 맞잡았다.

김○○가 아버지의 죽음을 실감한 순간은 관을 들 때였다. 아버지 의 몸은 삶의 무게와 달리 너무도 가벼웠다. 밤낮을 가리지 않고 생업 전선에 뛰어든 탓일까. 한손으로 번쩍 들리는 아버지가 애처로워 울 었다. 김○○는 평소와 달랐던 아버지의 최근 모습을 떠올렸다. 자신 이 자고 있는 사이, 5만 원 권 2장을 침대 위에 올려놓고 갔던 아버지. 10만 원, 아버지가 이틀 일해야 벌 수 있는 돈이었다.

아내 신 씨도 평소 같지 않던 남편의 행동을 떠올렸다. 남편은 며칠 전 느닷없이 아내 신 씨가 보고 싶다며 약속을 깨고 퇴근하자마자 집 으로 오라고 했다. 신 씨는 급한 일이 있는 줄 알고 서둘러 왔지만, 남

편은 그저 퇴근한 신 씨의 얼굴을 빤히 쳐다봤다. 머릿속에 오래 새겨
두려는 듯 이목구비를 하나하나 뜯어 봤다.

'왜 그때 이상하다는 걸 알아차리지 못했을까.'

남편은 빚을 남기고 가서 미안하다고 했지만, 정작 신 씨의 억장을
무너지게 한 남편의 마지막 흔적은 따로 있다. 김주중은 마지막 길을
나서면서도 가족들 빨래를 세탁기에 돌리고 나갔다. 축축하게 젖은
옷을 집어 들자마자 신 씨의 가슴이 찢어질 듯 미어졌다. 마지막 순간
까지 가족을 챙겼다는 생각에 눈물이 앞을 가렸다.

『한겨레』와의 마지막 인터뷰도 신 씨의 가슴을 울렸다. 죽음을 코
앞에 두고 꼭 하고 싶은 얘기를 남긴 유서처럼 느껴졌다. 하지만 기사
를 본 사람들은 여전히 남편을 미워했다.

"고마 해라, 너네 나가고 쌍용 잘나간다."

"좌파 정부가 들어서니까 범죄자들이 당당해지는구나."

'설마 댓글 때문에 죽기로 결심한 건 아니겠지.'

남편은 쌍용자동차 해고 노동자였다.

특공대의 폭력 진압…… 6개월 구속

신 씨는 남편이 쌍용자동차(쌍용차)에 합격하던 날을 선명하게 기억한
다. 김주중 씨와 아내 신 씨는 서로 사랑했다. 두 사람이 부모님의 반
대를 무릅쓰고 함께 살기 시작하던 1993년, 남편 김 씨는 그토록 바라
던 쌍용자동차에 입사했다. 둘은 쌍용자동차가 주는 돈으로 결혼식

을 올렸다. 쌍용이 주는 월급으로 두 아들을 키웠다.

누가 뭐래도 회사는 가족을 지켜 준 고마운 존재였다. '평생직장'이라고 생각한 곳에 먹구름이 드리워진 건 2005년 1월이다. 중국 상하이차가 쌍용자동차 지분 48.9퍼센트를 5900억 원에 인수하면서 최대 주주가 된 순간부터 회사가 본격적으로 기울기 시작했다.

상하이차는 4000여 억 원을 쌍용자동차에 투자하겠다고 했지만 약속은 공염불로 끝났고, 회사는 빠르게 적자로 돌아섰다. 기술 유출의 혹도 있었다. 상하이차가 쌍용의 기술을 중국에 빼돌리고, 이른바 '먹튀'를 한 게 아니냐는 추측이 점차 확신으로 굳어졌다.

결국 쌍용자동차는 2009년 1월, 법정 관리를 신청하는 처지에 내몰렸다. 상하이차는 손을 뗐고, 회사는 2009년 4월 총 인원의 37퍼센트인 2646명에게 구조 조정을 통보했다. 1100여 명의 노동자는 울며 겨자 먹는 심정으로 희망퇴직을 신청했다. 회사는 발표 다음 달 희망퇴직을 거부한 나머지 노동자들에게 정리해고 통지서를 발송했다.

직원들은 억울했다. 근로기준법 제24조에 따르면 기업이 구조 조정을 하려면 '긴박한 경영상의 필요'가 있어야 했다. 하지만 회사가 부채비율을 크게 늘려 그 '긴박한 경영상의 필요'를 회계 조작을 통해 만들어 냈다는 의혹이 세간에 퍼졌다. 최종 해고자는 920여 명, 그중 한 명이 바로 김주중이었다.

살생부에 김 씨의 이름이 올랐다는 사실을 신 씨는 나중에 알았다. 뒤늦게 집으로 날아온 해고 통보서를 보고, 남편이 직장에서 쫓겨났다는 걸 알았다. 노조원들은 곧장 파업에 들어갔고, 김주중은 선봉대에 섰다. 2009년 5월 말부터 77일간, 노조원들은 뙤약볕 아래서 파업 농성을 벌였다. 그때 김 씨가 한 말이 지금까지도 신 씨의 가슴을 후벼 판다.

"상진아. 울지 마. 내가 제일 '덜' 다쳤어. 걱정하지 마."

남편 얼굴을 제대로 본 것은 파업이 끝난 뒤였다. 2009년 8월 6일, 남편은 온몸에 시퍼렇게 멍이 든 채 병원에서 경찰의 감시를 받고 있었다. 그 전날, 경찰은 특공대를 태운 컨테이너를 이용해 농성장을 덮쳤다. 경찰은 곤봉으로 파업 참가자들을 사정없이 팼다. 방패로 머리를 찍었다. 얼굴에 테이저건을 쐈다. 스티로폼을 녹이는 2급 발암 물질 디클로로메탄이 함유된 최루액을 하늘에서 뿌렸다.

방송에 중계된 쌍용자동차 해고자들의 모습은 테러범이나 다름없었다. 경찰은 마치 테러 집단을 체포하듯 노조원 96명을 잡아들였다. 수원지방법원은 공장을 점거하고 폭력 시위를 벌였다는 이유로 노조원 간부 8명에게 징역 3-4년의 실형을, 나머지 간부 14명에게 징역 2-4년의 집행유예를 선고했다. 김 씨는 집행유예를 선고받았다.

"왜 면회를 매일 와. 진짜 괜찮다니까. 그냥 집에서 쉬어."

신 씨는 매일 남편을 만나기 위해 안양 교도소를 찾았다. 아이들을 학교에 보내자마자, 평택에서 차를 끌고 안양으로 향했다. 하루도 빼놓지 않고 오전 10시에 딱 맞춰 갔다. 면회 시작 시간에 맞춰 가면, 허락된 면회 시간인 10분보다 조금 더 대화할 수 있었다. 얼굴만 보면 눈물이 주룩 쏟아지는 바람에 대화는 거의 못 했다. 그래도 신 씨는 6개월간 매일 교도소로 향했다. 김 씨는 구속 기간 동안 자주 가족들에게 손 편지를 썼다. 따뜻했다. 두 아들에게도 메시지를 남겼다.

"학원비를 주지 못해 미안하다"면서 "이런 아빠가 창피할지도 모르지만 절대로 창피하게 생각하지 않았으면 좋겠다" "나중에 나가서 왜 구속됐는지 자세히 이야기해 줄게"라며, 아들들이 혹시 엇나갈까 노심초사했다.

교도소 문을 나와서도 감옥과 같은 삶은 계속됐다. 회사는 파업이 시작되자마자, 업무방해와 재물 손괴 등의 혐의로 민주노총 전국금속노조와 소속 조합원에게 손해배상금 150여 억 원을 청구했다. 1심과 2심 법원은 모두 회사의 손을 들어 줬다. 2013년 11월 1심 재판부는 "노조의 파업 목적과 수단에 정당성이 없다"며 피고에게 33억여 원을 배상하라고 판결했다.* 2019년 11월 2심 재판부도 1심과 같은 선고를 내렸다.

경찰도 돈을 물어 내라고 했다. 부서진 헬기와 기중기를 보상하고 다친 경찰들의 치료비와 위자료를 달라며, 24억여 원의 손해배상금을 노조에 청구**했다. 1심 법원은 14억 원, 2심 법원은 11억 8000여만 원을 인정했다. 그 금액은 계속 이자가 붙어 20억 원으로 덩치를 키웠다.

졸지에 채무자 신세가 된 김주중 씨는 자기 목에 목줄이 채워진 느낌을 받았다. 회사 측은 그나마 개인에 대한 손해배상 소송을 취하했지만, 경찰은 '돈 갚으라'는 입장을 고수했다.

* 쌍용자동차 측은 개인에게 제기한 손해배상 소송은 모두 취하했다. 하지만 금속노조 쌍용차 지부에 대해서는 여전히 33억여 원의 손해배상액을 내라는 입장이다. 배상금은 6년 동안 지연이자가 붙어 2019년 11월 기준, 80억 원이 넘는다.

** 2019년 11월 국가인권위원회가 "경찰이 쌍용차 노조를 상대로 손해배상 소송을 제기한 것은 정당성이 결여된 일"이라는 내용의 의견서를 대법원에 제출했다.

2005~2017

죽어서야 작업복을 다시 입은 노동자

"젊은 사람이 딴 일을 알아보면 되지, 왜 거기에만 매달려!"

김주중을 좌절시킨 것은 이뿐만이 아니었다. 친척들을 포함해, 세상 사람들이 그를 되려 '게으름뱅이'라고 욕했다. 일을 알아보지 않은 것도 아니기에 더 억울했다. 부지런히 서류를 넣어 봐도, 어찌된 일인지 번번이 채용이 무산됐다. 세간에는 '회사들끼리 쌍용자동차 해고자들의 명단을 돌려 본다'는 말까지 돌았다. 쌍용자동차 해고자들은 채용 시장에서 블랙리스트에 올랐다.

'와락'* 권지영 대표는 이렇게 말했다.

"일자리를 어렵게 소개받아도, 소개해 주는 사람이 '웬만하면 쌍용자동차에 다녔다고 하지 마라' 얘기했어요. 쌍용자동차에 다녔던 걸 이력서에 쓰면 실제로 안 뽑아 줬고요. 쌍용자동차 나온 사람들이 전국으로 흩어져서 일하게 된 것도, 받아 주는 직장을 구하기 어려웠기 때문이에요."

김주중 가족이 닥치는 대로 일한 것도 그때부터다. 김주중은 벽돌 공장을 시작으로 고물상 일도 하고, 건설 현장에서 이른바 '노가다'로 불리는 일도 했다. 우여곡절 끝에 2017년 5월 화장품 배송 일을 시작했지만, 돈이 없어 지인 명의로 된 트럭을 빌려 썼다.

첫째 아들도 대학생이 되자마자 태권도 사범 일을 하며 생활비를 보탰다. 아내 신 씨는 마트 계산원, 치킨집 서빙, 건설 노가다, 나중에

---

* 쌍용자동차 해고 노동자와 그 가족을 위한 심리치유센터. 정신과 전문의 정혜신 박사와 쌍용자동차 가족들, 인권 단체 '진실의 힘'이 힘을 모아 2011년 3월 문을 열었다.

는 물류 센터에서 옷을 분류하는 일을 했다. 하지만 견디기 힘든 생활고와의 싸움은 점차 김 씨를 벼랑 끝으로 몰아냈다. 술 없이는 하루하루 견딜 수 없는 생활이 이어졌다. 한번은 죽을 결심을 하고 사라졌다.

신 씨는 불안했다. 최악의 선택을 한 건 아닌지 걱정이 돼 실종 신고를 해 남편을 찾았다. 뜻밖에도 남편은 충남 보령 경찰서에 있었다. 현금 서비스를 받아 술집에서 혼자 술을 마시다가 폭행 사건에 휘말려 경찰에 잡힌 것이다. 집행유예 상태였던 김 씨에게 곧장 실형이 선고됐다. 폭행죄가 적용돼 3년 반 동안 옥살이를 하고 나서 2016년 3월 출소했다. 그래도 희망을 잃지 않았던 것은 회사 측의 복직 약속 때문이었다.

2015년 12월, 처음으로 희망의 빛이 들었다. 쌍용자동차 측은 "2017년 상반기까지 '해고자 전원 복직'을 위해 노력한다"라고 약속했다. 하지만 믿음은 더 큰 고통을 불러왔다. 회사는 해고자들을 면접한 후 선별적으로 골라 뽑았다.

경찰 폭력으로 인한 '트라우마'는 씻기지 않는 상처였다. 죽을 각오를 하고 가족과 연락을 두절한 채 지내다가 자살을 시도할 정도로 우울감이 해고자들에게 만연했다.

김주중 씨의 죽음에 대해 쌍용자동차 김득중 지부장은 "회사가 해고자 복직 시기라도 알려 줬다면, 두 아들의 아버지인 김주중 조합원이 목숨을 던지지 않았을 것"이라고 말했다.

권지영 '와락' 대표는 "'와락'이 존재해도 해고 노동자와 가족들에게 밀려오는 고립감은 어쩔 수 없는 것 같다"면서 "트라우마를 해결할 방법은 회사가 약속을 지키는 것", 곧 복직이라고 말했다.

김주중은 죽어서야 다시 쌍용자동차 작업복을 입었다. 서울 대한문 앞에 차려진 빈소에 활짝 웃고 있는 김주중의 그림이 걸렸다. 그림 속에서 그는 그토록 다시 입고 싶었던, 왼쪽 가슴에 '쌍용자동차'라는 글자가 선명히 새겨진 작업복을 입고 있었다.

'정부 운영에 대한 사법부의 협력 사례'
"아직도 남편 휴대전화를 없애지 않으셨네요?"

신 씨는 인터뷰 내내 시끄럽게 울리던 휴대전화를 내게 보였다. 김주중의 것이었다. 신 씨는 그 휴대전화를 없애면 남편의 모든 것이 사라지는 기분이 들 것 같아 없애지 않았다고 했다.

'과연 무슨 메시지가 그렇게 오는 걸까.'

궁금한 마음에 허락을 받고 김 씨의 휴대전화를 들여다봤다. 문자 메시지 창은 온통 알 수 없는 복잡한 표로 도배돼 있었다. 김 씨가 일했던 화장품 배송 업체가 보내는 일정표였다. 단체 창을 통해 공유되는 업무 지시가 김 씨 휴대전화에 계속 도착했다.

신 씨는 남편의 마지막 문자도 보여 줬다. 공통적으로 등장하는 말은 '고맙다'와 '미안하다'였다. 어머니와 누나에게는 '못난 자식/못난 동생 만나 미안하고 고마웠다'고 했고, 가까운 지인들에게는 '항상 신경 써줘서 고마웠다, 신세만 지고 간다'라고 했다. 순간 눈시울을 붉히게 한 건 김 씨의 최근 통화 내역이었다. 070으로 시작하는 대출 권유 전화가 통화 내역을 가득 채우고 있었다. 세상을 떠난 김주중을 계속 찾는 것은 대부업체들이었다.

"사실 제가 이렇게 찾아온 이유는 따로 있습니다."

김주중은 죽어서야 다시 쌍용자동차 작업복을 입었다.

ⓒ 주용성

오랜 대화 끝에 본론에 들어갔다. 2018년 5월 25일, 사법행정권 남용 의혹을 수사한 대법원 특별 조사단이 3차 조사 결과를 내놓았는데, 거기에 쌍용자동차 정리해고 이야기가 포함돼 있다고 말했다. 양승태 대법원장 시절 법원행정처가 쌍용자동차 부당해고 재판을 두고 청와대와 거래하는 듯한 모양새를 보였다고 전했다.

쌍용자동차와 관련된 내용은 2015년 7월 31일에 작성된 "[71]정부 운영에 대한 사법부의 협력 사례"에 등장한다. 당시 법원행정처는 상고법원 도입을 위해 청와대에 정성(?)을 들이는 중이었다. 박근혜 전 대통령의 '입맛'에 맞는 판결 사례를 모아, 박 전 대통령에게 자랑했다. '우리가 이만큼 청와대에 협조했으니, 상고법원을 만드는 데 협조해 달라'는 식이었다.

그 며칠 전에 작성된 2015년 7월 27일 "[70]현안 관련 말씀 자료"*에도 비슷한 내용이 등장한다. "사법부는 그동안 대통령의 국정 운영을 뒷받침하기 위하여 최대한 노력해 왔다"면서 "미래지향적인 '경제 부흥'과 '국민 행복' '국가 경제의 발전'을 최우선으로 고려하고, 대통령이 추진 중인 노동·교육 등 4대 부문 개혁을 강력하게 지원해 왔다"면서 쌍용자동차를 예로 들고 있다. "노동시장의 유연성 확보 등을 위해서는 정리해고 요건의 정립이 필요한데, 선진적인 기준 정립을 위하여 노력했다"며 법원의 공을 치하(?)해 달라고 청와대에 말하는 듯하다.

"정리해고 사건"으로, "쌍용자동차가 정리해고에 앞서 해고를 회

---

* 법원행정처의 여러 문건에 같은 문구가 반복적으로 등장한다.

▣ ❹4대 부문 개혁 중 노동 부문 관련

● KTX 승무원 사건

∴ 공공 부문 민영화와 관련한 여러 쟁점이 관계된 사안에서 **결국 한국철도공사가 근로계약의 당사자가 아닌 것으로 인정함**

> ☑ **대법원 2015. 2. 26. 선고 2012다96922 판결**
>
> ▶KTX 승무원과 한국철도공사 사이에 **묵시적인 근로계약관계의 성립을 부정**하고, **근로자파견관계에도 해당하지 않음**

● 정리해고 사건

- 노동시장의 유연성 확보 등을 위해서는 **정리해고 요건의 정립이 필요**한데, 선진적이고 **유연한 기준 정립**을 위하여 노력함

> ☑ **대법원 2012. 2. 23. 선고 2010다3735 판결**
>
> ▶악기 제조업체인 **콜텍**의 정리해고를 유효하다고 봄
>
> ☑ **대법원 2014. 11. 13. 선고 2012다14517 판결**
>
> ▶**쌍용차**가 정리해고에 앞서 해고를 회피하기 위한 노력을 다하였다고 보이고, 해고 대상자 선정기준이 공정하고 합리적이며, 근로기준법 제24조 제3항의 협의 요건도 충족하였다고 봄

● 철도노조 파업 사건

그림 1 "[71]정부 운영에 대한 사법부의 협력 사례"(2015/07/31), 4~5쪽.

피하기 위한 노력을 다하였고 해고 대상자 선정 기준이 공정하고 합리적이며 근로기준법상의 협의 요건도 충족하였다"고 본 2014년 11월 선고된 대법원 판결 내용도 담겨 있었다. 김주중과 그의 동료들의 죽음이 대통령의 국정 운영을 뒷받침하기 위한 사법부의 협력 사례가 된 것이다. "[80]상고법원 입법 추진을 위한 BH 설득 방안" "[82]상고법원의 성공적 입법 추진을 위한 BH와의 효과적 협상 추진 전략"에 적힌 내용도 크게 다르지 않다.

사법행정권 남용 의혹 관련 특별 조사단은 행동 지시자로 임종헌 당시 기조실장을 지목했다. 임 전 기조실장은 "19대 국회가 정기국회 종료로 사실상 활동 종료가 예상되고 청와대·법무부의 반대 기조에

변화가 없는 상황에서 현재의 상황을 타개하고 입법 성공을 견인할 수 있는 최후의 협상 전략을 모색하되, 반대 입장인 청와대 극복을 위한 효과적 협상 전략 수립을 검토"한 것이라고 보았다.

문건에 남지 않았어도 법원이 물밑에서 쌍용자동차 해고자들을 배척하는 활동을 벌였다는 정황은 속속 확인되고 있다. 물밑 작업자는 임성근 서울고법 부장판사였던 것으로 보인다. 2015년 8월 20일 서울중앙지법은 공무집행 방해 등으로 재판에 넘겨진 민변 변호사 4명에게 벌금형을 선고했다. 쌍용차 해고자 복직을 촉구하는 집회에 참석했다가 경찰과 실랑이를 벌였고, 공무집행 방해와 체포치상 혐의로 기소된 사건이었다.

2013년 4월, 김모 변호사 등 4명은 서울 중구 대한문 앞에서 열린 쌍용차 집회에서 경찰에게 질서유지선 뒤로 물러나라고 요구하며 몸싸움을 하다가 남대문 경찰서 경비과장에게 전치 2주의 부상을 입힌 혐의로 재판에 넘겨졌고, 1심에서 벌금 150-200만 원을 선고받았다.

하지만 이상한 일이 벌어졌다. 전산망에 등록된 판결문은 올라간 지 30분도 채 안 돼 삭제됐다. 내용을 살펴본 임 형사수석 부장판사가 판결문의 배포 보류를 지시했기 때문이다. 헌법 103조는 "법관은 헌법과 법률에 의하여 그 양심에 따라 독립하여 심판한다"라고 규정하고 있어 판결문 작성은 담당 재판부의 고유 권한이다. 하지만 임 판사는 이미 선고를 내린 판결문의 일부분을 고쳐 쓰기한 것으로 검찰 조사 결과 드러났다.

당시 임 부장판사가 문제 삼은 것은 '경찰의 집회 진압 과정에도 잘못이 있다'는 취지의 문구였다. "피고인들은 헌법이 보장하고 있는 집회의 자유를 지키고자 이 사건 집회를 개최한 것" "징역형을 선고하기보다는, 이번에 한해 특별히 선처하기로 한다" 부분을 삭제하게 했다. 한마디로 '경찰의 잘못이 아닌, 민변 변호사들의 온전한 잘못이다'라는 취지로 판결문을 수정한 것이다.

양승태 대법원의 최악의 판결

과연 법원은 쌍용자동차 해고 소송을 청와대 간의 협상 대상으로 여겼을까. 돌이켜 보면 쌍용자동차 해고 무효 소송은 판결이 나올 때마다 논란이 됐다.

1심은 회사가 이겼다. 2012년 1월, 1심 재판부는 "쌍용차는 당시 비용 절감을 통한 경쟁력 확보를 위한 구조 조정의 일환으로 해고를 단행할 긴박한 경영상 필요가 있었다"며 회사 측의 손을 들었다. 반대로, 2심에서는 회사가 졌다. 2014년 2월, 2심 재판부는 "정리해고에 긴박한 필요나 유동성 위기는 인정되지만 재무 건전성 위기가 있었는지에 대한 증거가 불분명하다"면서, "쌍용차가 해고 회피 노력은 했지만 가능한 모든 노력을 다했다고 인정하기 어렵다"고 설명했다.

하지만 대법원 판결로 파업 노동자들의 노력은 모두 수포로 돌아갔다. 기대감을 안고 법정에 들어갔던 사람들은 그늘진 표정으로 법정을 빠져나왔다. 기자회견을 할 때는 눈이 빨갛게 충혈됐다. 희망이 절망으로 뒤바뀌는 순간이었다. 대법원은 정리해고가 무효라는 항소심 판단을 받아들이지 않았다. 2014년 11월, 대법원은 1심과 똑같은 이유를 들면서 사건을 파기해 고등법원으로 돌려보냈다.

판결은 대법원에 사건이 접수된 지 불과 8개월 만에 이뤄졌다. 회사 측 주장만 받아들인 결과라는 인상을 지울 수 없는 결과였다. 대법원은 "기업 운영에 필요한 인력의 적정 규모는 경영자 판단을 존중해야 한다"라면서 "사후에 노사 대타협으로 해고 인원이 축소됐다는 사정만으로 회사 측이 제시한 인원 감축 규모가 비합리적이거나 자의적이라고 볼 수 없다"고 했다.

이후 파기환송심은 예상대로 대법원의 판결을 따라갔다. 파기환송심에서 대법원 판결을 뒤집는 경우는 매우 드물다. 이명박 전 대통령 내곡동 사저 특검을 지낸 변호사들이 무료 변론을 하며 도왔지만, 2016년 5월, 2심 재판부는 2년 3개월 만에 태도를 완전히 바꿔 회사 측의 논리를 수긍했다.

실낱같은 희망으로 2016년 9월 해고자들은 대법원에 재상고를 했지만, 대법원은 태도를 바꾸지 않았다. 재상고심 재판부도 회사 측의 손을 들어 줬다. 『한겨레21』은 이 대법원 판결을 '양승태 대법원 최악의 판결 8'*로 꼽았다. 의심은 무성했지만 이렇다 할 수 있는 대책이 없었다. 결국 해고자들은 다시 거리로 향했다.

"혹시 양승태 전 대법원장이 '쌍용자동차 해고가 타당하다'고 쓴 재판 거래 문건 보셨어요?"

---

* 양승태 대법원장 체제가 안착한 2013년부터 매해 '문제적 판결'을 선정해 온 『한겨레21』이 2013~2016년 사이 손꼽은 26건의 문제적 판결 가운데, 원심을 파기하며 나온 8건의 대법원 판결을 정리한 것이다. 전교조 교사 고 김형근의 국가보안법 유죄(2013), 간첩 조작 사건 시효 축소로 국가배상 책임 불인정(2015), KTX 승무원의 한국철도공사 직접고용 관계 부정(2015), 원세훈 전 국가정보원장의 유죄 자료 불인정(2015), 그리고 쌍용차 정리해고 적법(2014) 판결이다. 『한겨레21』, 1177호(2017/08/28).

"애기는 들은 것 같아요"

"사법부가 해고 무효 소송에서 쌍용차 측이 이기게 도와줬다고 말했다는데요. 박근혜 전 대통령에게."

"죄송해요. 제가 그 내용을 잘 모릅니다."

재판 거래 의혹에 대한 신 씨의 생각을 물으려던 차에 순간 목이 잠겼다. 당연히 신 씨가 재판 거래 의혹에 대해, 양승태 전 대법원장에 대해 잘 알 거라고 생각했다. 예상은 빗나갔다. 코앞의 가난을 치우면, 다음의 가난이 닥쳐오는 상황에서, 김주중 죽음의 숨은 배경으로 지목되는 정치적 의혹은 가족에게 먼 애기였다.

당장의 가난이 모든 것의 원인이었다. 빚은 늘어 가고, 가족들은 멀어졌다. 외로워졌고, 사람이 죽었다. 그 밖에는 손에 잡히지 않는 거창한 애기였다. 정리해고 이후 10년, 상황은 좀체 나아지지 않았다.

"혹시 그럼 박보영 대법관*은 아세요?"

"그분이 누구예요?"

고 김주중의 아내 신상진을 찾아간 날, 『중앙일보』에 박보영 전 대법관에 대한 기사가 나왔다. 기사 제목은 "전관 꽃길 사양하고 시골 판사 택한 박보영 전 대법관"이었다. "지난 1월 퇴임한 박 전 대법관이 대형 로펌이 아닌, 서민의 애환이 담긴 생활 법정으로 돌아가는 길을 택했다"면서 박 전 대법관을 "법조계에 뿌리 깊은 전관예우 관행을 극복할 수 있는 이상적인 사례"라고 평가했다.

---

* 쌍용자동차 노동자들의 해고가 부당하다는 1심과 2심의 판결을 파기하고 사건을 서울고등법원으로 돌려보냈던, 대법원의 주심.

2005~2017

양승태 전 대법원장은 6년 임기를 모두 채우고 아무 탈 없이 사법부를 떠났다. 쌍용자동차의 정리해고가 타당하다고 판결을 내린 박보영 전 대법관은 '서민의 애환을 챙기는 판사'라는 칭송을 받으며 여전히 판사봉을 쥐고 있다.

박보영 전 대법관이 전남 여수지법에 처음 출근했던 2018년 9월 10일, 쌍용차 해고 노동자들이 법원 앞에서 집회를 연 것도 분노 때문이었다. 노동자들은 2014년 쌍용차 정리해고 무효 판결의 파기환송과 관련해 박보영 전 대법관의 해명과 사과를 요구했지만, 박 전 대법관은 질문에 답하지 않고 집무실로 향했다. 그 와중에 『동아일보』는 박 전 대법관이 쌍용차 해고 노동자에 밀려 넘어졌다고 보도했다가 사실이 아닌 것이 드러나자 2018년 9월 20일 정정 보도했다.

보수 언론이 박 전 대법관의 마지막을 칭송하는 것과 달리, 김주중의 최후는 그렇질 못했다. 김주중은 보수 단체로부터 '시체 팔이' '종북 빨갱이'라는 손가락질을 받으며, 일부 대중으로부터 '회사의 앞길을 망친 해고자' '범죄자'라는 비난을 받으며, 마지막 길을 갔다. 수천만 원의 빚을 남기고 떠나 미안하다며 홀연히 세상을 등졌다.

"어머니가 남편을 많이 아꼈어요. 주중 씨 낳았을 때 당신께서 젖을 제대로 못 물리는 바람에 체구가 작은 것 같다고 하세요. 그런 아들의 죽음을 받아들이기가 얼마나 힘드시겠어요."

2018년 9월 14일, 쌍용자동차는 해고자 119명을 2019년 상반기까지 전원 복직하기로 합의했다. 10년 가까이 이어진 싸움이 노사 합의로 해결점을 찾은 것이다. 2019년 1월 1일을 기점으로 71명이 다시 쌍용자동차 직원이 됐고, 김득중 지부장을 비롯해 한상균 전 민주노

총 위원장 등 나머지 정리해고자 48명이 2019년 7월 1일 복직했다. 김주중의 첫째 아들 김○○도 아버지를 대신해 현재 쌍용자동차에서 일하고 있다.

하지만 김주중 씨를 비롯한, 지금까지 세상을 등진 쌍용자동차 노동자와 그 가족 30명의 목숨 값은 어떻게 보상받을 수 있을까. 사라진 목숨들의 메아리가 여전히 서초동 어귀에 들리는 듯하다.

'쌍용자동차 정리해고 사건' 일지

- 2009.1.9. 쌍용자동차(쌍용차), 법정관리 신청
- 2009.4.8. 쌍용차, '2646명 구조조정안' 발표
- 2009.5.21. 쌍용차 노조, 공장 점거 등 총파업 돌입
- 2009.5.31. 쌍용차, 평택공장 직장 폐쇄
- 2009.6.8. 쌍용차, 976명 정리해고 단행
- 2009.7.20. 경찰, 노조원 강제해산 방침 발표 및 공장 내 경찰력 투입
- 2009.8.4. 경찰, 특공대 투입해 진압 작전 개시
- 2010.11.10. 쌍용차 정리해고자 156명, 해고 무효 소송 제기
- 2012.1.12. 서울남부지법, 해고 무효 소송 원고 패소 판결
- 2012.11.30. 쌍용차 해고자들, 송전탑 농성 시작
- 2013.1.10. 쌍용차 노사, 무급 휴직자 455명 전원 복직

합의(희망퇴직자 1904명·정리해고자 159명 제외)

- 2013.11.29. 수원지법 평택지원, 쌍용차와 경찰이 금속노조와 조합원을 상대로 낸 손해배상 소송에서 피고 패소 판결

- 2014.2.7. 서울고등법원, 해고 무효 소송 항소심 원고 승소 판결

- 2014.11.13. 대법원, 해고 무효 소송 원심 파기환송 판결

- 2015.12.30. 쌍용차 노사, 해고자 단계적 복직 합의

- 2016.5.17. 서울고법, 경찰이 금속노조와 조합원을 상대로 낸 손해배상 소송에서 피고 패소 판결

- 2016.5.27. 서울고법, 해고 무효 소송 파기환송심에서 원고 패소 판결

- 2017.11.24. 금속노조 쌍용차 지부, 해고자 복직 문제 해결 위한 투쟁 개시

- 2018.6.27. 30번째 해고자·가족 사망으로 김주중 조합원 사망

- 2018.8.28. 경찰청 인권침해 사건 진상조사위, 사과 및 쌍용차 노조에 대한 국가 손해배상 소송 취하 권고

- 2018.9.14. 쌍용차 노사, 해고자 119명 전원 복직 합의

- 2018.12.31. 쌍용차 해고자 71명 복직

- 2019.7.1. 쌍용차 해고자 48명 복직

- 2019.11.15. 서울고법, 쌍용차가 금속노조 상대로 낸 손해배상 소송에서 원심 판결 유지

경찰 폭력으로 인한 '트라우마'는 씻기지 않는 상처였다.
김주중 씨의 죽음에 대해 쌍용자동차 김득중 지부장은 이런 말을 했다.
"회사가 해고자 복직 시기라도 알려 줬다면,
두 아들의 아버지인 김주중 조합원이 목숨을 던지지 않았을 것이다."

무죄도 유죄도 의미 없다 /이명선

대학에 입학한 1978년부터 지금까지 꼬박 37년 동안 김 선생은

국가 폭력의 희생양이었고, 공안 세력의 먹잇감이었다. ……

국가의 공권력은 정당성을 잃는 순간, 그저 몹쓸 폭력이 된다.

— 오창익[*]

2006년 12월 6일, 『조선일보』가 느닷없이 1년 반 전 일에 대한 기사를 썼다. 제목은 "전교조 교사, 중학생 180명 데리고 '빨치산 추모제'". 출처는 공안 당국. 공안 당국이 어디를 지칭하는지는 알 수 없다. 국정원이나 경찰로 추정될 뿐이다. 기사를 요약하면 다음과 같다.

· 전교조 소속 김형근 선생이 중학생 180여 명을 데리고 빨치산 추모제에 참석했다.

· 본 행사에 참석자가 "미국과 이승만 괴뢰정부를 타도하자"와 같은 빨치산 구호를 제창했다.

* 인권연대 사무국장. "김형근 선생의 경우", 『경향신문』(2015/07/26).

· 공안 관계자가 "해당 선생이 주체사상을 전파한 것으로 '알고 있다'"고
말했다.

『조선일보』가 조간으로 보도하자 같은 날, 『문화일보』가 석간으로
받아썼다. 다음 날에는 『중앙일보』가 똑같은 내용을 보도했다. 순식
간에 이 사건은 뜨거운 감자로 떠올랐다. 당시 한나라당은 이 내용으
로 현안 브리핑을 하며 교육부를 압박했다. '전교조 교사를 교단에서
축출하라'는 주장을 펼쳤다. 이 가운데 진실은 무엇이었을까? 바뀌지
않는 사실을 정리하면 이렇다.

· 해당 학교는 교육청으로부터 '통일 시범 학교'로 지정받은 통일 모범
학교였다.
· 김형근 선생은 학부모 동반 아래 학생들과 '남녘통일 애국열사 추모제'
에 참석했다.
· 문제의 발언은 본 행사에서 실제 나오긴 했지만, 학생들은 전야제만
참석해서 못 들었다.
· 학생들은 친북 반미 구호는 듣지도 외치지도 않았다.
· 주체사상을 전파했다고 말하는 증인은 아무도 없었다.

『조선일보』 보도는 큰 파장을 낳았다. 수사가 곧장 시작됐고, 수사기
관은 김형근을 구속했다. 김형근은 더는 학교를 다닐 수 없게 됐다.
보수 세력의 예상과 달리 대부분의 동료 선생들과 학부모, 제자들은
재판에서 선생의 편에 섰다. 반국가 단체나 북한을 옹호하는 교육은

없었고, 김형근이 헌신적이고 민주적이고 통일에 관심 많은 선생이었다고 증언했다.

증언에 힘입어 1, 2심 재판부는 김형근에게 승소를 안겼다. "6·15 남북 공동 선언에 대한 정당성을 설명하고 구호를 외친 행위는 국가의 존립·안전이나 자유적·민주적 기본 질서에 실질적 해악을 끼칠 명백한 위험이 있는 정도에 이르렀다고 볼 수 없다"면서 무죄를 선고했다.

모든 게 뒤집힌 것은 대법원에서였다. 국가보안법 위반 혐의가 있다며 파기환송했다. 대법원(주심 김용덕)은 "피고인의 행위는 반국가단체의 활동에 호응·가세한다는 의사를 적극적으로 표시한 것"으로, 오히려 1, 2심 재판부가 필요한 심리를 다하지 않은 것 같다고 꾸짖는 언급을 했다. 결국 김형근은 파기환송심에서 징역 2년에 집행유예 3년, 자격정지 2년을 선고받았다.

김형근은 억울했다. 통일 교육의 일환으로 2005년 5월 '남녘통일 애국열사 추모제' 전야제에 참석해 학생들과 6·15 공동선언을 외우고 "서울에서 평양까지"라는 노래를 불렀다는 이유로, 언론과 공안 당국, 수사기관, 심지어 법원까지 김형근을 '빨갱이 교사'로 규정했다. 학생들은 김형근을 여전히 지지했지만 소용없었다. 김형근은 국가보안법 위반 혐의로 2008년 1월 구속됐다.

안타깝게도 지난 2015년 9월 28일, 김형근은 세상을 떠났다. 간암 4기를 앓던 그는 암세포가 폐와 신장까지 번지면서 세상과 이별해야 했다. 광주 국립 5·18민주묘지 구 묘역에 안장됐다.

좀 더 살펴보겠지만, '전교조 교사 빨치산 추모제 참석 사건'으로 불리는 이 사건은 『한겨레21』 선정 '양승태 대법원 최악의 판결 8'에도 등장할 정도로 법조계 사람들에게 납득하기 힘든 판결로 불린다.

오랜 시간 그를 봐온 『한겨레21』 전진식 기자의 글*에서 그의 마지막 목소리를 찾았다. 기자의 렌즈로 본 그의 마지막 모습은 처량했다.

병에 시달려 피부를 뚫고 골격이 그대로 드러날 듯한 육체는 설산 고행을 마친 부처의 몸과 같았다.

바짝 마른 몸은 성냥불만으로도 타버릴 듯했다.

그는 악착같이 살아내겠다고 했지만, 끝내 그 약속을 지키지 못했다. 자신을 벼랑 끝으로 내몬 실체를 보지 못하고 떠났다.

내가 유죄를 받는 거야 분단 상황에 철저히 저항해 깨지 못한 어른들의 책임이라고 느꼈다. 그런데 아이들이 증인으로 법정에 나오도록 하는 국가는 도저히 용서할 수 없었다. 『조선일보』보도 뒤 내가 있던 중학교가 하루아침에 쑥대밭이 됐다. 지금도 그 일을 생각하면 이 나라에 정의도, 미래도 없다. 죽음에 대한 두려움은 없는데 주변에서 살아야 한다고 기대가 많다. 그래서 악착같이 살려고 한다. 통일된 세상만 보고 죽으면 얼마나 좋을까.**

* "나는 패킷 감청 피해자입니다", 『한겨레21』(2015/07/27).
** 고 김형근의 말. 앞의 기사.

왜 대법원은 갑자기 태도를 바꿨을까? 의문이 해소된 것은 그의 죽음 3년 뒤였다. 양승태 법원행정처가 박근혜 청와대와 이 사건을 두고 재판을 거래했던 것으로 의심되는 문건이 발견되면서다. "정부 운영에 대한 사법부의 구체적 협력 사례"를 제시하면서, 고 김형근 교사 사건의 판결을 대표적 협력 사례로 내세우는 문건이 공개됐다.

기사를 쓰기로 다짐한 것은 이 답답한 사정이 어떤 글로도 남아 있지 않아서였다. 일파만파로 퍼지는 '재판 거래' 의혹에 언론은 금세 이 사건들을 중요 뉴스로 다뤘지만, 통진당 사건과 더불어, 김형근에 관한 이야기는 좀체 찾을 수 없었다. 김제는 김형근이 마지막 여생을 보냈던 곳이다. 김형근의 노부모가 사는 곳이기도 하다. 김형근의 이야기를 쓰기 위해 나는 무작정 짐을 싸고 김제행 KTX에 몸을 실었다.

5.18 항쟁으로 제적, 교육대 입학 22년 만에 교사가 되다

볕이 유달리 따뜻했던 2018년 10월의 어느 날, 김제의 하늘은 청명했다. 동네 개들이 눈을 끔뻑거리며 나른한 오후를 즐기고 있었다. 하지만 역에서 차로 30분가량 더 들어가야 하는 김형근 부모의 집은 바깥과 다르게 공기가 차갑고 무거웠다.

문을 열고 들어가자, 김명규, 최정자가 전등도 켜지 않은 채 집을 지키고 있었다. 살림살이는 소박했고, 마루 한가운데에는 뜨겁게 달궈진 전기장판이 자리 잡고 있었다. 최정자는 내게 윗자리를 내주고는 검게 탄 손으로 과일을 깎았다.

"제가 무슨 말을 할 수 있을지 모르겠네요"

"누구보다 가장 오래 아드님을 보셨잖아요. 말씀 듣고 싶어서 찾아

왔어요"

쉰여섯이라는 이른 나이의 아들을 먼저 떠나보냈기에 부모는 아들의 이름을 말하자마자 눈물이 그렁그렁해졌다. 장례식 얘기로 인터뷰를 시작하고 싶지 않았는데, 자연스레 장례식 얘기가 먼저 나왔다. 부모는 단 한 번도 다 큰 자식에게 '무엇을 위해 왜 그토록 치열하게 싸우냐' 묻지 못했다고 했다. 하지만 장례식장을 찾은 사람들로부터 듣고, 아들이 지난 인생을 어떻게 살아왔는지 알게 됐다고 했다. 전국 각지에서 온 300여 명의 시민운동가, 교사, 제자 등이 추모의 밤에 찾아와 자리를 메웠던 그 순간을 잊지 못한다고 했다.

"아들이 죽고 알았어요. 아들이 어떻게 살았는지……. 장례식에서 우리한테 악수하는 사람들 보면서 '아들이 헛살지 않았구나' 생각했어요. 전국에서 사람들이 왔어요. 어릴 때부터 형근이는 신발을 사주면 남한테 벗어 주고, 빚을 내서라도 누구한테 뭘 베풀고 그랬어요."

부모가 기억하는 김형근은 부모 말 잘 듣는 장남이었다. 교사가 되기로 한 것도 부모의 권유 때문이었다. 김형근은 정치를 하고 싶어 했지만 부모는 어려운 길보다는 쉬운 길을 택하길 원했고, 김형근은 부모가 원하는 대로 전북대 사범대학교 교육학과에 1978년 입학했다.

하지만 세상은 정치에 관심 많은 청년의 마음에 불을 당겼다. 광주민주화항쟁이 일어났다. 공수부대원이 운동권 대학생뿐만 아니라 시위에 참여하지 않은 시민까지 닥치는 대로 때리고 죽이는 모습을 보면서, 청년 김형근은 교육자의 꿈을 잠시 내려놓았다.

탱크가 3~4대, 군인이 300여 명 됐을까. 곧이어 학생회관 농성장에서 아비규환의 소리가 들렸습니다. 지옥에서 나는 소리라고 할까요? 대검으로 머리를 비껴 찔린 여학생, 허리 부러진 학생…… 총에 꽂아 놓은 칼이 달빛에 반사되어 잔혹함을 드러낼 때 악마들처럼 보였습니다.[*]

민주화운동에 뛰어들자 김형근은 수배자가 됐다. 소리 소문 없이 부모 곁을 떠났고, 계엄사령부의 329명 수배자 명단에 이름이 오르면서 학교에서 제적된 후 인근 섬으로 도망쳤다.

도망자의 삶은 길지 않았다. 2달여 만에 군 보안대에 강제 징집됐다. 다리를 절뚝거리는 상태였지만, 군은 그런 김형근의 몸 상태를 개의치 않았다. 전두환 집권 초기 '빨갱이' 학생들을 교화한다는 명목으로 만든 '녹화사업'에도 끌려간 것이다. 그곳에서 가혹 행위를 당했다.

그 후에도 김형근은 민주화항쟁을 계속하다가 두 번 더 투옥됐고, 세 번의 제적과 복교를 거듭한 끝에 11년 만에 학교를 졸업했다. 20대를 오직 민주화운동과 투옥으로 보낸 것이나 다름없었다.

교사 생활을 시작한 것은 모든 사단(?)이 끝난 1999년 11월이었다. 김대중 정부가 들어서고 사면 복권을 받은 후에야 교단에 설 수 있었다. 교육대를 입학한 때로부터 22년 만에, 졸업한 때로부터는 12년 만에 교사로 부임했다. 마흔이 넘은 나이에 제자리를 찾아서인지 그때의 김형근이 가장 행복해 보였다고 그의 친구 남궁윤은 말한다.

[*] 고 김형근의 말. "벽에 계획표 붙이고 독종처럼 살아남겠다더니", 『한겨레21』(2015/10/06).

『조선일보』보도 직후 모든 것이 조각났다. 2006년 12월 6일 신문 1면에 기사가 나가고, 학교는 하루아침에 난리가 났다.

기사의 출처는 명확하지 않았다. "공안 당국 관계자는 '이 교사가 최근까지도 동료 전교조 교사들에게 이메일로 주체사상을 전파해 온 것으로 알고 있다'"고 덧붙이면서도 공안 당국이 어디인지, 말의 근거가 무엇인지 제시하지 않았다. '빨치산'이라는 단어가 모든 걸 잠식했다. 김형근을 '빨치산 교사'로 규정했다.

같은 날 3면에 이어진 기사에서도 과격한 단어가 등장했다. '올해는 반드시 미군 없는 나라를 만들자'라고 말한 사람이 추모제 본 행사에 참석했다고 했다. 다음 날에 보도된 관련 기사에는 교육청 장학사의 말이라면서 "민주주의 국가 체제에서, 더구나 자기 주관이나 인생관도 만들어지지 않은 학생들에게 교육자로서 해서는 안 되는 일을 했다"며 전날 왜곡 보도된 내용에 대한 주변 반응을 실었다.

『조선일보』가 결국 하고 싶은 말은 '전교조를 가만히(?) 두고 보는 노무현 정권이 문제다'라는 것이었다. 12월 7일에 실린 "대한민국 대통령은 임실 중학교 사건을 어찌 보나"라는 사설을 보면, "궁금한 것은 나라를 지켜야 할 책무를 진 대통령과 정권의 핵심들은 이 놀라운 사태에 왜 한마디도 없느냐는 것이다"라며 "민족, 평화, 개혁의 흐름이라고 생각하는 것이 아니라면, 어떻게 일언반구도 없는 것일까"라고 칼날을 노무현 정권으로 돌렸다.

궁금한 것은 나라를 지켜야 할 책무를 진 대통령과 정권의 핵심들은 이 놀라운 사태에 왜 한마디도 없느냐는 것이다. 이것도 '민족·평화·개혁'의 흐름이라고 생각하는 것이 아니라면, 어떻게 일언반구도 없는 것일까.

빨치산 추모제란 것은 노무현 대통령 취임 후 한 달여 만에 전국 집회로 시작된 것이다. 경찰은 그 행사를 그냥 지켜보기만 했다고 한다. 학생들이 참여한 추모제도 작년의 일인데 경찰은 이제야 내사를 시작했다. 이 지경에 이르러서도 대통령이 입을 닫고 있겠다면 국민의 궁금증은 의혹으로 커져 갈 수밖에 없다.*

기사가 나가고 이듬해인 2007년 4월, 경찰은 김형근의 집과 학교를 국가보안법을 적용해 압수 수색했다. 학생들에게 빨치산 활동을 찬양하는 발언을 듣게 했고, 이적 표현물을 취득해 소지하고 반포했다는 혐의를 적용했다. 수사기관은 압수 수색으로 나온 김형근의 수업 자료와 컴퓨터에 저장된 내용들을 이적 표현물 취득·소지·반포 혐의 증거라며 법원에 제출했다.

끝내 김형근은 구속 기소됐다. 검찰은 그에게 징역 4년과 교사 자격정지 4년을 구형하면서 "피고인은 각종 이적 표현물을 취득해 인터넷 카페에 게재했고 자신이 지도하는 중학생들을 '빨치산' 추모제에 데려가 비전향 장기수들을 만나게 했다"고 했다.

김형근에 대한 여론은 차가웠지만, 수사기관의 추측이 무리했다는 사실은 재판을 통해 서서히 확인됐다. 2010년 2월, 1심 재판부는 판결

---

* "대한민국 대통령은 임실 중학교 사건을 어찌 보나", 『조선일보』 (2006/12/07).

문을 통해 "피고인(김형근)이 '남녘통일 애국열사 추모제' 전야제 행사에 참가한 사실은 인정되나, 6·15 남북 공동 선언에 대한 정당성을 설명하고 구호를 외치는 행위가 자유민주주의의 정통성을 해칠 만한 실질적 해악성이 없다"고 밝혔다. 또 "피고인이 쓴 글은 직접적으로 대한민국의 정통성과 자유민주적 기본 질서를 부정하는 것으로 보이지 않고, 반국가단체인 북한의 활동을 찬양·고무·선전·동조할 목적으로 이적 표현물을 제작·반포·소지했다는 증명이 없다"고 판단했다.

'통일 교육의 일환'이라는 게 1, 2심 재판부 해석이었다. "해당 중학교가 통일 교육 모범 사례로 상당한 주목을 받았고, 그런 맥락에서 본다면 추모제의 전야제 행사에 참가한 동기는 '통일 교육과정에서 분단의 아픈 역사, 대립과 갈등과 반목으로 동족끼리 죽고 죽이는 비극의 현장에 참여하게 한 것'이다"라면서 "'향후 우리 민족 통일이 평화와 화해의 과정이 되어야 함을 가르치고자 했다'고 주장하는 피고인의 주장이 어느 정도 수긍된다"고 밝혔다.

설령 전야제가 아닌 본 행사에 참석했더라도 문제없다는 말도 했다. "빨치산 추모제의 개최나 참석을 이유로 국가보안법 위반죄로 처벌한 사례는 거의 없어 보인다"면서 "만약 빨치산을 통일 애국열사로 미화하는 내용의 연설을 듣게 하였다 하더라도 그 행위만으로는 반국가단체 등의 활동에 호응·가세한다는 의사를 적극적으로 외부에 표시하는 정도에 이르렀다고 보기 부족하고, 이를 인정할 증거가 없다"고 판결했다. 2심 재판부도 같은 이유로 김형근의 손을 들어 줬다.

그러나 2013년 3월, 대법원은 180도 다른 판결을 내렸다(주심 김용덕). 같은 증거를 두고 다르게 해석했다. 원심 판결을 파기하고 김형근의 행위가 국가보안법 위반에 해당한다는 취지로 판결했다. 대법원은 인터넷 기사를 근거로 들었다. 전야제 상황을 담은 『통일뉴스』 기사를 통해 "대한민국 정부를 전복하려 한 빨치산의 활동을 미화하고 찬양하며 그 계승을 주장·선동한 게 확인된다"면서 국가보안법 위반에 해당된다고 판결했다.

> 김 씨가 반국가 단체 활동에 동조했다고 인정하지 않고 무죄를 선고한 원심은 잘못이다.*

1, 2심에서 인정된 경찰의 정보 상황 보고문은 대법원에서 무시됐다. 기사 하나가 유죄의 근거가 된 것은 이례적인 일이었다. 핵심 쟁점이 되었던 사실관계에 대한 사실심의 판단을 법률심에서 뒤집은 것이다. 국가보안법 위반에 대한 법리적인 해석보다 정권의 의도에 부합하는 '국가관' 정립을 위해 사실을 다르게 해석한 것이 아닌가 하는 의심이 법조계에서 흘러나왔다.

파기환송심이 열렸지만 바뀐 것은 없었다. 김형근은 환송심에서 징역 2년에 집행유예 3년, 자격정지 2년, 보호관찰 3년을 선고받았다.

대법원 판결은 김형식에게 더한 것을 안겨 줬다. 몇 년간의 수사와 재판, 여론전에 시달린 김형근은 간암을 얻었고, 파기환송심이 끝나고 2년 뒤인 2015년 9월 세상을 떠났다. 그는 생전에 "내 병의 원인은 극심한 스트레스 때문으로 공안 세력이 준 것이다. 그런데 조치할 수

---

* 대법원, 2010도12836 판결 선고(2013/03/28).

있는 시간이 없었다"고 말했다.

김형근이 벼랑 끝에 내몰렸던 배경이 청와대와 대법원 사이의 재판 거래 때문일지 모른다는 사실이 알려지자 동생 김형택은 좌절했다. 사법행정권 남용 의혹 관련 특별 조사단의 조사 결과로 공개된 "[71] 정부 운영에 대한 사법부의 협력 사례"에 김형근의 사건도 포함됐다는 보도가 나오자, 김형택은 오래전에 형이 한 말을 떠올렸다.

"무죄와 유죄가 의미 없다고 했어요. 박근혜 정부 아래서는. 아마도 이런 짓을 알고 계셨던 것 같네요."*

생전에 김형근은 법원의 판단조차 박근혜 정권 휘하에 있을 것이라는 취지의 말을 한 적 있다. 김형택은 그 말에 끄덕이면서도 '법원의 판단이 그래도 맞겠지'라고 생각했다. 하지만 '재판 거래' 의혹 문건이 터지고 난 뒤, 자신의 생각이 틀렸다는 걸 알았다. 자신이 몰랐던 것을 당하는 형은 다 알고 있었다.

"국가 안보를 위협하는 체제 도전 행위"

양승태 대법원이 본 김형근 사건은 국가관을 흔드는 일이었다. 2015년 7월 법원행정처가 작성한 것으로 보이는 "[70]현안 관련 말씀" "[71]정부 운영에 대한 사법부의 협력 사례" 등의 문건을 보면, 사법부가 "대한민국의 정통성을 부정하고 자유민주주의 체제를 위협하는 세력에 단호히 대처"하고 "혼돈·경시되어 온 국가관을 바로 정립하기 위해 노력"해 왔다면서, 이 사건을 그 예로 들었다. '김형근 교사 사

---

* 김형택의 말, <교육희망>(2018/06/20).

■ ❷자유민주주의 수호와 사회적 안정

● 이석기 전 의원 사건

- 국회의원의 신분으로 폭동과 내란을 선동한 이석기 전 의원에게 **내란선동**
  죄로 중형을 선고

☑ 대법원 2015. 1. 22. 선고 2014도10978 전원합의체 판결
▶전쟁이 발발하는 등 유사시에 상부 명령이 내려지면 바로 전국 각 권역에서
  국가기간시설 파괴 등 폭동을 할 것을 선동한 행위를 **내란선동죄로 인정함**

● 원세훈 사건

- 현 정권의 민주적 정당성 문제와 직결된 사건에서, 공선법 위반 혐의에 대
  한 원심 유지 인정 부분을 대법원에서 **파기환송**

☑ 대법원 2015. 7. 16. 선고 2015도2625 전원합의체 판결
▶원심에서 **공선법 위반 혐의**에 대한 유죄 인정 증거로 채택한 일부 디지털 증거
  들에 대하여 증거능력이 없음을 이유로 위 유죄 부분을 **파기환송함**

● 전교조 교사 빨치산 추모제 참석 사건

- 자신이 가르치는 중학생들과 학부모를 이끌고 빨치산 추모 전야제에 참석
  한 전교조 소속 전직 교사에게 무죄를 선고한 원심 판결을 파기 ⇨ 대한
  민국의 정체성과 국가안보를 위협하는 체제 도전 행위에 제동을 걺

☑ 대법원 2013. 3. 28. 선고 2010도12836 판결
▶이 사건 빨치산 추모제는 순수하게 사망자들을 추모하고 위령하기 위한 모임
  이 아니라, **북한 공산집단에 동조하여 대한민국의 정통성을 부정하고 폭력적**
  방법으로 대한민국 정부를 전복하려 한 빨치산의 활동을 미화하고 찬양하며
  그 계승을 주장·선동하는 성격이 담긴 행사이고, 피고인이 중학교 학생, 학부
  모, 교사 등을 인솔하여 이 사건 전야제에 참가하고 그들로 하여금 빨치산의
  활동을 미화·찬양하며 그 계승을 주장하는 내용의 발언을 듣게 한 행위 등
  은 반국가단체 등의 활동에 대하여 찬양·선전과 같이 평가될 정도로 적극적으
  로 호응·가세한다는 의사를 외부에 표시한 것으로 볼 수 있음

● 밀양 송전탑 사건

그림 2 "[71]정부 운영에 대한 사법부의 협력 사례"(2015/07/31), 2쪽.

건'을 '전교조 교사 빨치산 추모제 참석 사건'이라고 명명한 것도 드
러났다. 문건의 내용이 실행됐다면, 사법부가 박근혜 정부에 '판결'을
조공처럼 바친 격이다.

문건에는 상고법원을 얻기 위해 이 사건을 활용한 것으로 추측되는
부분도 등장한다. "[80]상고법원 추진을 위한 BH 설득 방안" 등의 문

건을 보면, 상고법원 추진을 위해서는 청와대의 입법 협조 획득이 절대적이라면서, 청와대 내의 부정적인 인식을 전환할 수 있는 해법으로 '김형근 교사 사건' '전교조 시국 선언 사건'을 내세웠다.

하지만 사법행정권 남용 의혹 관련 특별 조사단(특조단)은 문건의 중대함을 제대로 직시하지 않았다. 2018년 5월, 사법행정권 남용 의혹 관련 특별 조사단이 발표한 조사 보고서 중 "[82]상고법원의 성공적 입법 추진을 위한 BH와의 효과적 협상 추진 전략"에 대해 언급한 부분을 보면 "거론된 대법원 판결들의 주심 대법관 및 선고 시기, 이 문건이 대법원장이나 처장에게 보고되었다고 볼 만한 사정이 없는 점 등을 종합하면, 이 문건은 임종헌 기조실장이 대국회 관계에서 당시 여당 측 국회의원들과의 원만한 관계를 유지하기 위해 만든 참고 자료 정도였던 것으로 보임"이라고 적혀 있다. '참고 자료 정도'라는 표현에서 법원이 이 사안을 바라보는 무게를 느낄 수 있었다.

특조단은 수박 겉핥기식의 조사만 했다. 문제의 "[82]상고법원의 성공적 입법 추진을 위한 BH와의 효과적 협상 추진 전략" 문건이 사법행정권을 남용한 사례가 될 수 있다고 하면서도, 구체적인 조사를 하지 않았다. '왜 그런 문건을 작성했는지'에 대해 밝히지 않았다. "청와대와 사전 교감을 통해 비공식적으로 물밑에서 예측 불허의 돌출 판결이 선고되지 않도록 조율하는 역할 수행해 왔고 앞으로도 그렇게 할 수 있는 가능성을 가지고 민정수석 등 청와대에 대한 설득 또는 압박의 카드로 활용하겠다는 기조 역시 유지"라고 평가했지만, 그게 끝이었다. 기조가 유지됐다면서, 그 기조가 어떤 결과를 초래했는지에 대해서는 언급하지 않았다.

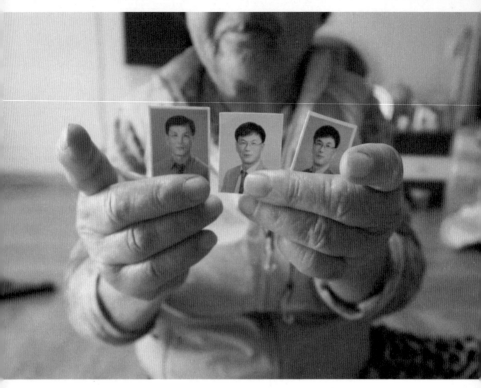

김형근 선생의 증명사진을 간직하고 있는 어머니 최정자 씨.

ⓒ이명선

"죽은 아들의 명예회복만 바랄 뿐입니다"

인터뷰를 끝내고 기차를 타고 서울로 되돌아가는 길. 김형근의 아버지 김명규로부터 전화가 왔다. 수화기 너머 공간은 시끄러웠다. 술잔이 부딪히는 소리와 함께 웃음소리가 났지만 김명규의 목소리가 젖어 있었다. 고맙다는 말을 전하려고 전화를 걸었다는 그는 울먹이고 있었다.

"형근이 얘기한 날이면 술을 마셔요. 미안해요. 우리 이야기 들어줘서 고마워요"

인터뷰 도중 아버지 김명규와 함께 김형근의 창고를 둘러봤다. 그곳에는 김형근이 생전에 읽던 책들이 있었다. 청년 김형근은 국가보안법을 위반했다는 이유로 발목이 묶인 시절, 잠시 책방을 차렸을 만큼 책을 사랑했다. 대학 졸업 뒤 전북 익산에서 인문·사회과학 책들을 구해 와 '황토서점'이라는 서점을 열었지만, 노태우 정권이 금지서적이라며 책 3000여 권을 압수해 돌려주지 않았다. 결국 서점은 망했고, 김형근은 길거리에 나앉게 됐다.

김형근의 책들이 그의 시간과 공간을 지키고 있는 듯했다. 대부분 절판된 책들이었다. 온통 민주주의와 통일, 교육에 대한 책뿐이었다. 시간이 오래 지나 종이는 누렇게 됐지만, 그의 열정이 고스란히 책에 남아 있었다. 거칠게 그어져 있는 밑줄에서 치열하게 살았던 그의 지난날이 전해졌다.

아들의 모습이 떠올라서였을까. 김명규는 아들의 책을 어루만졌다. 책장에 빼곡히 꽂힌 파일에는 김형근이 생전에 학생들을 지도하면서 적은 기록들이 남아 있었다. 아이들 이름이 하나하나 정자로 적혀 있었다. 아들의 손길이 담긴 책을 손에 들고 김명규는 입을 열었다.

"제가 바라는 것은 딱 하나입니다. 죽은 아들의 명예회복만 바랄 뿐입니다."

'전교조 교사 빨치산 추모제 사건' 일지

- 2005.5.28. 김형근, 관촌중학교 학생과 학부모 180여 명과 '남녘통일 애국열사 추모제' 전야제에 참가

- 2006.12.6. 조선일보, "전교조 교사, 중학생 180명 데리고 '빨치산 추모제'" 보도

- 2010.2.17. 전주지법, 1심에서 김형근 무죄 선고

- 2010.9.3. 전주지법, 항소심에서 김형근 무죄 선고

- 2013.3.28. 대법원, 무죄 선고한 원심 깨고 파기환송

- 2013.9.27. 전주지법, 파기환송심에서 김형근에게 징역 2년 및 집행유예 3년 선고

- 2015.9.28. 김형근, 간암으로 별세

전교조 죽이기 /이명선

촌지를 받지 않는 교사

형편이 어려운 학생들과 싱딤을 많이 하는 교사

지나치게 열심히 가르치는 교사

아이들에게 인기가 많은 교사

자기 자리 청소 잘하는 교사

– 문교부*

인터뷰를 약속한 시각, 조창익 당시 전국교직원노동조합(전교조) 위원장이 병원으로 실려 갔다. 입에 욱여넣은 빵이 명치에 걸리는 듯했다. 끼니를 때운 게 사치처럼 느껴졌다. 조창익 위원장은 단식 중이었다. 단식 22일째인 2018년 8월 6일, 조 위원장은 청와대 앞에서 단식 농성을 벌이던 중 가슴을 움켜쥐고 서울 녹색병원으로 실려 갔다. 여름의 끝자락, 그때 기온이 33도였다.

59세. 정년이 가까운 나이에 조창익이 교단 아닌 길바닥에 서있는

---

* 문교부 공문, "전교조 교사 식별법"의 일부를 발췌. 1989년 5월 28일 전교조가 출범한 직후, 문교부는 일선 교육청에 공문을 보내 전교조 교사들을 색출하려고 했다. 윤지형, 『다시, 닫힌 교문을 열며』, 양철북, 2016, 73쪽.

이유는 하나다. 교사들의 노동권 보장을 위해서다. 그가 병원에 실려 가자, 빈자리에 소금통과 얼음물이 남았다. 소금과 얼음이 22일간 그의 몸에 들어간 유일한 에너지원이었다.

"꼭 단식을 해야만 하나요? 그래야만 바뀌는 건가요?"

병원으로 실려 가는 그를 보며 첫 질문이 정해졌다. 제 피와 살을 갉아먹으면서까지 그토록 원하는 것이 무엇인지, 왜 그럴 수밖에 없는지 묻고 싶었다. 말리고 싶은 마음에 던지는 질문이기도 했다. 이 극단적 선택이 혹시 사고를 부를까 우려됐다. 다시 그를 만난 것은 바로 다음 날이었다. 병원으로 실려 갔던 조창익은 간단한 조치만 한 뒤, 다시 청와대 앞 농성장으로 돌아왔다.

조창익의 단식은 처음이 아니다. 1989년 7월, 노태우 정부가 법외 노조였던 전교조 소속 교원 1527명을 파면·해임했을 때, 서른 살 조창익은 동료 교사 600여 명과 함께 단식 농성에 들어갔다. 어용이나 다름없던 대한교육연합회(대한교련)*의 해체를 외치며 곡기를 끊고 싸웠다. 교사들 월급이 전두환의 선물 구매에 쓰였다는 사실이 국정감사에서 드러나면서 교련 탈퇴 운동이 학내에 불기 시작한 때였다.

두 번째 단식은 2017년에 있었다. 문재인 정부 출범 후에도 또 단식을 할 거라 예상하지 못했다. 삭발도, 삼보일배도 아무 효과가 없어서

---

* 1947년 11월 23일 '조선교육연합회'로 창립했다가 대한민국 정부 수립과 함께 '대한교육연합회'(대한교련)으로 명칭을 변경했다. 일반 교사가 아니라 교장 등 관리자를 중심으로 운영됐다. 정부의 교육 정책을 홍보하는 데 힘썼기 때문에 정부의 어용 단체라는 비판이 끊이지 않았다.

2005~2017

선택한 최후의 방법이었다. 조창익은 2017년 11월 1일, 박근혜 정부의 법외 노조 통보 철회를 요구하는 단식에 들어갔다. 건강 문제로 16일 만에 병원으로 이송됐다가, 12월 4일부터 다시 단식을 이어갔다.

이번에도 '법외 노조 철회'를 외치며 단식을 시작했다. 달라진 것이 있다면 '왜 전교조가 법외 노조 재판에서 계속 지는지' 알게 되었다는 점이다. 박근혜 청와대가 재판에 개입한 사실에 더해, 양승태 사법부가 동조한 것이 확인됐다. 청와대와 사법부가 손잡고 '전교조 죽이기'에 나섰던 것이 대법원 법원행정처의 비밀 문건을 통해 드러났다.

촌지 받지 않으면 '전교조' 교사?

조창익의 삶은 전교조의 역사와 맞닿아 있다. 1978년 전북대 지리교육과에 입학한 조창익은 1982년 해남의 한 중학교에서 처음 교편을 잡았다. 서당 훈장이었던 증조부의 영향 때문인지 선생이 되는 것이 당연한 일 같았다. 그는 '좋은 학생을 길러 좋은 사회를 만들겠다'는 일념으로 선생이 되기로 결심했다. 카투사로 군 복무를 마치고 1984년 학교로 돌아오고 나서는 '여생을 선생으로 살리라' 마음먹었다.

참교육의 뜻에 제동을 건 것은 대한교련이었다. 당시 대한교련은 전국의 거의 모든 초등·중등 교사는 물론이고 교장, 교감, 장학사, 교육장과 같은 교육 관료까지 회원으로 거느리고 있었지만, '깜깜이 운영'으로 원성이 자자했다. 매달 꼬박 회비를 내고도 도대체 어디에 쓰이는지 알 수 없었다. 탈퇴하면 교장의 눈 밖에 나기 때문에 대부분의 교사들이 '좋은 데 쓰이겠거니' 하며 가입할 수밖에 없었다.

조창익은 이 사실을 가만히 눈 뜨고 볼 수 없었다. 교장과 직접 대립하며 동료 교사들과 대한교련 탈퇴 운동을 주도했다. 결국 교사들과 함께 새로운 협의체를 만들었는데, 이것이 바로 전교조의 전신 '민주교육추진 전국교사협의회'(전교협)이다. 1987년 6월 항쟁에 힘입어, 교단에도 민주화 바람이 불길 바라며 같은 해 9월 전교협을 설립했다.

전교협 설립 이후에도 대한교련은 점점 더 민주화에 역행했다. 1988년에는 권력에서 물러난 전두환에게 747만 원짜리 초대형 병풍을 선물한 것이 발각됐다.

이미 물밑에서는 전교협을 노동조합, 즉 전교조로 바꾸는 작업이 진행되고 있었다. 교사들의 단체 행동을 위해서는 노동조합 결성이 무엇보다 절실했다. 강요된 국가주의 교육, 껍데기뿐인 전시 행정 교육, 촌지 문화를 교정하기 위해서는 필수 불가결한 일이었다. 이것이 1989년 5월 28일, 전국교직원노동조합(전교조)이 만들어진 배경이었다. 뜻 맞는 전국의 교사들과 불의와 맞서는 단체 행동을 하기 위해서는 전교조 결성이 시급했다.

노태우 정부는 그런 전교조를 눈엣가시처럼 여겼다. 문교부는 '참교육은 위장된 민중 교육'이라는 홍보물을 800만 부나 제작해 정부 기관뿐만 아니라 동네 반상회에까지 뿌렸다. "선생님들의 노동조합 결성은 이래서 옳지 않습니다"라는 문구를 단 광고를 일간지에 게재하기도 했다. 심지어 문교부는 일선 교장들에게 "전교조 교사 식별법"이라는 제목의 공문을 보냈다. 잘못된 것을 바로잡으려는 교사들을 옳지 못하다고 보고, 그런 부류들을 '전교조 교사'라고 칭했다.

전교조 탈퇴를 끝까지 거부한 교사에 대해 노태우 정부는 결국 칼을 휘둘렀다. 시도 교육위원회별로, 사학은 사학대로 징계위원회를 열어서 절차도 요건도 무시하고 1527명의 교사에게 파면과 해임 조치를 내렸다. 조창익도 그때 해임됐다. 전교조 충북지부장을 맡았던 도종환 전 문화체육관광부 장관도 예외는 아니었다. 구속됐다.

김영삼 정부가 들어선 직후인 1994년 3월, 복직 대상자 1483명 가운데 1294명이 드디어 학교로 돌아갔다. 조창익도 이때 복직했다. 교단을 내려온 지 4년 8개월 만이었다. 하지만 김영삼 정부 역시 전교조에서 '노조'를 뺏으면 좋겠다는 입장이었고, 안 되면 형식적으로라도 탈퇴 의사를 표명한 뒤 복직하라고 종용했다.

김대중 정부가 취임하고 나서야 전교조에 빛이 들었다. 1999년 7월, 전교조가 탄생하고 만 10년 만에 합법 노조로 인정받은 것이다. 1994년에 복직하지 못한 교사들이 복직하게 된 것도 김대중 정부 들어서였다. 교원노조법을 제정되면서 교사의 노동기본권이 처음으로 보장됐다. 단체행동권이 없는 특별법이었지만, 법외 노조 10년 만에 쟁취한 합법화는 의미 있는 결과였다.

노무현 정부가 들어서고 전교조는 '이제 기지개를 펼 수 있겠구나' 하는 기대감으로 고조됐다. 하지만 기대와 달리 5년간 잡음이 끊이질 않았다. 교육행정정보시스템NEIS과 교원 평가, 교육 개방 문제를 두고 대립각을 세웠다. 그럼에도 이전 정권들과 분명하게 다른 점이 있었다. 전선이 전교조 존폐에 맞춰져 있지 않았다. 노무현 정부 때는 대부분 교육정책을 두고 의견 싸움을 벌였다.

이명박과 박근혜 정권의 '법외 노조화' 작업

전교조가 존립 위기에 다시 직면한 것은 이명박 정부 때부터다. 2008

년 2월, 이명박 정부는 출범하자마자 '전교조 짓밟기'에 나섰다. 이명박 정부 들어 민주주의가 후퇴하고 있다며 각계각층의 시국 선언이 이어지던 중이었다. 전교조도 그 시류에 동참했다. 이 일로 전교조는 제거 대상 1순위가 됐다. 정부는 미국산 소고기 수입을 반대하는 촛불 집회 배후 세력으로 전교조를 지목했다.

선택한 방법은 미구잡이로 자르는 것이었다. 여러 해고자를 양산하면서 전교조 힘 빼기에 나선 것이다. 일제 고사를 거부한 전교조 교사 13명을 해고하고, 시국 선언을 주도했다는 이유로 전임자 68명에 대해 해고·정직·감봉 처분을 내렸다. 이 일은 현재 '전교조 시국 선언 사건'으로 불린다.

총대를 멘 사람은 원세훈 당시 국정원장이었다. 2009년 2월에 취임하면서 그는 전교조를 '종북 좌파 세력'으로 규정했다.

각 부문 대학에서 교수들이나 전교조까지 이제 나서서 시국 선언한다는데, …… 아직도 전교조 등 종북 좌파 단체들이 시민단체, 종교단체 등의 허울 뒤에 숨어 활발히 움직이므로, 국가의 중심에 서서 일한다는 각오로 더욱 분발해 주기 바람.*

발언 시점은 늘 전교조의 활동과 겹쳤다. 2009년 6월 18일, 원세훈의 발언 하루 전에는 이명박 정부의 주요 정책을 비판하는 전교조 시국

* 원세훈, 국정원 전 부서장 회의(2009/06/19). 국정원은 2009년 2월부터 2013년 3월까지 원세훈 전 원장이 재임 중 부서장 회의에서 한 발언을 내부 전산망에 매번 게시했다.

선언이 있었다. 또 다른 문제의 발언이 있었던 2011년 2월 18일 무렵은 검찰이 민주노동당 후원금을 빌미로 1500명에 달하는 전교조 교사를 대량 해고하기 위해 무더기 기소를 하던 때였다. 국정원과 청와대, 검찰까지 전교조 타파에 나섰던 것이다.

> 북한과 싸우는 것보다 민노총, 전교조 등 국내의 적과 싸우는 것이 더욱 어려우므로 확실한 징계를 위해 직원에게 맡기기보다 지부장들이 유관 기관장에게 직접 업무를 협조하기 바람.*

전교조 법외 노조화 추진은 이명박 정부 때 시작돼, 박근혜 정부에서 구체화됐다. 박 전 대통령은 대통령 취임 전부터 가감 없이 '전교조 싫어'를 드러냈다. 한나라당 대표 시절인 2005년, 사립학교법 개정 반대 때 "한 마리 해충이 온 산을 붉게 물들일 수 있고 전국적으로 퍼져 나갈 수 있다"면서 전교조를 '해충'에 비유했다. 2012년 대통령 후보 시절에는 전교조를 '학교 혼란의 주범'으로 몰았다.

> 모든 사학을 전교조가 장악하게 되면 아이들은 영문도 모르고 반미를 외치고, 북한 집단 체조인 '아리랑'을 보며 탄성만 지를 것.**

전교조는 이념 교육, 시국 선언, 민노당 불법 가입 등으로 학교 현장을

* 원세훈, 국정원 전 부서장 회의(2011/02/18).
** 박근혜, 사립학교법 개정 반대 발언(2005/12/13).

혼란에 빠뜨리는 주범.*

박근혜 정부는 결국 칼을 빼들었다. 2013년 9월 23일, '시정 요구'라
는 제목의 최후 통첩장을 전교조 사무실로 보냈다. '규약을 시정하지
않으면 노조로 보지 않겠다'고 통보한 것이다. 해고자를 조합원으로
인정하는 전교조 규약을 한 달 안에 바꾸지 않으면, 해고자를 당장 내
보내지 않으면, 전교조를 법외 노조화하겠다고 윽박질렀다. 당시 전
교조 6만 명 조합원 중 해직 교사는 9명이었다.
  근거로 내세운 건 "노조법 시행령 9조 2항"이었다.

  노조가 설립 신고증을 받은 후에도 설립 신고서를 반려할 사유가 생기면
  정부는 시정을 요구해야 한다. 이를 이행하지 않으면 '법외 노조' 통보를
  해야 한다.

사실 이 시행령은 적용 사례가 없는 것이었다. 전두환 시절 노동자의
단결권을 제약하기 위해 관련법을 만들었고, 1987년 6월 항쟁을 계
기로 폐기했다가, 노태우 정권이 이를 대통령령으로 되살린 것이다.
  사문화된 법령의 첫 적용 대상이 전교조였다. 2013년 10월 24일,
고용노동부는 전교조에 법외 노조 통보 처분을 내렸다. 노동법학회
를 비롯한 학계, 그리고 국제노동기구ILO를 비롯한 국제사회의 뜻을
거스르는 처분이었다. 국가인권위원회도 악법이라고 했던 법이었다.

  * 박근혜, 대선 후보 TV 토론회(2012/12/16).

ILO와 국가인권위원회는 해고자의 조합 가입을 막는 것은 잘못됐다며, 노조 설립을 취소할 수 있는 시행령을 즉시 폐지하라고 권고했다.

교원노조법, 일반노조법에도 '노조 아님'을 통보할 수 있는 근거는 없었다. 헌법에도 없는 내용이었다. 공무원도 단결권, 단체교섭권, 단체행동권을 누릴 수 있다고 헌법에 명시되어 있다. 유독 전교조만 콕 집어서 '한 놈 패기' 식 공작을 벌이고 있는 것이 분명했다. 한국노총과 민주노총 소속 노조 또한 해고자를 조합원으로 인정하지만, 박근혜 정부는 전교조만을 문제 삼았다.

법적 지위 '7번' 변경…… 배후에 '김기춘'

2013년 10월 24일, 전교조는 곧장 법외 노조 통보 처분 취소 소송을 걸었다. 전교조 사무실에 법외 노조 통보문이 팩스로 오자마자 바로 제기했다. 동시에 효력 정지 또한 신청했다. 본안(법외 노조 통보 처분 취소 소송)에 대한 법원의 판결이 나올 때까지 임시로 법외 노조 효력을 정지시켜 달라는 뜻에서 제기한 소송이었다. 서울행정법원은 전교조의 손을 들었다. 효력 정지 결정이 났다.

그 기간은 길지 않았다. 3주가량 법외 노조였다가, 2013년 11월 13일, 다시 법내 노조로 돌아왔다. 2013년 11월 21일, 고용노동부는 즉시 항고장을 제출했다. 예상 가능한 반응이었다. 법외 노조 통보 직후, 박근혜 정부는 기다렸다는 듯이 전교조 소속 교사들을 일선에서 밀어내기 시작했다.

이 정황은 고 김영한 전 청와대 민정수석의 비망록에도 잘 드러나 있다. 김기춘 전 청와대 비서실장의 발언을 '長'(장)으로 표시한 김영

	제기일	법원	선고일	결과	진행
1심	2013. 10. 24.	서울행정법원	2014. 6. 19.	원고 패소	원고 항소
2심	2014. 6. 23.	서울고등법원	2016. 1. 21.	항소 기각	원고 상고
3심	2016. 2. 1.	대법원	(2019년 11월 기준) 심의 중		

표 3 '전교조 법외 노조' 본안 사건의 경과

한 전 수석의 업무 일지에는 전교조 탄압 작전이 담겨 있다. 고용노동부가 법외 노조 통보 처분 취소 1심에서 승소하면 '강력한 집행'을 하겠다는 의지가 수첩에 적혀 있다.

2014년 6월 19일, 필연인지 우연인지, 본안(법외 노조 통보 처분 취소 소송) 1심 판결에서 전교조가 패소했다. 당시 청와대의 입김이 작용했는지의 여부는 알 수 없다. 분명한 것은 서울행정법원이 본안에 대해 기각 판결을 하면서 다시 전교조는 '법외 노조'로 신분이 바뀌었다는 점이다. 2014년 6월 23일, 전교조는 즉시 항소했고, 다시 서울고등법원에 효력 정지 신청을 했다.

박근혜 정부 때 전교조의 법적 지위는 7번이나 바뀌었다. 고용노동부와 전교조의 전교조 법적 지위 싸움이 계속된 결과였다. 법원이 전교조 손을 들어 주면 고용노동부가 항고 혹은 항소를 하고, 반대로 법원이 고용노동부 손을 들어 주면 전교조가 같은 대응을 하는 일이 반복됐다. 이 상황은 전교조가 대법원에 본안에 대한 상고를 하고 4차 효력 정지 신청을 한 2016년 2월 1일까지 계속됐다. 그사이 삭발, 삼

심	차				
1심	1차효력정지	2013. 10. 24. 전교조 효력 정지 신청	2013. 11. 13. 서울행정법원 전교조 신청 인용	2013. 11. 21. 노동부 항고	2013. 12. 26. 서울고등법원 노동부 항고 기각
2심	2차효력정지	2014. 7. 10. 전교조 항소심에서 효력 정지 신청	2014. 9. 19. 서울고등법원 전교조 신청 인용		
2심	3차효력정지	2014. 9. 22. 노동부 재항고	2015. 6. 2. 대법원 노동부 재항고 인용 서울고등법원에 파기환송	2015. 11. 16. 서울고등법원 파기환송심에서 전교조 신청 인용	
3심	4차효력정지	2016. 2. 1. 전교조 효력 정지 신청 (서울고등법원)	2016. 2. 18. 서울고등법원에서 대법원으로 이송	(2019년 11월 기준) 대법원 효력 정지 신청 심의 중	

표 4 '전교조 법외 노조' 사건 효력 정지 신청 경과

보일배, 단식 같은 몸을 던진 싸움이 이어졌다.

김기춘 실장의 법외 노조화 작전은 물밑에서 계속됐다. 1심 판결을 두고 "긴 프로세스 끝에 얻은 성과"라는 표현을 쓰면서 "강력한 의지로 법 집행"하라고 지시했다. 전교조 법외 노조화가 박근혜 정부의 장기적인 기획과 노력 끝에 얻어낸 성과라면서, 전교조 사무실을 비우게 하거나 6억 원의 지원금 뺏는 일을 뒤에서 몰래 꾸몄다.

김기춘 실장의 바람에 응답한 것은 사법부였다. 양승태 대법원장 시절 법원행정처는 김 전 실장의 말을 꼼꼼히 받아 적었다. '상고법원 추진'이라는 과업을 이루기 위해, 양승태 사법부는 주판알을 만지며 청와대 입맛에 맞춘 판결을 계획했다.

2014년 9월 22일 자 비망록에 등장하는 김 전 실장의 말 "전교조 가처분 인용-잘 노력해서 집행 정지 취소토록 할 것"이 나온 직후, 작전의 실체가 모습을 드러내기 시작했다. 그때부터 법원행정처는 부지런히 '재판 거래' 보고서를 작성했다. 전교조 법외 노조 사건을 "사법부가 BH(청와대)에 대하여 이니셔티브(주도권)를 가지고 있는 사건"이라 명명하고, '상고법원 도입'을 위해 백분 활용하려 했다.

고 김영한 민정수석 업무 일지의 '전교조' 관련 메모

- 2014.7.1. "전교조 본부 전임자 복귀 조치 우선적으로 단행-형사 고발"
- 2014.7.5. "자금 추적 요원 파견 필요"
- 2014.8.2. "전교조 미복귀자 징계-직무 이행 명령, 장관 직권면직 대 집행"
- 2014.8.9. "전교조 위원장 김정훈-교직 박탈"
- 2014.9.22. "전교조 가처분 인용-잘 노력해서 집행정지 취소토록 할 것"

나. 대법원 입장 분석

■ 최대 현안으로 취급하지는 않고 있음

　● 분명 중요 사건이고 관심을 기울이는 사안이기는 하나, 사법부 입장에서 최대 현안으로 보는 것은 아님 ⇨ **많은 사건 중 하나(one of them)**에 불과함

■ 현재 대법원의 최대 현안은 상고법원 입법 추진 ⇨ 이에 대한 BH를 비롯한 각계의 협조·지원이 절실한 상황임

　● 특히 BH 주요 보좌 라인의 親검찰·법무부 성향으로 인하여 BH의 지지를 확보하는 데에 어려움을 겪고 있음

　- **법무부의 조직적인 반대** 움직임이 감지되고 있음

다. [검토] 재항고 인용 결정 ⇨ 양측에 윈윈의 결과가 될 것임

		BH	대법원
재항고 기각 결정 시	전교조	- **최대 현안** ⇨ 상당한 손해	- 단순 사안 ⇨ 별 영향 없음
	상고법원	- 단순 사안 ⇨ 별 영향 없음	- **최대 현안** ⇨ 상당한 손해
재항고 인용 결정 시	전교조	- **최대 현안** ⇨ 상당한 이득	- 단순 사안 ⇨ 별 영향 없음
	상고법원	- 단순 사안 ⇨ 별 영향 없음	- **최대 현안** ⇨ 상당한 이득

■ 재항고 기각은 양측에 모두 손해가 될 것이고, 재항고 인용은 양측에 모두 이득이 될 것임

　● 재항고 **인용**의 경우 양측에 **손실은 크지 않을 것**임

　- BH ⇨ 상고법원 입법 추진을 지원하는 데에 별다른 손해·출혈을 감수하여야 하는 것 아님

　- 대법원 ⇨ 전교조 사건 선고로 인하여 난처한 상황에 빠지는 것 아님

그림 3 "[151]전교조 법외 노조 통보 처분 효력 집행정지 관련 검토"(2014/12/03), 2쪽.

2014년 12월, 임종헌 전 기조실장 지시로 정다주 전 심의관이 작성한 "[151]전교조 법외 노조 통보처분 효력 집행정지 관련 검토" 문건을 보면, 박근혜 정부의 전교조 대응 구상안을 자세히 확인할 수 있다. 고용노동부가 효력 정지 결정에 재항고한 후, 대법원이 이를 인용할

지 말지 고민하던 시기에 작성된 이 보고서에는 재항고 인용과 재항고 기각에 따른 청와대와 대법원의 이해타산을 분석했다.

양승태 대법원은 애초부터 법외 노조 통보 사건 자체에 관심을 가진 것이 아니었다. 상고법원을 추진하기 위해 '어떤 선고가 대법원 입장에서 최선인지' 분석했다. 청와대가 사법 관련 최대 현안으로 전교조 법외 노조 사건을 취급하고 있는 것으로 보인다면서, 재항고 기각은 청와대와 대법원 모두에게 손해가 될 것이고, 재항고 인용은 양측 모두 이득이 될 것이라고 판단했다. 대법원이 '전교조 법외 노조 사건'을 협상 카드로 여긴 것이다.

같은 맥락에서 법원행정처는 재판 일자까지 손보려 했다. "[151] 전교조 법외 노조 통보 처분 효력 집행정지 관련 검토" 문건을 보면, 통합진보당 정당 해산 심판 선고 기일 이전에 결정하는 것이 대법원 이득을 최대화하는 것이라고 적힌 문구가 나온다. 대법원이 "국정 운영의 동반자·파트너라는 이미지를 최대한 부각시킬 수 있는 시점을 찾을 필요가 있다"면서 다양한 시나리오 분석을 거쳐 "통합진보당 위헌 정당 해산 심판 선고 기일 이전에 결정하는 것이 대법원이 독자적으로 부각될 수 있는 길"이라고 판단했다. 그러기 위해서는 선고 시점을 최대한 빨리 파악할 수 있도록 비공식 채널을 가동하는 조치를 취해야 한다고 했다.

이런 구상이 제대로 통했던 걸까. 대법원(주심 고영한)은 효력 정지 결정에 대한 고용노동부의 재항고를 인용했다. 행정법원과 고등법원이 이미 법외 노조 통보 효력 집행정지 신청을 두 번이나 인용했음에도 대법원(주심 고영한)은 2015년 6월 2일 사건을 서울고등법원에 파

그림 4 "[151]전교조 법외 노조 통보 처분 효력 집행정지 관련 검토"(2014/12/03),
7쪽.

기환송했다. 2015년 11월 16일 파기환송심에서 다시 전교조는 법내 노조 자격을 획득했지만, 대법원의 재상고심 판단은 지금까지도 나오지 않고 있다.

법외 노조 취소 소송, 즉 본안 소송에 있어 법원행정처는 더욱 치밀하게 움직였다. 재판부를 교체해 시간을 벌고자 했다. 곧 정기 인사

시기가 다가오니, 2차 효력정지 결정을 내린 민중기 재판장(현 서울중앙지방법원장)이 인사 때 교체될 가능성이 크다고 점쳤다. 다소 진보적인 판결을 많이 해온 민 판사가 다른 곳으로 갈 때까지 기다렸다가 선고하면 좋겠다는 뜻을 내비쳤다. 결국 법원 뜻대로 재판장이 교체됐고, 2016년 1월 21일 2심 본안에서 전교조는 패소했다.

다른 전교조 사건들 또한 사법부의 국정 운영 협력 사건으로 언급됐다. '전교조 시국 선언 사건'이 그 하나다. 법원행정처 문건에서 "사법부가 그동안 대통령의 국정 운영을 뒷받침하기 위하여 최대한 노력해 왔다"며, 두 건이 반복적으로 등장한다. 양승태 법원행정처가 박근혜 청와대로부터 상고법원 도입에 관한 협조를 얻기 위해 재판을 협상 카드로 썼다는 의혹은 점차 사실에 가까운 이야기가 됐다.

'법외 노조 취소' 권고 무시하는 정부

촛불의 힘으로 정권이 교체되자, 문재인 대통령에 대한 전교조의 기대는 컸다. 문재인 대통령은 대선 후보 시절 "신정부 들어서면 우선적으로 전교조 법외 노조화를 철회하겠다"고 약속했다. 문재인 정부 100대 국정 운영도 맥을 함께했다. '국제노동기구의 핵심 협약을 비준하겠다'는 점이 특히 그랬다. ILO 협약 제87호를 준수한다는 것은 전교조 법외 노조화를 철회하겠다는 뜻이나 다름없었다.

고용노동부장관 자문 기구가 '법외 노조 취소'를 권고하자, 더욱 기대감이 부풀었다. 2018년 8월 1일, 고용노동행정개혁위원회는 그간의 노동 적폐 가운데 하나의 사례로 '전교조'를 들면서 "전교조에 '노조 아님' 통보를 한 것은 부당하다"며 고용노동부에 "즉시 고용노동부 장관은 직권으로 취소해야 한다"고 권고했다. 법외 노조 통보 과정에서 윗선의 부당한 압력이 있었다는 사실도 밝혀냈다. 법외 노조 통보의 근거인 노조법 시행령 제9조 제2항을 삭제하라고도 했다.

그러나 기대는 이내 실망으로 바뀌었다. 고용노동행정개혁위원회의 '법외 노조 취소 권고'에도 정부는 현재까지 요지부동이다. 2018년 6월 19일, 김영주 고용노동부 장관은 조창익과 만나 "청와대와 (직권 취소를) 협의하여 진행하겠다"고 했지만, 청와대는 강경했다. 김의겸 청와대 대변인은 "정부가 일방적으로 직권 취소를 결정하는 것은 불가능하다"면서 직권 취소 가능성을 잠재웠다.

대법원에 계류 중인 법외 노조 관련 소송 판결이 나올 때까지 기다리겠다는 뜻이다. "재판 중이기 때문에 직권 취소할 수 없다"는 청와대의 논리는 전교조를 설득하지 못했다. 문재인 정부 취임 직후, 재판 중인 '국정 역사 교과서' '단원고 기간제 교사 순직' 사안을 해결했다. 국정 역사 교과서는 폐지 결정을, 단원고 기간제 교사는 순직 처리를 결정했다. 전교조 법외 노조 문제에 대해서는 소송을 핑계로 '직권 취소' 결정을 내리지 않은 것과 비교된다.

반가운 소식은 정부가 2019년 11월, ILO 핵심 협약 비준을 위해 해고자와 실직자도 노조에 가입할 수 있게 관련 법 개정안을 국무회의에서 의결했다는 점이다. 개정안에는 실업자와 해직자를 포함해 퇴직 공무원, 교원, 대학 교원의 노조 가입을 허용한다는 내용이 포함돼 있다. 이렇게 되면 해직 교사가 조합원에 포함돼 법외 노조가 된 전교조가 합법화될 수 있다.

다만, 조건을 달았다. 단체협약 유효기간을 2년에서 3년으로 연장하고, 직장 점거를 제한한 점은 아쉬운 지점으로 거론된다. ILO 핵심 협약과 상관없는, 노동법 '개악'이라는 게 노동계의 입장이다. 전교조도 정부의 이번 결정에 대해 아쉬움을 드러내고 있다. "교사·공무원의 정치 활동을 보장하는 내용 등이 빠졌다"면서 "정부의 진정성이 의심스럽다"고 비판했다.

조건부 비준과 관계없이 이 법안은 국회의 문턱을 넘기 힘들 것으로 보인다. ILO 핵심협약 비준을 위한 노동관계법 개정안은 여야가 합의하지 못하고 있는 대표적인 쟁점 법안이다. 정부가 ILO 핵심협약 비준 절차에 공식 착수하기로 한 것이 알려지자, 나경원 자유한국당 원내대표는 2019년 5월 이와 관련해 "전교조 합법화 계획의 일종"이라며 청와대를 강하게 비판했다.

"교사의 몸은 교과서가 되어야 해요. 교과서에서는 '정의'를 외치는데, 교사가 정의롭지 않다면 그게 교육일까요?"

인터뷰하는 동안 조창익의 건강을 염려하는 우려의 목소리가 중간중간 나왔다. 시야가 흐려졌다는 말이 바라보는 이들의 마음을 졸이게 했다. 하지만 조창익은 인터뷰를 빨리 끝낼 필요가 없다면서, 교사들의 노동권 보장을 위한 운동 과정을 보여 주는 것도 교육의 한 방법이라고 말했다. 교단 밖 교육을 실현 중이라고 했다.

"교단의 변화는 세상의 변화와 직결되어 있습니다. 거시적인 변화가 없으면 교사 개인의 열정만으로 문제를 극복할 수 없어요. 사회가 변해야 교육이 변합니다."

반면 사법부의 태도는 어떠한가. 조창익의 말과 완전히 배치된다. 법원은 검찰이 청구하는 사법 농단 핵심 관계자들에 대한 영장을 줄

조창익은 2016년 전교조 법외 노조 저지 투쟁으로 다시 해직된 상태다.
사회문제 중심에 있지만, 정작 자신의 교과인 '사회'를 가르치지 못하고 있다.

ⓒ 주용성

전교조 죽이기

줄이 기각했다. 법원은 '자료가 남아 있을 개연성이 희박하다' '임의 제출을 선행해야 한다'는 이유를 들며 영장 청구를 쳐냈다. 사법부 스스로 사법 정의를 걷어찬 것이다. 교사들은 좌절했다. 더는 사법부 독립과 삼권분립을 가르칠 자신이 없어졌다.

"제 정년퇴직이 얼마 안 남았어요. 꼭 교단에 다시 서고 싶어요. 학생들에게 해줄 이야기가 많아요. 사회 부조리에 대해 내가 싸워 온 이야기를 해줄 겁니다."

조창익은 2016년 전교조 법외 노조 저지 투쟁으로 다시 해직된 상태다. 사회문제 중심에 있지만, 정작 학생들에게 자신의 담당 교과인 '사회'를 가르치지 못하고 있다. 조창익이 교단에 다시 서게 되고, 전교조의 법외 노조 6년을 종식시키는 빠른 길이 있다.

청와대가 직권으로 법외 노조 통보를 취소하는 것이다.

'전교조 법외 노조 관련 사건' 일지

• 2013.10.24.

고용노동부장관, 전교조에 대한 법외 노조 통보 처분

전교조, 법외 노조 통보처분 취소 청구 소송 제기

전교조, 법외 노조 통보처분 효력 정지 신청

• 2013.11.13. 서울행정법원, 효력 정지 인용 [1차 효력 정지 결정]

• 2013.12.26. 서울고등법원, 효력 정지 결정에 대한 고용

노동부 장관의 항고 기각

- 2014.6.19. 서울행정법원, 법외 노조 통보 처분 취소 청구 기각 판결 [1심 본안 전교조 패소]
- 2014.7.22. 전교조, 교원노조법 제2조에 대하여 위헌법률심판 제청 신청
- 2014.9.19. 서울고등법원, 효력 정지 인용 [2차 효력 정지 결정]
- 2014.9.22. 김기춘 전 비서실장, "전교조 가처분 인용–잘 노력해서 집행 정지 취소토록 할 것" 지시
- 2014.12.3. 법원행정처, "사법부가 BH(청와대)에 대하여 이니셔티브을 가지고 있는 사건"이라 명명
- 2015.5.28. 헌법재판소, 교원노조법 제2조에 대한 합헌 결정
- 2015.6.2. 대법원, 효력 정지 신청 사건 서울고등법원에 파기환송(주심 고영한)
- 2015.11.16. 서울고등법원, 효력 정지 인용 [3차 효력정지 결정]
- 2016.1.21. 서울고등법원, 법외 노조 통보 처분 취소 청구 항소 기각 판결 [2심 본안 전교조 패소]
- 2016.2.1.

전교조, 법외 노조 통보 처분 취소 청구 상고

전교조, 상고심에 효력 정지 신청

만들어 낸 폭동 /이명선

전쟁을 준비하자. [국정원 측의 녹취]

구체적으로 준비하자. [실제 발언]*

'재판 거래' 의혹을 보도한 기사에는 유독 통합진보당(이하 '통진당') 이야기가 없다. 사법행정권 남용 의혹 관련 특별 조사단이 공개한 자료에 '통진당'이 들어간 문건이 무려 9개나 있는데도, 관련 보도가 거의 전무하다. 여전히 '레드 콤플렉스'가 존재한다는 증거 아닐까.

정당 해산 심판 때 통진당을 대리했던 당시 이재정 변호사(현 더불어민주당 의원)의 사례를 보자. 소송대리인단에 합류하는 것 자체가 얼마나 큰 결정이었는지, 이 변호사는 2014년 11월 25일 열린 제18차 변론 기일 때 그 심정을 밝혔다.

---

* 국정원이 제출한 녹취와 이석기 전 의원의 실제 발언 비교.
  문영심, 『이카로스의 감옥』, 도서출판 말, 2016.

저는 통합진보당 당원이 아닙니다. 그저 진보적 소수 정당의 역할을 지지하면서 마음만 보태고 있었습니다. 그런데 매스컴을 통해 대리인단에 함께한 제 모습을 발견한 지인들이 전화를 해오기 시작합니다. '다친다' '위험하다'고 얘기합니다. 이번만큼은 이 일에 휘말리면 다칠지도 모른다는 공포 때문입니다.

다른 사람이 돌을 던질 때, 같이 돌을 들기란 쉽다. 하지만 남들이 다 손가락질할 때, 홀로 용기를 내 불편한 진실을 말하는 일은 어렵다. 2013년 8월, 당시 이석기 통진당 의원의 내란 음모 관련 기사가 나오자마자, 진보와 보수가 한목소리로 '통진당 죽이기'에 나섰다.

언론이 선봉에 섰다. 『워싱턴포스트』*Washington Post*에서 23년간 편집 국장을 지낸 벤저민 브래들리Benjamin Bradlee가 정의한 신문의 역할은 '알아내고, 취재하고, 검증하고, 보도하는 것'이다. 하지만 당시 언론은 국정원이 흘린 가짜 정보를 검증 없이 받아 적기 바빴다. 사실과 다른 내용이 272개나 있는 공정원 녹취록을 그대로 옮겼다. '파수꾼'이어야 할 언론의 모습이 사라졌다.

대중도 함께 돌을 던진 가해자일지 모른다. 통진당이 '내란을 모의했다' '지하조직 RORevolutionary Organization*를 구성했다' '사제 폭탄을 만들려 했다'라고 생각한 이들⋯⋯. 그런데 양승태 대법원이 내란 모

---

* 검찰은 RO를 북한 대남혁명 전략을 추종하는 '지하 혁명 조직'이라고 정의하면서, 이석기 전 통합진보당 의원을 RO의 총책으로 규정했다. 하지만 대법원은 2015년 1월 22일, 세상을 떠들썩하게 했던 RO가 실제로 존재했다고 보기 어렵다고 판단했다.

의가 아니었다고 판단한 점은 주목할 만하다. RO에 대해서는 입증할 증거가 부족하다고 했다. 사제 폭탄 의혹 보도도 가짜였다.

통진당은 어떻게 재판 거래에 이용당했나. 이 이야기에 닿기 위해서는 2012년 18대 대선 때로 시계추를 돌려야 한다.다.

'국정원 개혁' 움직임과 통진당 내란 음모 의혹

"저는 박근혜 후보를 반드시 떨어뜨릴 것입니다."

2012년 12월 4일, 제18대 대선 후보 TV 토론회는 전국을 들썩이게 했다. 당시 이정희 통진당 대통령 후보는 박근혜 후보의 부친 박정희 전 대통령을 두고 "충성 혈서를 써가며 일본군 장교가 된 다카키 마사오"라고 칭했다. 이 후보는 "친일과 독재의 후예 박근혜 후보를 떨어뜨리기 위해 나왔다"고 공언했다. 파장은 컸다.

2013년 2월 25일, 박근혜 대통령의 임기가 시작되고 '국정원과 기무사에 의한 불법 선거운동'의 실체가 점차 모습을 드러내기 시작했다. 원세훈 당시 국정원장이 박근혜 후보의 당선을 돕는 여론전을 펼쳤고, 김용판 당시 서울지방경찰청장이 "관련 수사를 축소하거나 은폐하라"고 지시했다는 의혹이 제기됐다.

2013년 3월 19일, 이정희 통진당 대표는 원세훈 전 국정원장을 고발했다. 자신을 종북으로 낙인찍는 댓글을 써서 국정원법을 위반하고 명예를 훼손했다는 이유다.*

---

* 2018년 6월 20일, 서울중앙지법은 원세훈 전 국정원장이 이정희 전 대표에게 "모욕적 표현과 글로 인격권에 중대한 침해를 끼쳤다"며 2000만 원을 배상하라고 판결했다.

그때부터 국회와 여론을 집어삼킨 화제는 '국정원 개혁'이었다. 국정원이 순수한 대북 활동과 해외 정보 수집 전문 기관으로 자리 잡을 수 있도록 국정원법을 전면적으로 개정해야 한다는 목소리가 국회 안팎으로 일었다. 마침 그때 국정원이 '3년 전부터 내사한 사건'이라며 통진당 내란 음모 의혹 카드를 꺼내 들었다.

2013년 8월 28일 오전 7시, 국정원 수사관들은 이석기 의원의 오피스텔을 압수 수색했다. 국정원은 '2013년 5월 10일과 12일에 열린 이석기 의원의 강연 자리가 내란 음모를 위한 모임'이라면서 법원에 압수 수색 영장을 청구했고 법원이 이를 받아들였다. 이례적으로 법원은 이석기 의원의 신체 수색에 대한 영장도 발부했다.

2013년 8월 29일부터 『한국일보』는 이 내용을 '진보당 녹취록 단독 입수'라는 이름으로 보도했다. 이틀간 『한국일보』가 보도한 제목을 나열하면 이렇다. "해외자금책, 유로화를 RO에 혁명 자금으로 송금" "이석기 '전쟁 준비하자…… 군사적 체계 잘 갖춰라'" "폭동 계획 정황 상당수…… 국정원은 자신감" 등이다.

검찰이 당시 이석기 의원을 압수 수색하면서 법원에 내민 혐의는 살벌했다. 이 의원이 2013년 5월 서울 합정동 종교 시설에서 비밀 조직 RO 소속원 130여 명을 모아 놓고, 통신·유류 시설 등 국가기관 시설 파괴를 모의하고 대규모 인명 살상 방안을 협의했다고 본 것이다. 검찰과 국정원이 제시한 증거는 단 한 사람에게서 나왔다. 그 자리에 참석했다는 한 제보자의 증언과 당시 녹취록이 유일한 증거였다.

통진당 짓밟기에 동참하지 않는 사람은 거의 없었다. '서울 한복판에서 어떻게 이럴 수 있느냐'면서 여러 사람들을 거치며 통진당은 이미 간첩 집단이 됐다. '무죄추정의 원칙' '피의 사실 공표 금지' 원칙은 사치였다. 확인되지 않는 내용이 국정원과 검찰을 통해 흘러나왔고, 언론은 이를 열심히 퍼 날랐다.

하지만 의혹의 핵심 증거인 녹취 파일을 국정원에 제공한 이성윤은 재판이 거듭되자 말을 번복했다. 진술이 오락가락했다. 2013년 검찰 조사에서는 'RO'가 조직명이라고 진술했지만, 2010년 초기 진술 조서에서 "조직명이 '내일회'다"라고 진술했다. 어느 순간 'RO'로 조직명이 바뀐 것이다. RO에 대한 아무 물증이 없는 것은 바로 핵심 증인 이성윤의 법정 진술로 확인됐다.

이성윤을 둘러싼 돈의 흐름은 이상했다. 재판 과정에서 이성윤이 국정원으로부터 돈을 받아 왔다는 사실이 밝혀졌다. 국정원 수사관 문필주는 이 씨에게 2013년 8월까지 매주 10~20만 원 준비 자금과 녹음기 5대를 주었다고 말했다. 하지만 "녹음을 별도로 지시하진 않았다"면서 "녹음 파일을 외장하드 등에 옮겨 놓은 뒤 지워, 원본은 갖고 있지 않다"고 말했다. 이로써 국정원이 이성윤과 약 150차례 만나면서 활동 자금을 찔러준 것으로 드러났다.

언론 보도와 사실 사이의 차이는 컸다. 재판 과정에서 지하조직 RO의 실체는 확인되지 않았고, 내란 음모의 구체적인 실행 계획은 없던 것으로 드러났다. 33만 원어치에 불과한 러시아 돈이 '북한으로부터 받은 공작금'으로 둔갑해 대서특필됐지만, 그 돈은 이 의원이 국회 미래창조과학방송통신위원회 소속 의원으로 러시아에 갔을 때 환전했다가 남은 돈으로 밝혀졌다. 압수 수색 현장에서 발견된 나머지 돈의 출처도 확실했다.

하지만 그 와중에도 언론은 의혹 키우기 보도에 여념 없었다.* 근거 없이 '북한의 사주를 받았다'는 식의 보도마저 나왔다. 국정원은 그런 언론을 이용했다. 사실과 다른 내용이 272개나 적힌 녹취록을 언론에 풀었다. 가짜 녹취를 보도한 『한국일보』는 한국기자협회로부터 '이 달의 기자상'을 받았다.

국정원이 이석기 전 통진당 의원과 통진당의 내란 음모 혐의를 밝히기 위해 제출한 RO 녹취록은 사실 오기된 부분이 많았다. 지금까지 수많은 언론에서 수정하지 않고 있는 이 전 의원의 강연 녹취록은 대부분 왜곡됐다. 재판 과정에서 이석기 전 의원 변호인단이 녹취록 오류 400여 건을 지적하자, 국정원과 검찰은 녹취록에 사용된 표현 272개를 수정해 다시 재판부에 제출했다.

『한겨레』가 2013년 11월 18일 보도한 기사**에 따르면 "국정원이 낱말뿐만 아니라 구절, 또는 문단에 걸쳐 수정을 하면서, 실제 수정된 부분을 단어 수로 환산하면 272곳이 훨씬 넘는다"고 한다. 잘못된 내용이 여전히 사실인 양 인터넷에 떠도는 것은 안타까운 일이다.

당시 재판을 진행하던 재판부는 이러한 이유로 국정원에 수정 이유를 상세히 물었다. 녹취를 푼 국정원 직원에게 "내용을 수십 번씩 들었다면서 처음 들을 때 절두산 성지로 듣지 못했나"라고 질문했다. 여기에 대해 국정원 직원은 "절두산을 몰라서 들리는 대로 결전 성지로

---

* 정정 보도나 사과는 일절 없었다. 여전히 사실과 다른 기사들이 버젓이 검색된다.
** "'결정을 내보내자'→'결전을 이루자'로 이석기 녹취록 272곳 이상 '오류'", 『한겨레』(2013/11/18).

들었다"라고 답변했다. 그러자 재판부는 "결전 성지와 절두산 성지는 글자 수 자체가 달라서 잘못 듣기가 쉽지 않은데, 어떤 의도를 가지고 기재한 거 아니냐"라고 되물었다.

변호인단은 '공소사실에 영향을 주는 표현을 쓰는 등, 부실 수사로서 녹취록의 증거능력이 의심된다'고 주장했다. 하지만 국정원은 "음질이 불량해서 부정확하게 남겨 뒀던 부분과 일부 잘못 들은 단어를 수정한 것이지 혐의 관련 대화 취지에는 차이가 없다"고 주장했다.

전면전이야 전면전! [국정원 측의 녹취]
전면전은 안 된다. [실제 발언]

전쟁을 준비하자. [국정원 측의 녹취]
구체적으로 준비하자. [실제 발언]

폭력적인 대응. [국정원 측의 녹취]
통일적인 대응. [실제 발언]

실탄이 있어도 연락을…… [국정원 측의 녹취]
시 단위에 있어도 연락을…… [실제 발언]*

이석기 전 의원에 대한 국회의 '체포동의안'이 통과되는 데 큰 공헌(?)

* 앞의 책, 239~240쪽.

을 한 것도 역시 언론이었다. 체포동의안 표결 직전 일주일 동안 "북한과 연계됐다"는 식의 언론 보도가 집중적으로 쏟아졌다. 출처가 '수사당국' 또는 '수사 관계자'였다는 점도 공통적이다. 하지만 2013년 9월 4일, 체포동의안이 통과되자 '북한 연계' 기사는 쏙 들어갔다. 이후 검찰 수사 발표나 공소장에 '북한 연계' 주장은 나오지 않았다.

검찰은 재판 과정에서 '북한과 통진당은 관계가 없다'라고 스스로 인정했다. 검찰이 밝힌 양형 이유 가운데 하나가 '북 연계가 없기 때문에 더욱 위험하다'였다. 통합진보당 정당 해산 청구안이 국무회의에서 통과된 것은 박근혜 전 대통령 해외 순방 중이던 2013년 11월 4일이었다. 바로 다음 날인 2013년 11월 5일, 법무부는 헌법재판소에 통합진보당 해산 심판을 청구했다. 1987년 6월 항쟁의 산물로 탄생한 헌법재판소는 설립 이래 처음으로 정당 해산 심판을 했다.

통진당 재판을 조종한 '장'

2014년 2월 17일, 이석기 내란 음모 사건의 1심 선고가 나왔다. 수원지법은 내란 음모와 선동, 국가보안법 위반 혐의에 유죄를 인정해, 이 의원에게 징역 12년 및 자격정지 10년을 선고했다. "혁명 조직의 총책은 이석기이며, RO의 회합은 일반적·추상적 합의를 넘어 폭동의 실현 가능성과 실질적 위험성을 인정하기에 충분하다"고 판단했다.

사실 이 재판에서 칼자루를 쥔 사람은 판사가 아닌 김기춘 대통령 비서실장이었다. 보기에는 '이석기 내란 음모 사건' '통진당 정당 해산 사건'의 운명이 사법부에 달린 것 같았지만, 그 뒤에는 김 실장이 있었다. 언론에 공개된 고 김영한 전 민정수석의 업무 일지에는 '통진당'이 45차례나 등장한다. 2014년 10월 4일 수석비서관회의를 끝내고 나온 김영한 전 수석은 김기춘 전 실장을 지칭하는 '長'(장)이란 글자와 함께 통진당 관련 재판에 대한 메모를 수첩에 남겼다.

長(장)

통진당 해산 판결–年內(연내) 선고*

재판과 조사 일정을 챙기는 것은 기본이었다. 법원과 내통하지 않았으면 모를 '서울고등법원이 언제쯤 재판 기록을 헌법재판소에 송부하는지'를 청와대는 이미 알고 있었다. 핵심 증인 4명에 대한 증인신문도 하지 않은 상황에서 '언제 통진당 해산 선고가 이뤄지는지'도 청와대는 2014년 10월 4일에 이미 파악했다.

김 실장은 항소심 판결 직후부터 칼을 빼들었다. 2014년 8월 11일, 서울고등법원이 1심보다 적용 혐의를 줄인 것이 화근이 됐다. 2심 재판부는 내란 음모 혐의에 대해 무죄를 선고했다. 범죄를 실행시킬 구체적인 준비 행위가 발견되지 않았기 때문이다. 비슷한 이유로 'RO의 실체도 증명하기 어렵다'고 결론 내렸다. 내란 선동과 국가보안법 위반을 적용해 피고인들의 형량이 1심보다 평균 3년가량 줄었다.

이때부터 청와대는 더욱 숨 가쁘게 움직였다. 김기춘 실장은 선고기일 지정, 유무죄에 대한 논의를 진행하는 평가 심의 결과를 미리 챙겼다. 이는 재판부 외부 유출이 엄격히 금지된 내용이었다. 2014년 12

* 고 김영한 청와대 민정수석의 업무 일지(2014/10/04).

2005~2017

월 17일 자 김영한의 업무 일지에는 정당 해산 결정이 내부적으로 확정됐으며, 비례대표 의원직 상실과 지역구 의원 상실을 두고 재판부가 이견을 보인다고 적혀 있다.

'통진당' 언급 내용[*]

- 2014.8.25. "통진당 사건 관련 지원 방안 마련 시행, 재판 진행 상황 법무부 TF와 접촉. 홍보. 여론"

- 2014.9.19. "JTBC 통진당 해산청구 관련 편향 보도-방심위의 징계에 대한 행정소송"

- 2014.10.4. "비서실장, 통진당 해산 판결-연내 선고"

- 2014.11.25. "헌재 재판-여론전, 활동 방향 정립(시민사회 활동)"

- 2014.11.26. "헌법학자 칼럼 기고 유도-법무부와 협력 종북 토크 → 통진당 해산 찬성 쪽 여론 변화 효과"

- 2014.12.11. "새정연(새정치민주연합), 통진당 해산 반대-새누리 반박 준비"

- 2014.12.17. "月(월), 정당 해산 확정. 비례대표 의원직 상실, 지역구 의원 상실 이견-소장 의견 조율 중(금일) 조정 끝나면 19일, 22일 초반(?)"

- 2014.12.19. "총리 담화문-풍부하고 정서적으로!"

- 2014.12.20. "지방의원. 독 헌재 → 독 판례 → 이후 검토

헌재 결정-홍보 '분단국가의 특수성' 휴전 상황, 한국적 현실
point로 하도록 국고보조금 재산 몰수 과정에서의 부도덕성
→ 부각 활동상-이면적 극렬성, 과격성 국민 동정 여론이
생기지 않도록 주의"

• 2014.12.21. "통진당 해산 핵심 논리 → 종편 등 제공(법무
부)"

언론과 여당, 종교와 시민단체를 주무르는 일도 서슴지 않았다. 정부
는 통진당을 옹호하는 언론을 방송통신심의위원회(방통위)를 통해 압
박했다. 2014년 11월 5일, JTBC가 정당 해산 심판 청구 직후 통진당
김재연 대변인을 출연시키자, '당 입장이 편중됐다'는 이유로 관계자
징계 및 경고 조치를 내렸다. '과징금 부여' 다음 가는 중징계였다. 청
와대가 언론을 압박하는 수단으로 방통위를 이용한 것이다.

반대로 친정부 성향의 보수 언론과 단체에는 통진당 해산의 필요성
을 두둔하는 자료를 제공했을 것으로 보이는 정황이 포착됐다. 극우
단체를 동원해 여론전을 펼치면, 보수 언론이 이를 받아 적도록 유도
했다. 2014년 11월 25일과 26일 자 김영한의 업무 일지에는 "헌재 재
판-여론전" "통진당 해산 찬성 쪽 여론 변화 효과"라고 적혀 있다.

국회도 움직였다. 2013년 12월 10일, 새정치민주연합 문재인 비상
대책위원을 비롯한 지도부가 통합진보당 해산 반대 입장을 밝히자,

* 고 김영한 청와대 민정수석의 업무 일지.

청와대는 '여당 새누리당이 반박을 준비해야 한다'고 지시한 것으로 보인다. 실제로 새누리당은 이날 최고위원회를 중심으로 문 대표에 대한 비판을 쏟아 냈다. 이군현 새누리당 사무총장은 "통진당의 원내 입성에 새정치연합 전신인 민주통합당이 가장 큰 공을 세웠다"라고 말했다.

양승태 법원행정처, '통진당 사건' 대응 문건 작성

헌재의 통진당 해산 심판이 다가오자, 양승태 사법부는 내부적으로 대응 문건을 만들기 시작했다. 이석기 내란 음모 사건 1심 선고 이틀 뒤인 2014년 8월 13일에 작성한 것으로 보이는 "[150]내란 음모 사건 항소심 판결의 내용과 의미 분석" 문건을 작성해 항소심 판단의 주요 지점을 정리했다. 항소심에서 박근혜 정부에 유리한 판결은 어떤 부분인지 추렸다.

그 문건의 관점은 박근혜 정부에 맞춰졌다. 1심 판결에 비하면 2심 판결이 상대적으로 통진당 측에 유리하게 보일 수 있지만, 사실 정부 측에 유리하게 작용할 수 있는 내용이 많다고 평가했다. '내란 선동에 유죄 선고된 점' 'RO의 실체는 인정되지 않았지만 상명하복上命下服에 의한 조직적인 구성이 인정된 점'을 미루어 보아 정부 입장에서 긍정적 측면이 있다고 해석했다.

2014년 8월 13일 작성된 "[164]이석기 내란 음모 사건 항소심 선고 결과 분석" 문건을 통해서는 여론과 정치권, 언론의 동향을 세세하게 보고했다. 세월호 참사에 비해 언론에서 화제가 되지 않았다는 아쉬움을 비치며, 법원을 출입하는 기자들이 생각하는 항소심 판결에 대

그림 5 "[164]이석기 내란 음모 사건 항소심 선고 결과 분석"(2014/08/13), 3쪽.

한 생각을 정리했다. 아울러 항소심 판결이 헌재의 정당 해산 심판 사건에 미칠 영향을 다각도로 분석했다.

[164] 문건에는 헌재를 경쟁 상대로 여기는 듯한 문구도 등장했다.

'헌재가 정당 해산 결정으로 사회적으로 많은 관심을 받으면, 헌재가 재판소원 등을 도입해서 법원에 대한 영향력을 확대시킬 수 있다'는 취지로 설명했다. 따라서 법원은 헌재의 시도를 고려한 선제적 대응을 해야 한다고 강조했다.

해산 결정은 박 대통령 당선 2주년 당일에 나왔다. 2014년 12월 19일, 헌재는 통진당 해산과 소속 국회의원 전원 의원직 상실을 결정했다. 박 대통령 당선 2주년 당일에 결정 나서 '혹시 선물이냐'라는 이야기가 우스갯소리처럼 나왔다. 헌재가 일부러 서둘러 선고한 게 아니냐는 지적이 나왔다. 헌정사상 처음으로 정부가 제기한 정당 해산 심판 청구가 13개월 반도 안 돼 결정 났기 때문이다.

모든 게 이후 고 김영한 전 수석의 업무 일지에 나온 청와대 지시대로 착착 진행됐다. 헌재의 결정에 대해 법률 전문가들은 의문을 제기했다. 학계에서 여러 비판 목소리가 나왔다.

3심이 남았는데도 헌재가 해산 결정을 해버리고, 지역구건 전국구건 막론하고 전부 의원직을 박탈하고, 어마어마한 조처를 취한다는 게 이상하잖나. 권력의 의지에 충실하게 복종한 것도 있지만, 대법원과 헌재의 라이벌 의식에서 강행된 것이라고 볼 수밖에 없다.[*]

8명의 헌재 재판관이 발포한 12월 유신이다. 헌재는 최고법인 헌법의 최종 해석권을 휘둘러 '명백하게 현존하는 위험성'이 없는 정당을 강제

[*] 남재희 전 노동부 장관, 『한겨레』(2015/01/08).

해산하고 '비상 상황'을 공표했다.*

청와대는 결정 하루 만인 2014년 12월 20일, 박근혜 대통령의 입장을 밝혔다. 박 대통령이 "헌법재판소의 통합진보당 해산 결정은 자유민주주의를 확고하게 지켜낸 역사적 결정"이라고 평가했다면서 이례적으로 주말에 대통령 입장을 내놓았다.

통진당 해산 결정은 박근혜 전 대통령의 국정 수행 지지도를 견인했다. 처음으로 30퍼센트대로 떨어졌던 지지율이 헌재의 통진당 해산 선고가 이뤄지고 나서 반등했다. 대구 경북과 보수층, 50대 이상과 30대를 중심으로 지지층이 다시 결집한 여론조사 통계가 공개됐다.

2015년 1월 22일, 대법원 전원합의체는 헌재의 해산 선고가 내려진 지 34일 만에 '이석기 내란 음모 사건'을 선고했다. 대법원은 내란음모는 무죄, 내란 선동과 국가보안법 위반에 대해서는 유죄를 판결한 서울고등법원의 원심을 확정했다. RO는 존재하지 않는다는 점도 그대로 됐다.

통진당 해산 결정 이후, 청와대는 통진당 의원 퇴출 작업을 벌였다. 헌법재판소는 통진당 해산 결정문에서 지방의회 의원직 상실 여부에 대해 주문을 내지 않았는데도 중앙선거관리위원회는 2014년 12월 22일, 통진당 소속 비례 지방의원 6명에 대해 공직선거법에 따라 퇴직한다는 유권해석을 내렸다. 국회의원과 비례대표들은 곧장 선관위를 상대로 '국회의원 지위 확인' 소송을 제기했다.

* 홍윤기 동국대학교 철학과 교수, 『한겨레』(2014/12/19).

대법원은 헌재에 의원직 상실 결정 권한이 없다는 걸 잘 알고 있었다. 법원행정처가 2015년 1월 7일에 작성한 "[74]통진당 행정소송 검토 보고" 문건을 보면 "의원직 상실 결론도 현행 헌법과 법률 해석에 부합하지 않는 측면이 더 크다"고 나온다. "헌법적 근거가 부재"하고 "국회의원의 국민 대표성을 희생시킨 결정은 정당성이 부족하다"며 헌재 결정을 분석적으로 비판했다(하지만 비판에서 그쳤다).

당시 통진당 지역구 지방의원들은 의원직을 유지하고 있었다. 그러자 법원은 남몰래 다른 작전을 짰다. 작전은 "[75]통진당 지역구 지방의원 대책 검토" "[174]통진당 지역구 지방의원 제소" "[176]통신당 지역구 지방의원 상대 제소" 문건에 자세히 나와 있다.*

> 해당 자치단체는 적극적으로 행정소송을 제기하여 지역구 지방의원의 의정 활동을 중단시키고 각종 지원 등을 하지 않음으로써 재창당 움직임 사전 억제 필요 지역구 지방의원 의정 활동 중단시키기 위해서는 아래의 제소 방법이 적절함.**

일단 지방자치단체장을 시켜 '지방의회 의원 지위 부존재 확인 소송'을 내도록 계획했다. 쉽게 말해서 구청장에게 소송을 내라고 지시해, 해당 지역의 구의원들을 자를 수 있게 작업했다. 제소할 때 어떤 식으

---

* 2015년 11월 25일 작성된 "[77]통진당 지방의원 행정소송 결과 보고" 문서 등에는 관련 판결의 선고 결과를 정리해 향후 대응책을 마련한 흔적이 있다.

** "[176]통진당 지역구 지방의원 상대 제소"(2015/06/12), 2쪽.

● 중점 검찰청 설치·운영

- 지역적 특수성 등에 따라 특정 유형 범죄의 수사를 중점적으로 담당하는 지방검찰청 지정 ⇨ 수사의 전문성·효율성 추구

■ ex) 서울남부지검 ⇨ 금융범죄 중점 검찰청, 서울서부지검 ⇨ 식품안전 중점 검찰청, 울산지검 ⇨ 산업안전 중점 검찰청

▣ BH·정치권·재계와의 관계 등 외부 상황

● BH와 친밀관계 지속

- 통진당 해산결정의 후광 여전 ⇨ 공로 인정에 따른 신뢰관계 확고

- 비서실장 교체 되었으나, 비서실의 親검찰 기조에는 변함 없음 ⇨ 다만, 성완종 前 의원 자살 사건으로 인해 내부 역학구도에 변화 요인 발생

● 정치권·재계에 대한 대대적 사정 착수하였다가 역풍 직면

- 재계·자원외교·방산비리 수사 ⇦ BH發 사정 정국의 손발 역할 수행

- 前 정권에 대한 표적 수사라는 비판 잠재우기 위해 가시적 성과·명분 쌓기 위해 고심하던 중 성완종 사건 발생

▣ 성완종 前 의원 자살의 영향 ⇨ BH·법무부·검찰에 대한 죽음의 역공, 메가톤급 후폭풍 발발

그림 6 "[96]상고법원 입법 추진을 위한 법무부 설득 방안"(2015/04/20), 3쪽

로 글을 구성하면 좋을지 예제문까지 만들어 배포하려고 했다.

이를 맨 처음 추진할 지역구도 물색했다. 법원행정처는 여론의 반발을 대비해 보수성이 강한 지역부터 실시하려고 했다. "여당이 단체장인 지역 우선 검토"라면서 울산과 경남을 거론하고, "경남 지역 중한 곳이 가장 적절해 보임"이라고 밝혔다. "법원이 개입한 사실이 외부로 알려질 경우 감당하기 힘든 파장이 있을 수 있음"이라고도 언급했는데, 결과적으로 내막이 들통났다.

이 모든 것이 대법원의 상고법원 추진을 위한 발판이었다. 2015년 4월 20일 작성된 "[96]상고법원 입법 추진을 위한 법무부 설득 방안"을 보면, '통진당 해산 결정'을 사법부가 해주면서 청와대와 공고한

신뢰 관계를 확보했다고 나온다. 2015년 7월 31일에 작성된 "[71]정부 운영에 대한 사법부의 협력 사례" 문건에는 박근혜 정부의 자유민주주의 수호와 사회적 안정을 위해 이석기 전 의원에게 중형을 선고했다고 적혀 있다.

"5분 발언으로 5년을 감옥에서 살라니요"

국정원은 이석기 의원이 내란 음모를 벌였다는 증거가 불문명한 상황에서 강제수사를 시작했다. 언론은 국정원과 수사관들이 흘리는 이야기를 실황으로 중계했다. 국회는 '통진당 죽이기' 여론을 등에 업고 이석기 의원에 대한 체포동의안을 통과시켰다.

정부는 곧장 통진당 정당 해산 심판을 청구했고, 결국 통진당은 공중 분해됐다. 뒤에는 보이지 않는 손, 김기춘 전 비서실장이 있었다. 그는 사법부에게 듣지 않았으면 모를 재판 일정과 재판부 평가 심의 결과를 손에 쥐고 있었다. 김기춘의 지시 사항은 대부분 실행됐다.

그럼에도 대법원은 'RO의 실체가 없다'는 결론을 냈다. 내란 음모에 대해 무죄를 선고했다. 명확한 증거가 없어서였다. "일회적인 토론의 정도를 넘어 내란을 실행 행위로 나아가겠다는 확정적인 의사와 합치에 이르렀다고 보기 어렵다"고 대법원 판결문에 쓰였다.

반면 헌법재판소는 '주도 세력'이라는 모호한 개념을 근거로, 이석기 전 의원의 강연에 참석한 130명을 지하 혁명 조직원이라고 판단하고, '북한식 사회주의를 추구했다'고 주장하며 통진당 해산을 결정했다. 헌재가 일부러 대법원 판결을 기다리지 않고 서둘러 정당 해산을 선고했다는 의심은 여전히 제기된다. 대법원에서 '내란 음모 무죄' 판

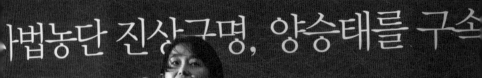
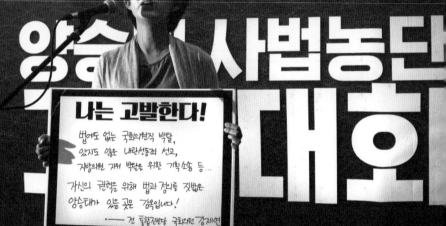

2018년 7월 5일 서울 광화문 세종문화회관 앞에서 열린
'양승태 사법 농단 고발대회'에서 김재연 전 통합진보당 의원.

© 주용성

2005~2017

결을 내릴 경우 해산 결정이 어렵다고 여겼다는 의심이다.

통진당 해산의 시작점에는 '이석기 내란 음모 사건'이 있다. 대법원은 이석기 의원 강연에 모인 사람들의 '말'과 '생각'이 틀렸다고 보고, 내란 선동과 국가보안법 위반 혐의를 인정했다. "이석기 전 의원의 발언이 참석자들의 행동에 실질적인 영향을 줄 수 있고, 실제로 참석자들은 발언에 호응하면서 전쟁 발발 시 북한에 동조해 대한민국의 체제를 전복할 물질적·기술적 준비 방안으로 구체적인 장소까지 거론했다"고 판단했다.

하지만 이런 법원의 판단에 이의를 제기하는 사람은 많다. 'KT 혜화 지사'를 습격하자는 말은 참석자 개인의 발언이었을 뿐이고, 당시 참석한 다른 사람들은 그 자리에서 분명하게 이견을 보이는 대목이 녹음 파일에 나온다. 폭탄 제조법을 개인 컴퓨터에 저장했다는 의혹에 대해서도 "건강상의 이유로 심장병 치료 약물에 대해 알아본 것"이라고 공판 과정에서 이미 소명했다.

말과 생각에 엄격한 법의 잣대를 들이대는 것이 과연 옳은가. 대법원 판결에서 '내란 선동 유죄'에 반대 의견을 낸 대법관들(이인복, 이상훈, 김신)의 판단은 이러하다.

자유민주주의 국가인 대한민국을 수호하는 방안은 내란과 관련된 범죄의 성립을 완화하거나 확장해 인정함으로써 불온하거나 불순하다는 사상, 태도, 행동을 쉽게 처벌하는 데 있지 않다. 헌법상 보장된 양심과 표현의 자유 등이 부당하게 위축되지 아니하도록 하여, 헌법 전문이 천명하고 있는 것처럼 자율과 조화를 바탕으로 자유민주적 기본 질서를 확고히

하는 것이야 말로 대한민국 체제의 우월성을 증명하고 이를 수호하는 합당한 길이다. *

이석기 전 의원을 빼고 가장 무거운 형을 선고받은, 김홍열 전 통진당 경기도당 위원장의 부인이 대법원 선고가 있던 날 방청석에서 외친 말도 같은 선상에 있다. 당시 김 전 위원장은 이석기 전 의원의 5월 12일 강연의 사회를 봤다. 발언 시간은 총 5분이었다.

"5분 발언한 내용을 가지고 5년을 감옥에 살라니요!"

> **'통진당 정당 해산 심판 사건' 일지**
> - 2013.8.28. 국정원, 내란 음모 혐의로 이석기 통합진보당 의원실 등 압수 수색
> - 2013.9.4. 이석기 의원 체포동의안 국회에서 가결
> - 2013.9.5. 수원지법, 이석기 의원에 대한 구속영장 발부
> - 2013.11.5. 정부, 헌정사상 초유 정당 해산 심판 헌재에 청구
> - 2014.2.17. 수원지법, 이석기 의원에 적용된 내란 음모 및 내란 선동, 국가보안법 위반 모두 인정, 징역 12년 및 자격 정지 10년 선고
> - 2014.8.11. 서울고법, 원심 파기하고 내란 음모 무죄,

* "'내란 선동 유죄'에 대한 대법관 세 사람의 반대 의견"(2015/01/22).

내란 선동 및 국보법 위반 유죄 인정, 징역 9년 및 자격정지 7년 선고

- 2014.8.13. 법원행정처, "[150]내란 음모 사건 항소심 판결의 내용과 의미 분석"이라는 제목으로 항소심 판단의 주요 지점 정리 문건 작성

- 2014.8.25. 김영한 전 민정수석, 2014년 8월 25일 자 업무 일지에 "통진당 사건 관련 지원 방안 마련 시행, 재판 진행 상황 법무부 TF와 접촉"이라고 기재

- 2014.10.4. 김영한, 2014년 10월 4일 자 업무 일지에 "비서실장, 통진당 해산 판결-연내 선고"라고 기재

- 2014.12.17. 김영한, 2014년 12월 17일 자 업무 일지에 "月(월), 정당 해산 확정, 비례대표 의원직 상실, 지역구 의원 상실 이견- 소장 의견 조율 금일 중, 조정 끝나면 19일, 22일 초반(?)"이라고 기재

- 2014.12.19. 헌재, 통진당 정당 해산 결정, 소속 국회의원 5명 의원직 박탈

- 2014.12.22. 중앙선거관리위원회 "통진당 비례대표 지방의원 6명도 의원직 상실" 결정 발표

- 2015.1.6. 의원직을 상실한 통진당 국회의원 5명, 국회의원 지위 확인 소송 제기

- 2015.1.22. 대법원 전원합의체, 검찰과 이석기 전 의원 등 양측 상고 모두 기각

- 2015.11.12. 서울행정법원, 통진당 의원 5명이 낸 국회 의원 지위 확인 소송 각하
- 2016.4.27. 서울고법, 국회의원 지위 확인 소송 원고 패소 판결

싸움은 끝나지 않았다 /이명선

"절차대로 하세요."

"절차대로 하면 (대법원장을) 못 만나니까 이럴 수밖에 없는 거 아닙니까?"

"그래도 법에 따라 하셔야죠."

"우리가 지금 법을 믿을 수 있는 상황입니까?"

– KTX 해고 승무원과 대법원 측 대화*

반쪽짜리 승리지만, 재판 거래 피해자들 중 KTX 해고 승무원들의 사정은 그나마 낫다. 승무원으로 복직하지는 못했어도, 한국철도공사(이하 '코레일')가 2018년 7월 21일 해고 승무원 180여 명의 정규직 채용을 약속하면서 12년 만에 일터로 돌아갔다. 완벽한 승리는 아니다. 진짜 사용자인 코레일이 KTX 승무원의 직접고용 합의를 이행해야 한다고 여전히 주장하고 있다.

절반의 승리를 정리하면 이렇다. 2018년 11월 특별 채용 형식으로 사무영업 6급 경력직 27명이 입사한 후로 2018년 11월까지 90명가량 복직했다. 개인적인 이유로 복직하지 않기로 한 20명을 뺀 나머지

* KTX 해고 승무원들의 대법원 기습 시위(2018/05/29).

60여 명도 2019년 안에 모두 일터로 돌아갈 예정이다.

남들처럼 일상을 살아간다는 사실이 해고 승무원에게는 가끔 거짓 말처럼 다가온다. 승무 업무가 코레일이 아닌 코레일 자회사 업무이기 때문에 이전처럼 승무 업무를 맡지는 못했지만, 역무원으로나마 승객들을 맞이하는 일은 반가운 일이다. 그때와 다른 유니폼을 입지만, 세탁을 맡길 때마다 코레일 로고가 박힌 유니폼을 다시 입는 것이 설렌다.

지금의 결실을 맺는 데에는 강산이 변할 만큼의 시간이 필요했다. 2006년 5월 해고된 뒤 무려 13년이 흘렀다. 이 기간 동안 KTX 해고 승무원들은 삭발, 단식, 고공 농성, 쇠사슬 투쟁까지 안 해본 게 없다. 해고의 부당함을 알리기 위해 전단지를 수십, 수백 차례 돌렸다. 그럼에도 해고 승무원에게 가장 쓰라린 일은 한 명의 동료를 잃은 일이다. 오랜 기간 투쟁을 함께했던 친구는 아픔을 견디지 못하고 하늘나라로 먼저 갔다.

"재판 거래 피해자를 만나다" 기획을 시작할 때 다짐한 것이 있었다. 마지막 인터뷰는 김승하 전 철도노조 KTX 열차승무지부장으로 하리라.

누구보다 오랜 기간 투쟁했고, 많은 사람이 그의 10여 년 투쟁기를 영상과 글로 목격했기에 그를 만나 직접 듣고 싶었다. 가장 아름다운 시절, 회사로부터 사실상 취업 사기를 당하고 이제야 제자리로 돌아간 해고 승무원들. 돌이켜 보면 김승하 전 지부장은 늘 싸움의 전선에 서 있었다. 물러서지 않았다.

물론 싸움이 다 끝난 것은 아니다. 사법부와 청와대 간의 재판 거래 의혹을 두고 사법적인 싸움이 한창 진행 중이다. 이제 시작됐다고 해도 과언이 아니다. 쌍용자동차 해고 노동자들을 비롯한 다른 사법 농단 피해 당사자들과 함께 강제수사를 촉구하며 양 전 대법원장을 검찰에 고발했다. 이런 상황에서 과연 그는 과연 무슨 감정을 느낄까.

여태껏 언론을 통해 비춰진 김 전 지부장은 목에 핏대가 설 정도로 누군가를 향해 큰 목소리를 내거나, 충혈된 눈으로 우는 모습이 많았다. 오랜 투쟁이 트라우마로 남았을지도 모른다는 생각이 들자 만남이 조심스러웠다.

"표정이 밝으셔서 제가 다 기분이 좋아요"

"저 원래 밝은 사람이에요."

2019년 4월, 김승하 전 지부장을 만났다. 역무원 옷을 입고 커피숍에 등장한 김승하의 표정이 밝았다. 김승하는 분당선 선릉역에서 역무원으로 일하고 있었다. 분당선은 코레일이 운영한다. 김승하는 승무원 옷만큼이나 역무원 옷도 잘 어울렸다.

점심시간, 우리가 만난 강남 한복판은 식사를 하려는 직장인으로 분주했다. 커피와 간단한 요깃거리를 주문하고, 첫 대면식을 가졌다. 인터뷰라고 하고 만났지만, 사실 수다에 가까웠다. 반년도 채 안 되는 기간 동안 생긴 일상의 변화에 대해 먼저 물었다.

"다시 일 시작하니까 어떠세요? 잘 실감나지 않을 것 같아요."

"가끔 '비현실적이다'라는 생각이 들어요. 12년 넘게 처절하게 싸웠는데 역무원 유니폼을 입고 있으니까 '꿈인가 생시인가' 싶은 생각도 들고요."

"힘드신 건 없으세요?"

"지하철 역사가 지하에 있다 보니까 공기가 안 좋은 것 빼고는 괜찮아요. 이상한 요구를 하는 승객들이 있기는 한데 웃어 넘겨요. 야간 근무도 적응하고 있고요."

"일 시작하면서 동료분들 만나기가 힘드실 것 같아요."

"맞아요. 용산, 영등포, 구로, 광명에는 두 명씩 배치가 됐는데 대부분 곳곳으로 흩어졌거든요. 그래도 단체대화방은 여전히 바쁘게 돌아가요. 특히 업무 노하우 공유를 많이 해요. '누가 환불해 달라고 하는데 어떻게 해야 해?' 이런 걸 서로 묻곤 해요."

불행 끝 행복 시작. 이 상투적인 표현이 그의 입에서 나오자 반가운 마음에 미소가 절로 지어졌다. 누군가에게는 평범한 일상이지만, 김 전 지부장에게는 새로운 경험으로 다가왔을 터. 김 씨는 첫 월급으로 부모님께 내복을 선물했다고 말했다.

오랜 투쟁 기간 생계를 위해 잠시 프리랜서 컨퍼런스 기획자로 일했을 때, 김 전 지부장의 부모는 그에게 자세한 사정을 묻지 않았다. 괜한 신경을 쓸 수 있다는 우려 때문이었다. 김 씨는 그런 부모의 마음을 누구보다 잘 알았다. 다시 취업했다는 것을 드러내 기뻐하기 위해 내복을 선물했다.

덤덤한 성품이라고 여겼던 김 씨의 부모는 김 씨가 복직하자 비로소 감정을 솔직히 드러냈다. 기쁨을 감추지 못했다. 김 씨의 어머니는 이제 주변에 당당하게 "우리 딸이 철도공사에 다닌다"라고 말한다. 김 전 지부장에게 부모의 미소는 복직만큼의 큰 행복이었다.

"투쟁할 때는 일일이 상황 설명을 안 드렸어요. 고생한다고 생각하시는 게 마음에 걸려서요. 엄마가 기뻐하시니까 참 좋아요."

2019년 4월, 김승하 전 지부장을 만났다.

김승하는 분당선 선릉역에서 역무원으로 일하고 있었다.

ⓒ주용성

응원하던 시민들을 지하철 승객으로 만나는 경험도 그에게 새롭다. 사람들은 김 전 지부장의 얼굴을 알아보고 인사를 건넸다. 중년의 시민들이 김 전 지부장에게 "텔레비전에서 많이 봤다"면서, "그동안 고생했다"는 말을 전했다. 마음도 한결 가벼워졌다.

"한 동료가 그랬어요. 예전에 KTX 열차를 보는 건 마치 '헤어진 연인을 보는 것' 같았다고. 근데 이제는 마음이 편안하다고 해요. 저도 마찬가지고요."

김승하와 함께 복직을 한 오미선도 치열했던 과거를 모두 서랍장에 곱게 넣었다고 한다. 2006년 첫 파업을 시작으로 12년간 복직을 위해 싸웠지만, KTX 승무원으로 일했던 그 기억을 첫사랑의 추억처럼 남겨 두기로 했다고 말한 적 있다.

> (KTX 승무원에 합격하고) 그때는 승무원이라 (서울역에 출근하면) 바로 열차에 들어가서 일했어요. 사람들이 KTX 초기 모델이 불편하다고 하잖아요. 좌석도 좁고, 열차 길이도 너무 길다고. 한데 첫사랑이 오래 기억에 남는 것처럼 제 눈에는 지금도 초기 KTX가 제일 예뻐요. KTX산천은 투박하거든요. *

곱지 않은 시선으로 보는 사람도 더러 있다. 마치 들으라는 식으로 대놓고 복직에 대해 안 좋게 얘기하는 사람도 있다. 김승하는 "그런 사

---

* 오미선, "12년 만에 돌아온 서울역, 행복 다시 찾은 것 같아요", 『한국일보』(2019/02/01).

람도 있는 법"이라며, 웃으면서 이야기할 정도로 많이 단단해졌다.

"불편한 감정을 대놓고 말하는 사람도 있어요. 그래도 복직한 우리들이 일 잘하는 애들이거든요. 다 인정받고 일하고 있어요."

싸움의 대상이 '사법부'로 바뀌다

언뜻 보면 모든 게 해결된 것처럼 보이지만, 사실 김승하에게는 큰 숙제 하나가 남아 있다. 세상을 등진 친구를 위해서라도 마지막까지 '우리가 틀리지 않았다'는 것을 밝혀내려 한다. 친구는 대법원이 하급심 판결을 뒤집고 코레일의 손을 들어 주자, 이를 비관해 죽었다. 세 살배기 딸을 두고 스스로 목숨을 끊었다. 동료를 잃은 슬픔은 좀체 치유되지 않는 상처다.

"이번 싸움에서 완전히 이겨서 그 친구 딸에게 '엄마는 불의에 저항하다가 먼저 세상을 떠났다'고 얘기해 주고 싶어요. 무엇으로도 보상할 수 없겠지만, 우리가 힘을 모아서 모든 것을 밝혀내고 정의를 되돌려 놓는 것이 친구를 위해 할 수 있는 마지막 행동이라고 생각해요."

이제 코레일이 아니라 사법부와 싸워야 한다. 양승태 대법원이 KTX 해고 무효 및 근로자 지위 확인 소송 해고 사건을 두고 청와대와 뒷거래를 했다는 정황이 밝혀졌다. 책임을 피할 수 없는 사법부는 아직도 KTX 해고 승무원들에게 사과하지 않았다.

법원행정처가 비밀리에 쓴 문건에는 'KTX 재판'이 자주 등장한다. 법원행정처가 2015년 11월 19일 작성한 "[80]상고법원 입법 추진을 위한 BH 설득 방안" "[82]상고법원의 성공적 입법 추진을 위한 BH와의 효과적 협상 추진 전략" 문건 등이다. "'4대 부문 개혁 중 가장 시

그림 7 "[82]상고법원의 성공적 입법 추진을 위한 BH와의 효과적 협상 추진 전략"
(2015/11/19), 12쪽.

급한 부문'이 '노동 부문'"이라면서, "노동시장 유연성 확보와 바람직
한 노사 관계 정립을 위해 노력"해 온 대표적인 사례로 KTX를 꼽는
다. "공공 부문 민영화와 관련한 여러 쟁점이 관계된 사안에서 결국
한국철도공사가 근로계약의 당사자가 아닌 것으로 인정"했다고 쓰여
있다.

사법행정권 남용 의혹 관련 특별 조사단(특조단)은 문건을 작성하는
데 혁혁한 공을 세운 사람이 임종헌 당시 기조실장이었다고 밝혔다
(임종헌은 그 후 대법원 법원행정처 차장으로 임명됐다). 특조단은 또 2018년
5월 25일 자 조사보고서를 통해, "[80] 문건은 시진국 심의관이 기조
실 심의관들이 각각 작성한 부분을 취합해 완성한 문서로, 작성 지시

자인 임종헌 기조실장에게 2015년 7월 28일 보고"한 것이라고 했다.

더불어 "임종헌 기조실장은 상고법원 입법안에 대한 청와대 내 견제, 반대 분위기에 큰 변화가 없는 상황"에서 "청와대 설득의 최종 골든타임이 임박한 상황이므로 청와대 내 부정적 인식 및 국면을 전환할 수 있는 타개책이 필요하다고 판단해 보고서 작성을 지시"한 것이라고 밝혔다.

특조단은 [82] 문건에 대해서도 부적절하다고 지적했다. 임종헌 전 차장이 기획조정실 실장이던 2015년 11월 19일 직접 작성했다고 설명하면서, "19대 국회가 12월 9일 정기국회 종료로 사실상 활동 종료가 예상되고 청와대, 법무부의 반대 기조에 변화가 없는 상황에서 현재의 상황을 타개하고 입법 성공을 견인할 수 있는 최후의 협상 전략을 모색하되, 반대 입장의 진앙지인 청와대 극복을 위한 효과적 협상 전략 수립을 검토"하기 위해 작성한 것이라고 기재하고 있다.

소극적인 자세를 일관하던 특조단조차 양승태 사법부가 협상 대상인 청와대를 위해 재판을 거래했음을 확인했다. 특조단은 "설령 (청와대와의) 협력이나 압박 카드 활용이 실제로 이루어지지 않았다고 하더라도 청와대가 대법원이나 행정처가 그러한 역할을 실제로 수행하고 있음을 믿게 하고, 앞으로 더욱 심한 재판 관여 내지 간섭을 일으키게 할 수 있는 내용의 문건을, 당시 상고법원 입법 추진의 컨트롤타워 역할을 하던 행정처 차장이 직접 작성하였다는 것 자체만으로도 부적절한 것"이라고 평가했다.

재판 거래 의혹에 대한 이야기가 나오자 김승하의 눈동자가 반짝였다. 나와 김승하는 해고 승무원들이 대법원 안으로 들어가 절규할 수밖에 없었던 때로 기억을 되돌렸다. 2018년 5월 29일, 김승하가 서울 서초구 대법원 대법정에서 양승태 전 대법원장의 구속 수사와 김명수 대법원장의 면담을 요구하며 울부짖었던 그때의 이야기다.

대법원 "재판 거래 아니다" 보도 자료

저는 오랜 법관 생활에서 국민의 신뢰야말로 사법부의 유일한 존립 기반임을 확신하고 있었고, 보다 능동적이고 적극적인 자세로 국민에게 다가가 신뢰를 획득하는 것은 모든 법원 구성원들의 기본적 의무라고 생각하여 왔습니다.

그래서 저는 국민의 신뢰 증진이 대법원장인 저에게 주어진 법관으로서의 마지막 소명이라는 각오 아래 그 방향으로 모든 사법 정책의 초점을 맞추었습니다. *

양승태 전 대법원장의 퇴임식 날, KTX 해고 승무원들은 그가 남긴 말을 들으며 고개를 끄덕일 수 없었다. 양승태의 말은 거짓이었다. "능동적이고 적극적인 자세로 국민에게 다가가 신뢰를 얻는 것이 모든 법원 구성원들의 의무"라고 본인의 퇴임식에서 밝혔지만, 그 말은 지켜지지 않았다. 정작 KTX 해고 승무원들이 법원에 대화를 요구하자 대법원은 문을 걸어 잠갔다. 대법원은 KTX 해고 승무원들의 싸움을 패배로 결정한 마지막 심판자다.

* 양승태 전 대법원장 퇴임사(2017/09/22).

2018년 5월 24일, KTX 해고 승무원 사건을 두고 청와대와 대법원이 '재판 거래'를 했다는 정황이 담긴 문건이 발표되자, 해고 승무원들은 주체할 수 없는 분노에 휩싸였다. 문제의 문건에는 양승태 전 대법원장 시절 법원행정처가 박근혜 정부 청와대와 재판을 두고 거래를 시도한 정황이 담겨 있었다. "노동 개혁에 기여할 수 있는 판결"로 KTX 해고 승무원 관련 판결이 언급돼 있었다.

KTX 승무원들은 대법원을 찾아가 기습 시위를 벌였다. '진짜 재판 거래가 있었던 것인지' 알고 싶다는 일념 하나로 대법원 앞에서 기자 회견을 열었고, 김명수 대법원장을 만나고 싶다고 법원에 요청했다. 하지만 법원은 절차와 원칙을 강조하며 문을 열지 않았다. 허락 없이 대법원을 찾아오는 것은 대한민국의 법과 절차에 없기 때문에 입장이 안 된다는 원칙을 고수했다.

"절차대로 하세요"

"절차대로 하면 (대법원장을) 못 만나니까 이럴 수밖에 없는 거 아닙니까?"

"그래도 법에 따라 하셔야죠"

"우리가 지금 법을 믿을 수 있는 상황입니까?"

당시 KTX 해고 승무원들은 "케이티엑스(KTX) 전원 복직, 직접고용"이라 적힌 파란 조끼를 입고 있었다. 김승하 지부장의 손에는 격한 글귀가 적힌 팻말이나 시위 도구조차 없었다. 고작 '김명수 대법원장 면담 요청서' 서류 봉투를 들고 있었다. 현장에는 천주교·불교 관계자들도 함께하고 있었다. 모두가 분노에 차있었다. 붉게 충혈된 눈으로 굳게 닫힌 대법원 정문 앞에서 힘껏 외쳤다.

대치 끝에 문이 열렸다. KTX 해고 승무원들은 마치 막힌 댐이 열리며 물이 쏟아지듯 대법원 안으로 걸어갔다. 그들의 눈은 퉁퉁 부어 있었다. 누군가는 주저앉았고, 누군가는 법원 관계자와 부딪혔다. 『조선일보』를 비롯한 보수 언론은 이 사건을 두고 KTX 승무원들이 대법정을 '점거'했다고 표현했다.

기습 시위까지 했지만, 김명수 대법원장과의 면담은 성사되지 못했다. 시위 이틀 뒤, KTX 해고 승무원들은 김명수 대법원장 대신 대법원장의 비서실장인 김환수 부장판사를 만났다. 김 부장판사에게 철저한 조사와 함께 관련 문건을 모두 공개하라고 요구했다. 대법원장 직권으로 재심을 열어 달라고 하고, 대법원장을 직접 만나고 싶다고도 했다. 하지만 거기까지였다. 그 후 법원이 취한 조치는 일절 없었다. 김승하 전 지부장이 기억하는 당시 분위기는 이렇다.

"말을 많이 아끼더라고요. 대법원 관계자들이 당시 상황을 굴욕적으로 생각하는 것 같다고 느꼈어요. 중간에 법원 관계자들이 울먹이기도 했는데 우리 사건 때문에 그런 게 아니라, 면담하는 상황 자체가 굴욕적이어서 그런 것 같았어요. '법원이 사실 이런 곳이구나' 깨달은 순간이 그때였죠. 도대체 내가 법원에 무엇을 기대했던 건가."

해고 승무원들은 가만히 있을 수 없었다. 며칠 후 그들은 KTX 유니폼을 꺼내 입었다. 2018년 6월 18일, 유니폼을 차려 입은 그들은 서울역 앞에서 청와대까지 걸었다. 구두를 신고 아스팔트 위를 걷는 것은 곤욕스러운 일이다. 뒤꿈치가 까져 발에서 피가 났지만, 지난 세월 그들이 겪었던 고통에 비하면 아무것도 아니었다. 그들은 다시 서울역 앞에서 무기한 천막 농성에 들어갔다.

2005~2017

사법 독립이 사망한 것이나 다름없다고 생각했다. 2018년 6월 21일, 그들은 투쟁하는 KTX 해고 승무원의 수 33만큼 국화꽃 33송이를 준비해 대법원에 던졌다. 사법 독립의 죽음에 대한 애도였다.

앞서 대법원이 내놓은 보도 자료는 그야말로 황당했다. 2018년 6월 20일, 대법원이 KTX 해고 승무원들에게 내린 판결에 대해 "집단지성의 결과"라는 식의 보도 자료를 냈다. "하급심의 판결이 엇갈리는 상태에서 대법원이 법리를 선언해 기준을 제시했을 뿐"이라면서 대법관 전원이 심혈을 기울였으며, 재판연구관실에서 집단지성에 의해 심층 연구와 검증을 거쳤다"고 주장했다. 대법원에서 고민 끝에 내린 판결이니 '재판 거래'와 무관하다고 말했다.

분노한 해고 승무원들은 "'재판 거래가 아니라는 해명 자료'를 내는 것은, 법원이 오만함을 보여줄 뿐"이라면서 "대법원이 사법 농단 수사의 변호사를 자처하고 나섰다"라고 평가했다. "제대로 된 검찰 수사와 제대로 된 판결을 기대하기" 어려우니, "재판 거래 의혹과 관련된 대법관 및 법원 인사들의 즉각 퇴진을 요구한다"고 목소리를 냈다.

"관련자 처벌이 아직도 이뤄지지 않았다는 게 참 짜증나요. 계란으로 바위 치기 같은 싸움이라는 걸 잘 알고 있어요. 그래도 죄책감은 느껴야 하잖아요. 명백한 2차 가해라고 생각해요. 하늘나라로 간 동료의 명예를 되찾기 위해서라도 제대로 밝혀내야죠."

목숨까지 앗아 간 양승태 대법원의 선고

2004년 KTX가 개통하자 당시 철도청은 '지상의 스튜디어스'를 모집한다면서 채용을 홍보했다. 수많은 여성들이 입사 지원을 냈다. 항공사 승무원을 꿈꿨던 여성들도 눈길을 돌렸다.

경쟁률은 엄청났다. 14대 1. 정규직 전환과 직접고용을 전제로 입사했던 20대의 젊은 여성 승무원들은 "철도청이 공기업인 코레일로 바뀌면 정규직으로 전환해 준다"는 약속을 철석같이 믿었다.

약속은 거짓이었다. 입사 2년 뒤 승무원들은 비정규직 철폐를 요구하며 파업을 벌이다가 거리로 내쫓겼다. 항공사 승무원이 될 기회를 포기하고, KTX 승무원이 되면 공무원이 되는 것이나 다름없다고 여겨 선택한 길이었다. 회사는 승무원들을 헌신짝 버리듯 내다 버렸다.

최종 해고된 180명 가운데 34명이 철도공사를 상대로 근로자 지위 확인 소송을 제기했다. 그때까지만 해도 이 싸움이 10년을 넘길 거라고 상상하지 못했다.

1심과 2심 재판부가 해고 승무원의 손을 들어 줬다. 2010년 8월 26일 1심에서 승소하고, 2011년 8월 19일 2심에서도 이기자, 승무원들은 다시 복직할 날만 기다렸다. 하지만 2015년 2월 26일 대법원(주심 고영한)의 판결은 달랐다. "직접적인 근로관계가 성립했다고 단정할 수 없고 근로자 파견 관계에도 해당하지 않는다"며 원심의 판단을 뒤엎었다. 2015년 2월 26일, 대법원은 사용자 코레일의 손을 들어 줬다.

대법원 판결은 사람의 목숨마저 앗아갔다. 대법원의 패소 판결 후, KTX 해고 승무원들은 1심에서 이긴 뒤 가지급받은 4년 치 월급 8640여만 원을 도로 토해내야 했다. 하루아침에 부당이득이 된 돈은 이자까지 붙어 한 사람당 1억 원 이상을 반환해야 하는 처지에 놓였다. 세 살배기 아이 엄마였던 박 씨는 2015년 3월, 스스로 목숨을 끊었다.

돌이켜 보면 코레일은 처음부터 승무원들을 이용했다. 승무원들을 철도청(코레일의 전신)이 아닌, 철도청 퇴직 직원으로 구성된 재단법인 홍익회의 비정규직으로 입사시켰다. 홍익회 소속 승무원들이 코레일에 파견돼 일하는 형식으로 승무원을 관리했다. 여전히 KTX 승무원들의 처지는 비슷하다. 홍익회에서 한국철도유통, 케이티엑스관광레저로 위탁업체 이름이 바뀌었을 뿐, 자회사 직원 신분으로 일하는 것은 13년 전이나 지금이나 똑같다. 김승하는 그 당시 KTX 승무원이 얼마나 열악한 처우 속에서 일을 했는지 말했다.

"철도공사는 유니폼 비용, 락커룸 이용비까지 포함한 승무원들의 월급을 홍익회로 지급했는데, 홍익회는 승무원들 월급에서 이런 비용을 다 떼 갔어요. 심지어 1기가 입던 승무원 유니폼을 2기한테 줬을 정도로 환경이 열악했어요. 월급이 동결되고 깎이는 일도 있었고요."

우여곡절 끝에 복직했지만, 김승하는 마음 써야 할 곳이 늘었다. 2018년 7월 21일 노사 합의를 이루고 복직을 약속받은 김승하는 오랜 기간 함께 싸운 노동자들을 위로하는 활동을 이어갔다. 그중 하나가 싸움을 함께해 왔던 쌍용자동차 해고 노동자들과의 연대. 쌍용차 노사가 해고자 119명 전원을 2019년 상반기까지 전원 복직시키기로 합의하자, 김승하는 누구보다 기뻐했다.

그는 KTX 해고 노동자 복직 합의안의 타결됐을 때, 쌍용자동차 해고 노동자들에게 미안함을 느꼈다. 그리고 쌍용자동차 노동자들의 전원 복직 합의 소식을 들었을 때 너무 기뻐 펄쩍 뛰었다. 2018년 9월 14일, 서울 중구 대한문에 찾아가 복직 합의를 축하했다.

2019년 6월에는 노조 활동을 했다가 홍보팀에서 연회장 웨이터로 발령받은 김상진 전 세종호텔 노조위원장을 찾아가 위로의 말을 전했다. 김상진 전 위원장은 성과연봉제 도입 등에 반발하는 파업을 주도했다는 이유로 강제 전보됐다. 그 후 호텔 측은 직무 명령 불이행과 무단결근을 근거로 2016년 4월 김 전 위원장을 해고했다. 대법원은 2018년 9월, 이것이 부당해고가 아니라고 판결했다. 하지만 KTX 해고 승무원과 쌍용자동차·파인텍·콜텍 노조는 3년 넘게 복직 요구 투쟁을 벌이고 있는 김 전 위원을 찾아가 같이 기자회견을 열었다.

또 있다. 2019월 7월에는 한국도로공사의 직접고용을 요구하며 농성 중인 도로공사 요금수납원들을 지지했다. KTX 해고 승무원들은 "도로공사 요금수납원들이 해고돼 싸우는 모습이 KTX 승무원 해고 사태와 꼭 닮았다"면서 "정부와 도로공사가 대량 해직을 자행했던 KTX의 전철을 따라서는 안 된다"고 말했다. "도로공사가 주장하는 자회사 고용은 잠깐의 시간 벌기에 불과하다"면서 직접고용을 해달라고 촉구했다. 노동 탄압의 고통을 누구보다 잘 아는 그는 휴무 날마다 자기와 처지가 비슷한 노동자들을 찾아 나선다.

"제가 노동권 투쟁 현장에서 마이크 잡을 일이 있으면 종종 하는 말이 있어요. '동료들과 행복한 순간들은 지키면 좋겠다' '직장은 뺏길 수 있지만, 행복까지 앗아 가게 하지 맙시다'라고 말해요. 많은 분들이 여전히 싸우고 있지만, 늘 행복하셨으면 좋겠어요. 저도 또래 동료들과 10년간 함께 싸우면서 많이 지치고 힘들었지만, 그래도 돌이켜 보면 행복하려고 애썼어요. 그걸 말씀 드리고 싶어요."

김승하는 오늘도 승무원 옷이 아닌 역무원 옷을 입고 출근한다. 사법부와의 싸움이 언제 어떻게 끝날지 모르지만, 10년 넘는 투쟁으로 맷집이 제법 생겼다. 그는 쉽게 지치지 않는다. 자신의 자취가 누군가에게 위로가 된다는 사실이 지금을 살아가는 힘이 된다.

"누가 알겠어요. 이렇게 계속 싸우다 보면, 언젠가 승무원 유니폼을 다시 입게 될 지도요."

'KTX 승무원 해고 사건' 일지

• 2004.1. KTX 승무원 공개 모집. 승객 안내 업무 홍익회에 위탁

• 2004.4.1. KTX 개통

• 2005.1.1. 코레일 자회사 한국철도유통, 승무원 고용 승계

• 2005.11. 철도유통, 노무관리의 어려움 등을 이유로 계약 반납. 코레일은 자회사 KTX관광레저에 승무 업무 위탁을 발표하고 승무원들에게 이적 제안

• 2005.12.2. 승무원들, 철도노조 KTX열차승무지부 설립. 직접고용 투쟁

• 2006.5.19. 코레일, 자회사 이적 거부한 승무원 280여 명 정리해고

• 2006.5.24. KTX열차승무지부, 단식 농성

• 2008.7.1. 해고 승무원들, 서울역 앞 천막 농성 돌입

• 2008.8.27. 해고 승무원들, 서울역 뒤편 조명 철탑 고공 농성 돌입

• 2010.8.26. 서울중앙지법, 해고 승무원 34명 근로자 지

위 확인 등 청구 소송 원고 승소 판결

- 2011.8.19. 서울고법, 항소심 원고 승소 판결
- 2015.2.26. 대법원, 해고 승무원 34명 근로자 지위 확인 등 청구 소송 상고심 패소 취지 파기환송
- 2015.11.27. 서울고법, 파기환송심에서 원고 청구 기각
- 2017.8.23. 해고 승무원들, 유엔 인권위원회·국제노동기구(ILO) 진정
- 2018.5.25. 법원행정처가 2015년 11월 작성한 "[82]상고법원의 성공적 입법 추진을 위한 BH(청와대)와의 효과적 협상 추진 전략" 문건에 KTX 승무원 재판 언급된 사실 공개
- 2018.5.29. 해고 승무원들, 대법정 점거 항의 시위
- 2018.5.30. 해고 승무원들, 김환수 대법원장 비서실장 면담해 직권 재심 요청
- 2018.6.1. 해고 승무원들, 오영식 코레일 사장 면담
- 2018.7.9.~7.21. 철도노조-코레일, 해고자 복직 교섭 및 자회사 취업 없이 소송 낸 승무원 180여 명 경력직 특별 채용 합의

"우리가 힘을 모아서 모든 것을 밝혀내고 정의를 되돌려 놓는 것이
친구를 위해 할 수 있는 마지막 행동이라고 생각해요"

ⓒ 주용성

양승태 사법부 사법 농단 일지

• 2017.2.16. 법원행정처 기획조정실 기획2심의관으로 발령받은 이탄희 판사 사직서 제출

• 2017.3.5. 법원행정처가 양승태 대법원장에게 비판적인 국제인권법연구회의 학술대회를 견제했고, 이에 반박한 이탄희 판사의 법원행정처 발령이 번복됐다는 의혹이 『경향신문』에 보도

• 2017.4.7. 대법원이 인사 불이익을 줄 목적으로 특정 판사들의 성향과 동향을 파악한 이른바 '블랙리스트'를 만들어 관리했다는 의혹 『경향신문』 보도

• 2017.4.18. 진상조사위, 블랙리스트 의혹은 사실무근이라고 결론

• 2017.8.21. 문재인 대통령, 신임 대법원장 후보에 김명수 춘천지방법원장 지명

• 2017.9.22. 양승태 대법원장 퇴임

• 2018.2.12. 대법원, 사법행정권 남용 의혹 관련 특별 조사단(특조단) 구성

• 2018.5.25. 특별 조사단, 판사 사찰 문건은 발견됐지만 인사상 불이익 주는 블랙리스트 문건은 발견 못 했다며 최종 조사결과 발표

• 2018.5.31. 김명수 대법원장, 대국민 사과

• 2018.6.26. 법원, 검찰에 양승태 전 대법원장 PC 하드디

스크 '디가우징'(자기장 이용 데이터 물리적 삭제) 사실 통보

• 2018.7.21.~7.27. 법원, 임종헌 전 행정처 차장, 양승태 전 대법원장, 박병대 전 법원행정처장, 이규진 전 양형위원회 상임위원 등 압수 수색 영장 기각. 법원행정처 윤리감사관실, 인사심의관실 등 압수 수색 영장 기각

• 2018.9.30. 검찰, 양승태 전 대법원장 차량, 고영한 전 대법관 주거지, 박병대 전 대법관 사무실, 차한성 전 대법관 사무실 등지 압수 수색

• 2018.10.27. 법원, 임종헌 전 행정처 차장 구속영장 발부

• 2018.12.7. 법원, 박병대·고영한 전 대법관 구속영장 기각

• 2019.1.11. 검찰, 헌정사상 최초로 전직 대법원장인 양승태 전 대법원장 피의자 신분으로 소환

• 2019.1.24. 양승태 전 대법원장 구속영장 발부. 헌정사상 첫 대법원장 구속

• 2019.5.29. 양승태 전 대법원장 등에 대한 사법행정권 남용 의혹 공판 시작

• 2019.7.22. 서울중앙지법, 양승태 전 대법원장에 대한 보석을 허가

재판 거래 피해자들을 만나다 /박성철↔이명선

이명선(이하 "선") '셜록'이 사법부 문제에 깊이 관심을 갖게 된 데에
는 박성철 변호사님 역할이 크다. 이제는 말할 수 있는 사실이지만,
법원행정처가 작성한 사법 농단 문건이 세상에 공개되기 전에 '셜록'
이 이탄희 전 판사를 만나지 않았나? 이제는 "변호사님"이라고 불러
야겠다. 공익인권법재단 공감에 변호사로 일하고 계신다.

박성철(이하 "철") 이탄희 변호사와 '셜록' 팀원들이 몇 차례 만났다.
'사법 농단' '재판 거래'로 불리는 사건이 세상에 채 알려지지 않았던
시점이었다. 중요한 얘기를 참 많이 들었다. 처음에는 '비보도'를 전
제로 만났지만, 시간이 흐르고 나서 보도해도 좋다고도 했다. 그러나
끝내 보도하지 못했다. '셜록'이 취재와 보도를 제대로 하지 못해서
큰 아쉬움과 죄송함이 남는다.

선 기억난다. 이탄희 변호사가 법원행정처에 들어가고 사표를 던질 때까지 겪었던 일련의 과정을 상세히 말해 줬다. 그 무렵에는 '판사 블랙리스트' 존재 여부가 핵심이었다. 그때 박상규 기자가 이탄희 변호사에게 여러 차례 "정말 블랙리스트를 본 적 없냐"고 물어본 것도 떠오른다.

철 당시 박 기자는 정말 블랙리스트를 보지 못했나 하는 질문을 계속 제기했다. 눈으로 확인하지 못한 것을 알고 "사표 내기 전에 문건을 봤어야 했는데"라며 매우 아쉬워했다.

선 중앙일보 권석천 기자가 쓴 『두 얼굴의 법원』*에도 관련된 이야기가 나온다. 이탄희 변호사가 아내 오지원 변호사에게 사직하겠다고 말하자, 오지원 변호사는 "일단 들어가서 문건이라도 가지고 나와야 하는 거 아니야?"라고 되물었다고 한다. 그런데 이탄희 변호사는 "증거를 찾는다고 행정처에 들어간다는 건 (법원행정처 기획조정실 기획) 심의관 자리가 아까운 거야"라고 답했다고 한다. '셜록'과 만났을 때도 그렇고, 지금까지 소신을 굽히지 않았다는 것이 개인적으로 참 놀라웠다.

철 돌이켜 보면, 이탄희 변호사가 큰 용기를 내서 우리와 만났다. 그럼에도 '셜록'이 감당하기에는 참 어려운 과제였고, 결국 보도하지 못

---

* 권석천, 「두 얼굴의 법원」, 창비, 2019, 74쪽.

했다. '셜록'은 이탄희 변호사의 이야기를 정면으로 다루지 못했다. 2018년 2월에 보도한 "이탄희 판사의 사표, 서지현 검사의 용기"라는 기사가 전부였다.

선 그래서 이 책 추천사를 부탁드릴 때 죄송스러운 마음이 컸다.

철 '셜록'은 두 가지 분명한 지향점이 있다. 하나는 진실 추적이고, 다른 하나는 문제 해결이다. 둘 다 포기할 수 없는 가치다. 생각해 보면, 이 사건은 두 가지 목표 모두 달성하기가 어려웠다. 우선 진실을 탐사하기가 난망했다. 문제를 해결하기는 더욱 난해한 사건이었다. 사실 그때는 역량이 부족해서, 진실 추적도, 문제 해결도 하지 못하는 구나, 하며 아쉬웠는데, 지금 생각해 보면 단순히 역량 문제가 아닐 수도 있겠다.

　나중에 드러난 사실이지만, 사건 규모가 매우 컸다. 진실 탐사부터 보통 일이 아닌 사건이었다. 사법부에서 자체적으로 3번이나 3차에 걸쳐 진상 조사를 벌였는데도 의혹을 모두 해소하지는 못했다. 이후 검찰이 많은 인력을 투입해 수사를 하고도 아직도 재판에서 진실이 다퉈지고 있다. 해결은 더욱 쉽지 않은 문제다. 양승태 전 대법원장(2019년 7월 22일 구속 179일 만에 조건부 보석 결정을 받아 석방됐다)과 임종헌 전 법원행정처 차장이 구속됐지만, 이걸 문제 해결이라고 볼 수는 없지 않은가. 관련자들이 유죄판결을 받아 처벌을 받는다고 해도 문제가 해결됐다고 말할 수는 없다. 재판의 공정성에 의문이 제기되는 상황을 막을 수 있는 장치, 정의로울 뿐 아니라 정의롭게 보일 수도 있

박성철 ↔ 이명선

는 제도가 더 보완되어야 한다.

선 사법부가 자체적으로 벌인 진상 조사들이 엉망이었다. 첫 단추부터 잘못 꺼진 느낌이다. 2017년 4월 18일 공개된 1차 조사 결과, 대법원 진상조사위는 "판사들 동향을 조사한 이른바 '사법부 블랙리스트'가 존재할 가능성을 추단케 하는 어떠한 정황도 찾아볼 수 없었다"라고 결론지으면서, 이규진 당시 양형위원회 상임위원이 이탄희 판사에게 있지도 않은 것을 말해 오해가 빚어졌다는 식으로 말했다.

철 1차 조사 결론을 거칠게 요약하면 '해프닝'이라는 취지였다. 이규진 위원이 판사 뒷조사 파일이 있다고 이탄희 판사에게 과장된 실언을 했고, 순진하고 과민한 이탄희 판사가 사표까지 내면서 벌어진 해프닝 정도로 치부했다. 하지만 당시 이탄희 판사는 본인이 직접 겪었으니까 뭔가 있다는 걸 확실히 알았다. 법원행정처가 어떤 불법행위를 조직적으로 했다고 인식했다. 그럼에도 이탄희 변호사는 바로 폭로라는 방법을 택하지는 않았다. 드러나지 않은 진실을 알려야 하는게 아닐까 하는 의무감에 괴로웠을 것이다. 그 와중에 '셜록'에 대해 듣게 되면서 '셜록'이라면 진실을 파헤쳐 줄 수 있을 거야 하고 만났지만⋯⋯.

선 다시 죄송스러운 마음이 든다. 사실 많은 기자가 이 사안에 대해 별로 관심을 두지 않았다.

대담

철 그때 '셜록'이 벽에 부딪혔던 것이 한편으로는 잘된 일이었다. 사법 농단의 실체를 밝히는 게 어려우니 취재 방향을 틀어야 했다. 다른 곳으로 눈을 돌렸다. '사법 농단 피해자를 직접 만나 보는 게 어떨까' 하는 아이디어가 나왔다. 그때부터 법원행정처 문건에 등장하는 재판 거래 의혹 피해자들을 만나 이야기를 듣기 시작했다.

처음에는 '셜록'의 한계 때문에 변죽을 울리고 있다는 아쉬움이 컸다. 그러다 문득 이게 더 본질적인 이야기라는 생각이 들었다. 우회한다고 생각했는데 알고 보니 본질로 향하고 있었다. 대개 법조인들은, 판사나 검사, 변호사, 각자 자신의 위치에서 내부 시각으로만 이 사안을 바라봤다. 하지만 재판 거래가 이뤄졌든 안 이뤄졌든, 실제 주인공, 이 문제의 당사자는 재판을 받은 사람들이라는 것을 깨닫게 되었다. 재판이라는 게 당사자들의 권리와 의무, 법적 책임을 밝히는 거다. 주인공이 빠진 얘기가 세상 어디에 있나. 우리의 한계 때문에 부득이 피해자들의 이야기에 귀 기울이게 되었지만, 어쩌면 더 핵심에 접근하게 됐다.

선 이탄희 변호사 이야기를 정면으로 다루지는 못했지만, 비슷한 문제의식에서 우리는 '이해할 수 없는 법원의 판결들'에 주목하고 취재하고 있었다. "고리대금업자 국정원" 기획도 '도대체 왜 대법원은 국가가 인권을 유린해 피해를 입은 피해자들에 불리한 판결을 기어코 해야 했을까'라는 의문에서 시작되지 않았나?

철 이탄희 변호사가 '판사 블랙리스트' 의혹에 대해 처음 이야기했을 때만 해도, '셜록'의 기획들이 하나로 연결될 거라는 생각을 하지 못했다. 박상규 기자가 진행한 "블랙리스트, 누가 사법부를 망쳤나" "저주받으리라, 너희 법률가들이여"도 애초에는 다 별도 기획이었다. 그런데 대법원 2차 추가조사위원회 조사 과정에서 재판 거래 의혹 문건들이 우수수 쏟아지면서 '셜록'이 기존에 했던 작업들, 이를테면 "고리대금업자 국정원"까지 전부 하나로 연결됐다. 행정처 내부 문건이 공개되면서 언론에서 "재판 거래"라는 말을 쓰기 시작했다. 그 재판들을 살펴보니, 이미 '셜록'이 오래전부터 주목하고 파헤치던 재판들이라 놀라웠다.

선 "재판 거래 피해자를 만나다" 기획을 통해 피해자들의 목소리를 담는 작업을 시도한 나에게 박수쳐 주고 싶다(웃음).

철 의도하지 않았더라도 '빅 피처'를 그린 셈이 됐다. 이탄희 변호사 이야기를 기사화하지 못한 아쉬움이 이명선 기자가 쓴 원고를 보면서 치유됐다(웃음). '셜록'에서 이탄희 판사 인터뷰를 하고도, 진척이 없어서 느끼던 답답함이 조금씩 풀리기 시작했다. 재판 거래 의혹을 받은 재판의 진짜 주인공들에게 다가간 '셜록'의 프로젝트들이 다시 살아나기 시작했다.

선 KTX 승무원이나 쌍용자동차 노동자들이 늦게나마 복직할 수 있었던 것은 사법적인 해결 때문이 아니라 자발적인 투쟁 때문이었다. 많은 사람들이, 심지어 목숨을 잃어 가면서 오랜 기간 싸워 왔기 때문이라 생각한다. 사법부가 납득할 만한 결과를 내놓았다면 애초에 피해자들이 이렇게 억울해하지 않았을 텐데, 알고 보니 사법부가 청와대 눈치를 보면서 주판을 두드리고 있었던 거였다.

하지만 사법 농단에 연루된 판사들은 아무런 죄의식이 없어 보인다. 법원행정처가 공개한 문건에서 재판 거래 의혹이 제기될 만한 문건이 다수 발견됐지만, 보고서를 작성한 사람들은 '아이디어를 담은 것뿐'이라며 문제가 없다는 태도를 보이고 있다. 법관이 문제의 보고서를 작성한 것만으로는 처벌할 수 없는 것인가?

철 음……. 이 경우 형사처벌 여부가 쟁점이 되어서는 안 된다고 생각한다. 당시 대법원장이나 대법관, 행정처 판사들이 처벌을 받아야 하는지, 받을 수 있는지를 이번 사법 농단 사건의 본질로 봐서는 안 된다.

사법 농단 사태에서 가장 아쉬운 대목이 두 가지 있다. 첫째가 형사처벌 여부로 쟁점이 좁혀진 것이다. 사법부가 자정 능력을 보이지 못한 채, 검찰 수사로 넘어갔다. 거대한 문제가 단지 형법상 죄가 되는지 여부로 치환되고 말았다. 급기야 검찰과 법원의 대립처럼 전개되는 점은 무척 아쉽다.

선 그럼 수사와 처벌이 아닌 다른 접근이 있는가.

철 탄핵 절차를 밟았어야 한다고 생각한다. 법관은 탄핵에 의하지 않고는 파면되지 않는다(헌법 제106조). 징계로 해고, 파면, 해임이 가능한 일반적인 직업과 다르다. 우리 헌법에 '독립'이 두 번 나온다. 대통령이 '국가'의 '독립'을 수호할 책무에서 독립이 한번 나오고* 다른 하나가 '법관'의 독립이다.** 법관은 헌법이 특별히 보호하는 직업이다. 그런 직무를 수행하면서, 헌법이나 법률 위배가 있었는지 따졌어야 한다고 생각한다(헌법 제65조). 형사처벌 여부로 관심이 모아지면서, 헌법이 정하는 법관의 독립, 법관의 공정한 직무 수행에 대해 깊이 논의할 기회를 잃어버렸다.

탄핵에 대한 논의가 아예 없었던 것은 아니다. 2018년 5월 25일, 특별 조사단의 3차 보고서가 나오고, 다음 달 8일 당시 민중기 서울중앙지법원장이 국정조사 후 탄핵 심판을 하자는 의견을 냈다는 보도가 있었다. 2018년 11월 전국법관대표회의에서 탄핵 추진을 결의하기도 했다. 어렵게 투표 끝에 찬성 53명, 반대 43명으로 가결됐다. 그러나 국회 논의는 지지부진했다. 소추 기관인 국회는 제 기능을 하지 못했다. 정의당에서 2019년 2월 법관 10명에 대한 탄핵 소추를 추진하기로 했을 뿐, 더는 논의가 진척되지 못했다.

선 국회에서 사법 농단 진상 조사를 벌이면 '이게 헌법 위반인지 아닌지' 형사재판 이상의 수준 높은 논의를 할 수 있다는 것인가?

철 국회에서 탄핵 소추를 하면, 헌법재판이 열린다. 이번 사건을 계기

---

* 헌법 제66조 제2항. 대통령은 국가의 독립·영토의 보전·국가의 계속성과 헌법을 수호할 책무를 진다.

** 헌법 제103조. 법관은 헌법과 법률에 의하여 그 양심에 따라 독립하여 심판한다.

로 법관의 직무 수행에 대한 헌법 차원의 기준과 선례가 마련됐을 텐데, 그런 방향으로 가지 못했다. 2차 조사 결과 충격적인 문건이 쏟아져 나온 시점은 상당히 중요한 국면이었는데, 당시 대법원의 대처는 안일했다. 단지 판사들이 직권남용을 한 건 아닌 것 같다고 하면서 형사상 유죄는 아니라는 식으로만 대응한 점은 무척 아쉽다. 사안을 형사처벌 여부로 좁힌 것이다. 우리 사회에서 너무 많은 문제를 검찰의 손에 맡긴다는 우려와 비판이 있다. 이번 사법 농단 사태에서도 종국에는 검찰에 기대게 된 점이 가장 아쉽다.

3차 조사를 벌였던 사법행정권 남용 의혹 관련 특별 조사단도 다르지 않았다. 2018년 5월 25일 보고서를 발표하면서, "사법행정에 비판적인 법관들에 대한 성향, 동향, 재산 관계 등을 파악한 파일들이 존재하였음은 확인할 수 있었음"이라고 평가했다. 헌법 위반의 문제가 분명히 보였다. 그럼에도 그냥 형사처벌 사안은 아니라는 식으로 결론을 내렸다. "뚜렷한 범죄 혐의가 인정되지 않는 것으로 판단되어, 관련자들에 대한 형사상 조치를 취하지 않기로 한다"라고 말했다. 사법부 스스로 법관직을 너무 가볍게 여긴 건 아닌지, 아쉬운 대목이다. 보도에 따르면, 임종헌 전 법원행정처 차장 등 사법 농단에 연루된 법관들은 "문제가 있는 행위일지는 모르겠으나, 형법상으로는 직권남용이 아니다"라는 논리를 펼치고 있다고 한다. 형사상 직권남용죄가 성립하는지에 대해서는 논란이 있을 수 있을 것이다.

선 아, 무죄가 나올 수도 있나.

철 사건 기록을 보지 않은 채 유무죄에 대한 의견을 내기는 어렵다. 더구나 유의해야 할 점은, 거듭 말하지만, 형사상 유무죄로 논의의 장을 축소하는 걸 경계해야 한다.

2018년 11월 13일, '사법행정권 남용 의혹 연루 판사들에 대한 탄핵 촉구 결의안'을 법관대표회의에 발의해 달라고 요청했다. "형사 절차에만 의존해서는 형사법상 범죄행위가 성립하지 않는 재판 독립 침해 행위에 대해 아무런 역사적인 평가가 이뤄지지 않고 넘어갈 수밖에 없게 된다"는 이유였는데, 대단히 공감 가는 지적이다.

선 양승태 전 대법원이 애초에 법원행정처 컴퓨터를 조사하고 진상을 제대로 밝혔다면 사법부에 대한 신뢰가 이렇게 바닥을 치지 않았을 거다. 대법원은 언젠가 의혹을 덮을 수 있다고 판단했던 것일까?

철 1차 조사는, 의혹과 의문을 해결할 수 없다는 게 발표 자체로 자명했다. 1차 조사보고서를 보면, 핵심 법관인 법원행정처 임종헌 전 차장, 이규진 양형위원회 상임위원, 2016년 기획 제1심의관이 사용하던 업무용 컴퓨터와 이메일 서버에 대한 조사 협조를 요청했으나 거절당했다고 기재되어 있다. 핵심 관계자의 컴퓨터 조사를 하지 못했다는 뜻이다. 이런 전제에서 나온 보고서 결론을 신뢰할 수 있나.

조사위는, 제출을 요청했으나 작성자 동의가 없었다거나 법원행정처 문건 중 보안유지가 필요한 문서들이 다수 있다는 답변을 들었고, 조사위가 강제로 확보할 근거가 방법이 없다고 했다. 한마디로 물적 조사를 하지는 못했다는 것이다. 그러면서도 "사법부 블랙리스트가 존재할 가능성을 추단케 하는 어떠한 정황도 확인되지 않았다"고 결론 내렸다. 사건 해결의 실마리조차 제공할 수 없는 조사 결과였다. 오히려 후속 조사의 필요성을 인정하는 형국을 만들었다. 사법부를 지켜야 한다는 의지가 있었을지 모르겠으나, 결국 사법부를 망치는 보고서였다. 자정의 기회를 날리는 발표였다. 강제로 조사할 수 없었다는 그 과정을 강조하는 보고서는, 검찰의 강제수사가 필요하다는 뜻을 강화할 뿐이었다. 의도와 달리 사법부를 더 위기로 몰았다.

이후 대통령 탄핵이라는 초유의 사태로 2017년 5월 새 정부가 일찍 들어섰다. 그해 9월 김명수 대법원장이 취임했다. 그리고 11월 2차 추가 조사가 결정됐다. 2차 조사단은 우여곡절 끝에 법원행정처 컴퓨터 하드디스크를 열었다. 추가조사위는 2018년 1월 22일 2차 조사결과를 발표했다. 검색 키워드를 제한적으로 입력한 조사였지만, 놀라운 문건들이 드러났다. 충격적이었다.

선 문제의 문건들이 나왔을 때 법원 내부 관계자뿐만 아니라 대중도 적잖이 충격 받았다.

철 법관들은 판사 뒷조사 의혹에 놀라고, 정치권은 원세훈 재판 보고서에 놀랐다. 대중과 언론은 재판 거래 의혹에 놀랐다. 각자 위치에서 놀란 이유가 달랐지만, 2차 추가 조사단이 밝힌 문건 내용은 정말 충격적이었다. 유실 파일, 암호로 잠긴 파일이 상당하다고 하면서 일부 문건만 공개한 것이었는데도, 법관들이 작성했다고는 믿기 어려운 내용이었다. 돌이켜 보면, 이 시점에서라도 사법부가 자정 능력을 보였어야 했다. 그러나 안타깝게도 스스로 수습하는 능력과 지혜를 보이지 못했다.

선 '셜록'도 팟캐스트 <이박사와 이작가의 이이제이>*를 통해 법관 탄핵의 필요성을 이야기한 적이 있다. 『시사IN』은 현재 사법 농단 연루 의혹 현직 판사 열전을 연재**하고 있다. 워낙 사안이 엄중하기 때문에, 사법 농단에 연루된 판사들에 대한 평가는 반드시 있어야 한다고 생각한다.

사법 농단 사태에서 아쉬운 대목, 두 번째는 뭔가.

철 두 번째로 아쉽고 이상한 점은 대법관 전원이 발표한 입장문이다. 사법 농단 사태 와중에 대법관 전원이 두 차례 입장문을 발표했다. 시점이나 방식, 내용 모두 꽹장히 안타까웠다. 사법부가 자정 능력을 전혀 보여주지 못하고, 전 대법원장이 구속되고, 대법관, 고위 법관이 소환되고 기소되는 비극이 일어날 수밖에 없는 이유를 극명하게 보여 주는 것 같아, 슬펐다.

첫 번째 발표는 2018년 1월 23일, 그러니까 추가조사위가 2차 조사 보고서를 발표한 다음 날이었다. 2차 조사 이후니까, 행정처 문건이 공개된 직후였다. 원세훈 문건이 먼저 논란이 됐다. 원세훈 전 국정원

---

* "반드시 탄핵해야 할 5인의 판사들", <이박사와 이작가의 이이제이>, 283회(2018/07/28).

** 『시사IN』은 2019년 9월 2일부터 "사법농단 연루 의혹 현직 판사 열전"을 연재하고 있다.

장 사건 관련해, 1심부터 항소심, 대법원 재판까지 다루는 수십 건의 문건이 나왔다. 언론에서 재판 거래 의혹을 제기할 만한 내용이 상당했다. 정말 법관들이 이런 문건을 작성했을까. 상상하기 어려운 내용이었다.

"[56]원세훈 사건 1심 판결 관련 분석 및 설명자료" "[57]원세훈 사건 1심 판결 분석 및 항소심의 쟁점 전망" "[58]원세훈 전 국정원장 사건 관련 검토" 등. 부적절한 내용도 많았다. 가령 항소심 재판부에 대해서는, 재판장과 주심 판사의 연수원 기수, 졸업한 고등학교, 대학교를 기재하고, "해당 재판부는 최근 '나꼼수' 김어준·주진우 사건에 대하여 무죄판결 선고"라고 볼드체에 밑줄을 그어 기재했다. 이 대외비 문건에는 최근 정세 분석이라고 하여 "BH·여권", 야권, 언론기관, 사법부 내부 각 동향을 기재했다. "신임 원내대표 선출 → 朴心이 반영되지 않고 오히려 레임덕 우려"라고 분석했다. 원세훈 1심 판결 당시 반응에 대해 "BH → 비공식적으로 사법부에게 감사 의사를 전달하였다는 후문"이라고 적었다.

'대응 방향' 중에는 이런 문구가 눈에 띈다. "사법부 내주 → 불만·갈등이 표출되지 않도록 예의 주시 필요" "코트넷 게시판 등을 중심으로 비판적 게시 글 작성·등록 여부 지속적 확인" "특히 코트넷 운영위원회 간사(정보화심의관)는 당분간 24시간 감시 체제를 유지할 필요성 큼 → 문제 있는 글이 게시될 경우 즉시 임시 조치 여부를 검토·집행하여 파장을 최소화하여야 함" "법관 정기 인사는 최대한 조속한 시점에 실시할 필요 있음" "정기 인사 발령 시 새로운 임지로 이주하기 위한 준비 등으로 인하여 법관들의 관심이 크게 분산될 수밖에 없

그림 8 "[58]원세훈 전 국정원장 사건 관련 검토"(2015/02/08), 8쪽.

음" 등이다.

항소심 판결을 앞두고는, 1심 결론이 번복되는 경우, 청와대와 당시 여권과 신뢰 관계 유지·회복을 위한 다양한 방안을 실시해야 한다면서 전교조 사건을 언급하기도 한다(그림 8).

법원행정처는 항소심 재판 법정에 온 국회의원들 이름도 보고했다(그림 9).

원세훈 항소심 판결 이후 선고 관련 각계 동향을 보면, 우병우 민정수석의 요구가 실현된 것이 아니냐는 의혹이 제기될 수 있는 내용이 담겨 있었다(그림 10).

놀라운 점은 우병우 당시 청와대 민정수석의 요구대로 원세훈 사건이 실제 대법원 전원합의체에 회부되고, 항소심 판결이 파기됐다. 재판 거래를 계약서 쓰면서 하지는 않았을 것이어서, 실제 거래가 있었다는 물증이 드러난 것은 아니다. 그러나 의심을 할 수 있는 정황은 충분했다.

서울고법 원세훈 사건 보고(7. 18. 재판)

1. 개요

- ▣ 2016. 7. 18.(월) 10:00 ~ 12:00, 14:00 ~ 16:00 서관 404호 법정

- ▣ 재판부: 김○○ 부장판사(19기), 구○○(26기), 최○○(30기) 고법판사

- ▣ 검사: 김○○ 부장검사(○○지검 ○○지청, 30기), 이○○(○○지검, 32기), 단○○(○○지검, 32기)

- ▣ 법정 참관 국회의원: 박주민, 표창원, 진선미, 박범계, 이재정

  - ● 박범계 의원만 법사위임

  - ● 더불어 민주당 당내 설치된 기구인 『민주주의회복 TF』 구성원임

    - 팀장: 박범계, 위원: 표창원, 금태섭, 김병기, 박주민, 백혜련, 이재정, 진선미

    - 밑줄 의원은 법사위 의원임

- ▣ 기자: 뉴시스 강○○, 연합뉴스 황○○, KBS 홍○○, 동아일보 권○○, 뉴스1 안○○ 등

- ▣ 기타 다수의 국회의원 보좌관 등 참관

그림 9 "[62]서울고법 원세훈 사건 보고"(2016/07/19), 1쪽.

- ■ **판결 선고 후 동향** ⇨ 내부적으로 크게 당황, 외부적으로는 침묵 속에 이완구 청문회 주력

  - ● 전반적 분위기 ⇨ 크게 당황하며 앞으로 전개될 정국 상황에 관하여 불안해하는 상황

  - - 특히 우병우 민정수석 ⇨ 사법부에 대한 큰 불만을 표시하면서, 향후 결론에 재고의 여지가 있는 경우에는 상고심 절차를 조속히 진행하고 전원합의체에 회부해줄 것을 희망

  - - 이에 대하여 곽○○ 법무비서관 ⇨ 전원합의체 회부는 오히려 판결 선고 지연을 불러올 가능성 있음을 피력

  - ● 법원행정처 ⇨ 법무비서관을 통하여 사법부의 진의가 곡해되지 않도록 상세히 입장을 설명함

  - - 법무비서관 ⇨ 법원행정처 입장을 BH 내부에 잘 전달하기로 함. 그리고 향후 내부 동향을 신속히 알려주기로 함

  - ● 아직 "대응" 방향에 관하여는 아직 뚜렷한 입장을 정하지 못하고 있는 상황

그림 10 "[59]원세훈 전 국정원장 판결 선고 관련 각계 동향"(2015/02/10), 1쪽.

박성철 ↔ 이명선

그 밖에도 원세훈의 이름이 여러 차례 등장했다. 가령, 법원의 상징 정의의 여신과 대외비 도장이 찍힌 2015년 3월 9일 기획조정실에서 작성한 문건이 있다. 판사들의 익명 카페에 올라온 글들을 분석해 작성한 보고서다. 원세훈 사건 관련 글이 올라온 2월 2주 카페 페이지뷰가 3137개이고 4개의 댓글을 36명이 읽었다는 보고가 있다. "[40]김○○ 부장판사 징계 결정 후 대응 방안"이라는 2014년 11월 7일 자 문건을 보면, 법원 직원 노조가 "원세훈 판결 결론에 대한 비판과 함께 코트넷 게시판에 비판적 취지의 글을 올릴 가능성이 있음"이라는 문구가 있다.

법원행정처에서 원세훈 재판에 얼마나 많은 관심을 기울였는지를 알 수 있는 문건은 차고 넘친다. 더구나 거래의 의혹, 부당한 압력을 의심할 수 있는 정황들이 발견됐다. 우병우 민정수석의 요구는, 우연인지 아닌지, 실제 그렇게 된 부분이 있었다. 이처럼 충격적인 문건이 발표된 바로 그다음 날, 대법관 13명은 이런 입장을 내놓았다.

"재판에 관해 사법부 내부·외부 누구로부터 어떠한 연락도 받은 사실이 없음을 분명히 한다. 일부 언론의 위와 같은 보도는 사실과 달라 국민들과 사법부 구성원들에게 사법부의 독립과 재판의 공정성에 관한 불필요한 의심과 오해를 불러일으키는 것으로서 깊은 우려와 유감을 표명한다."

선 "안 그랬다"고 말하면 정말 안 그런 게 되는 건가? (웃음)

철 민망한 발표였다. 당시 입장을 표명한 대법관 13명 중 7명*만 원세훈 댓글 사건 재판에 관여했다. 6명 대법관들은 원세훈 재판 당시 대법관이 아니었다. 왜 경험하지 않은 사실에 대해 이렇게 단호한 입장을 취했는지부터 의문이다.

원세훈 재판과 관련된 문건이 너무나 구체적이었다. 언론에서 '청와대와 사법부 간의 재판 거래가 있었던 것 아니냐'는 의문을 제기하는 것은 너무나 당연한 상황이었다. 그럼에도 "불필요한 의심과 오해를 불러일으키는 것"이라면서 "깊은 우려와 유감"을 표명하면, 과연 누가 진정성 있게 받아들이고 수긍할 수 있을까.

선 사실 지금 말한 대법관들 입장 표명은 거의 무시되지 않았나? 별로 기억이 나지 않는다.

철 대법관 전부가 서명해서 하는 대법원 전원합의체 판결은 판례로서 상당히 중요한 의미를 지닌다. 입장문은 물론 판결과 다르지만, 그런 점을 고려해도 대법관 전체가 서명한 문서가 이렇게 초라하고 심지어 어리석게 느끼지는 건, 안타까운 일이었다. 법원행정처 문건이 우수수 공개되었는데도, 단지 그냥 아니다, 라고 하면 조용히 넘어갈 수 있다고 생각했다면 너무 안일한 현실 인식이다.

---

* 2015년 7월 16일 원세훈 사건 대법원 판결 당시 재직 중이던 대법관은 고영한, 김창석, 김신, 김소영, 조희대, 권순일, 박상옥 대법관뿐이다. 입장 표명에 이름을 올린 나머지 대법관(이기택, 김재형, 조재연, 박정화, 안철상, 민유숙)들은 2015년 당시 대법원에 근무하지 않았기 때문에 사건의 처리 과정을 경험한 것은 아니었다.

그림 11 "[281]국제인권법연구회 대응 방안"(2016/03/10), 9쪽.

선 대법관들이 그때 유감이나 사과 등을 표했으면 분노가 덜 했을 거 같다.

철 재판이 물론 공정해야 할 뿐만 아니라, 공정해 보이는 것도 중요하다. 소송 당사자들은 공정성에 민감할 수밖에 없다. 실제 불공정 여부를 떠나서 최소한 공정하지 않게 보일 수 있는 문건이 다수 공개됐는데, "나는 공정해, 그러니까 쓸 데 없는 의심이나 오해하지 마"라고 말하는 건, 어느 모로 보나 이해하기 어려웠다.

선 대법관들이 두 번 단체로 입장 표명을 했다고 했는데, 그렇다면 두 번째는 무엇이었나?

철 3차 조사 이후였다. 특별 조사단의 3차 조사보고서가 2018년 5월 25일에 나왔다. 보고서에는 "사법행정에 비판적인 법관들에 대한 성향, 동향, 재산 관계 등을 파악한 파일들이 존재하였음은 확인할 수 있었음"이라는 내용이 있었다. 2018년 6월 11일에는 전국법관대표회의는 "형사 절차를 포함한 성역 없는 진상조사와 철저한 책임 추궁이 필요하다"고 발표했다.

사법행정에 비판적인 법관에 대한 사찰이 의심되는 문건들이 공개됐다. 법원행정처가 달갑게 생각하지 않는 국제인권법연구회에 대해서도 여러 대응 방안이 제시됐다(그림 11).

국제인권법학회 내 "인사모 관련 대응 방안 검토" 2018년 6월 5일자 [312] 문건에는 보통 다른 문서들이 "대외비"라고 되어 있는 것과 달리 "대내외비"라는 도장이 찍혀 있다. 이 문건에서도 조직을 와해시키기 위한 여러 방안이 제시됐다(그림 12).

특정 법관에 대한 대응 방안도 발견됐다. 법원행정처와 다른 견해를 지닌 차 판사*에 대한 내용을 보면, "[318]차○○ 판사 게시글 관련 동향과 대응 방안"이라는 문건에 해당 판사와 사촌 관계에 있는 다른 부장판사를 통해 설득하는 방안을 담았다. 그리고 나서 차○○ 부장판사가 주말에 2시간씩 2회에 걸쳐 통화하여 설득했다는 내용이 기재되어 있다.

"[322]서울중앙지법 단독판사회의 의장 경선 대응 방안" 문건에는,

---

* 문건의 주인공인 차성안 판사는 2018년 5월 29일 KBS <뉴스9>에 출연해 판사 블랙리스트에 자신의 이름이 올라온 것에 대해 "분노와 비참함을 느낀다"면서 "재판부만 알 수 있는 비밀스러운 정보를 빼내서 예측 가능한 판결을 확보하는 행위 자체가 재판 개입에 해당할 여지가 있다"고 말했다.

■ **[파열음 ②] 정서적 측면의 문제제기** ⇨ **특정 연구회의 후신, 정치적 목적 하에 전문분야연구모임인 국제인권법연구회를 이용하고 있음**

● 위와 같은 내용을 공개적으로 드러내서는 안되고, 일반 회원들이 위와 같은 분위기를 자연스럽게 감지할 수 있도록 하여야 함

- 우리법연구회 등과의 구체적 연관성이 아니라, 무언가 **'문제 있고, 논란 있는 연구회'** 라는 인식이 확산되는 것만으로도 상당수 법관들의 동요 예상

- 현재는 사법부 내 **'주류 중의 주류'**로 인식될 수 있는 **법관들이 다수 회원으로 포진** ⇨ 젊은 법관들이 인권법연구회 활동을 긍정적으로 인식

● **[PROCESS]** ① **규정에 반하는 활동으로 논란 있는 연구회** → ② **주류 성향 선배 법관들의 대거 탈퇴** → ③ **다수의 법관들이 인사모에 대해 심리적 거리감 내지 경각심 형성**

● ① **규정에 반하는 활동으로 인한 논란 촉발**

- 앞서 본 바와 같이 현 회장의 의지 및 설득력이 관건임

● ② **선배 법관들의 대거 탈퇴**

- 현 회장의 사퇴 및 탈퇴가 전제되어야 명분 및 효과를 높일 수 있음

- **고법부장**(성○○, 이○○, 김○○, 유○○, 김○○, 이○○, 이○○ 부장 등 12명), **심의관 출신 지법부장**(윤○○, 한○○, 오○○, 김○○, 전○○ 등)이 회장의 문제제기에 대한 지지 차원에서 명분을 내세워 탈퇴

- 일거에 탈퇴할 경우 행정처가 배후에 있다는 공격을 받게 될 위험이 크므로, 적절한 명분을 갖추어 분산 탈퇴하되, 다수가 탈퇴할 필요가 있음

그림 12 "[312]인사모 관련 대응 방안 검토"(2017/01/24), 6쪽.

박○○ 판사가 의장으로 선출될 경우 예상되는 문제점에 대해서 상세히 기술하고, 대응 방안으로 "정○○ 판사가 단독판사회의 의장으로 당선될 수 있도록 적극 지원함으로써 핵심 그룹의 지원을 받는 박○○ 판사의 당선을 저지할 필요 있음"이라고 했다. 김○○ 기획법관으로 지원단을 구성하는 안을 담고 있다. 박○○ 판사 당선을 저지하기 위한 선거 전략까지 담았다.

법관들의 익명 카페에 올라오는 글도 모니터링했다. 일부 게시글

을 직접 인용하여 보고하는 내용이 다수 발견된다. 판사들의 정치적 성향과 성격을 기재한 내용도 많다. 특히 특정 법관에 대해 진보 성향 법관에게 '어필'한다고 하면서 동향을 주목한 부분이 눈에 띈다. 모 판사에 대해서는, "속칭 낄 때, 안 낄 때 판단이 밝아, 자신에게 불이익이 오지 않을 이슈에 대해서는 강한 어조로 비판, 그 반대의 경우에는 침묵" "선동가, 아웃사이더 비평가 기질"이라고 하여 인신 공격적 분석을 하기도 했다.

판사들의 익명 카페에 대해서는, 올라오는 글을 복사해 보고서에 인용했을 뿐 아니라, 심지어 와해 공작 방안을 제시했다. 내용을 보면, "현재 로그인 가능한 아이디, 비밀번호 확보한 상태"라고 기재했다. "회원으로 가장하여 카페 내 활동 중단에 대한 글 게시"를 실천 방안으로 제시했다. "법관들 대상으로 한 익명 게시판('이판사판') 점검, 여성 법관들이 가입한 '유스티티아'의 동향 주기적 점검"도 법원행정처가 만든 문건에 담긴 문구다. 법원행정처도 이러한 사찰의 문제를 인지하고 있었다. 부정적 효과 및 대응 논리도 제시했다. 이탄희 판사가 들었다는 판사 뒷조사 파일의 일부다. 이런 것이 뒷조사가 아니라면 무엇일까.

사법행정에 비판적인 법관들에 대해 성향, 동향, 재산 관계 등을 파악한 파일들이 있었다는 3차 보고서나 발표되고, 나흘 뒤인 2018년 6월 15일, 김명수 대법원장의 담화문이 나왔다. "섣불리 고발이나 수사 의뢰와 같은 조치를 할 수는 없다 하더라도, 이미 이루어진 고발에 따라 수사가 진행될 경우 미공개 문건을 포함해 특별 조사단이 확보한 모든 인적·물적 조사 자료를 적법한 절차에 따라 제공할 것"이라고 했다. 3차 보고서가 나오고 파문이 더 커지던 시점이었다.

선 그때 김명수 대법원장은 "법관들이 사법행정권자의 요청에 의해 재판의 진행과 결론에 영향을 받는다는 것은 상상하기 어렵다"면서 "재판은 실체적으로 공정해야 할 뿐 아니라 공정해 보여야 한다는 것이 사법부가 강조해 온 오랜 덕목"이라고도 했다.

철 대법관들이 두 번째로 단체로 입장을 발표한 것은 김명수 대법원장이 대국민 담화문을 낸 그날이었다. 김 대법원장이 오후 1시 30분쯤 담화문을 발표했는데, 같은 날 오후 4시쯤 이런 입장문을 냈다고 한다. "재판의 본질을 훼손하는 재판 거래 의혹에 대해서는 대법관들은 이것이 근거 없는 것임을 분명하게 밝히고, 이와 관련하여 국민에게 혼란을 주는 일이 더 이상 계속되어서는 안 된다는 깊은 우려를 표시합니다." 3차 보고서에 대한 반박이라고 하기엔, 너무 공허하지 않나.

대법관들의 견해가 일치했다고 한다. "사회 일각에서 대법원 판결에 마치 어떠한 의혹이라도 있는 양 문제를 제기한 데 대하여는 당해 사건들에 관여했던 대법관들을 포함해 대법관들 모두가 대법원 재판의 독립에 관해 어떠한 의혹도 있을 수 없다는 데 견해가 일치됐다"고 했다. "의혹도 있을 수 없다"고 해서 의혹이 그칠 상황이 전혀 아니었다. 그럼에도 단지 "대법관 일동"이라는 이름으로 이렇게 기자들에게 공개적으로 알렸다.

선 대법관 일동이 대법관 전원을 말한 거였나?

철 기자들이 문의하자, 13명 전원이라고 답했다고 한다. 논란이 되던 시점에 대법원에 있지도 않았던 대법관들까지 너무 단언해서 말했다. 적어도 의혹을 제기할 수 있는 근거가 백일하에 드러난 상황에서 "재판 거래 의혹에 대해 근거 없는 것임을 분명히 밝힌다"고 하고, "대법관들 모두가 대법원 재판의 독립에 관해 어떠한 의혹도 있을 수 없다는 데 견해가 일치됐다"고 한 것은, 사실 너무했다. 재판을 너무 가볍게 여긴 것은 아닌지, 대법원의 위상을 스스로 손상한 것은 아닌지, 어떤 진지한 성찰을 발견할 수 없었다.

선 그전에 대법관의 거짓말도 있지 않았나.

철 이탄희 판사가 행정처로 발령을 받았다가 안양지원으로 복귀하게 되자, 워낙 이례적인 일이어서 이런저런 말들이 많을 때였다. 그러던 중 2017년 3월 6일, 『경향신문』 1면에 이탄희 판사의 사직서 제출과 철회 과정에 대해 비교적 정확하게 담긴 보도가 나왔다. 그리고 바로 다음 날 3월 7일 법원행정처장이었던 고영한 대법관의 공지문이 법원 내부 전산망에 올라왔다고 한다. "법원행정처는 해당 판사에게 연구회 활동과 관련하여 어떠한 지시를 한 적이 없고, 해당 판사에 대한 겸임 해제 인사 발령은 해당 판사의 의사를 존중하여 이루어진 것이며, 구체적인 불회망 사유는 개인의 인사 문제로서 본인이 공개되길 원하지 않으니 언급할 수 없다"고 올렸다.

선 마치 이탄희 변호사가 불명예스러운 일을 저지른 것 같은 느낌을 주는 글 같다.

철 이후 시간이 흘러 드러난 사실에 비춰 보면, 고영한 전 대법관이 올린 글은 사실과 달랐다. 연구회와 관련된 문건이 다수 나왔다.* 문건이 한두 장이 아니었다. 이처럼 이미 발표한 입장이 허위로 드러난 데에 대한 해명이나 성찰이 없었다. 2, 3차 조사 보고서에는 사법부의 공정성에 심각한 타격을 주는 내용이 담겨 있었다. 그런 상황에서 "재판 거래 의혹에 대해 근거 없는 것임을 분명히 밝힌다"고 강변한다고 의혹이 그냥 가라앉을 수 있나.

선 대법관들이 낸 두 번의 입장 표명 내용을 요약하면 "우리는 무결하다" "그럴 리 없다"인 셈이다.

철 사법 농단 사태 전체를 놓고 볼 때, 참 안타까운 대목이다. 이미 벌어진 사건이야 어쩔 수 없다고 해도, 문제를 해결하기 위한 진지한 성찰과 지혜를 보였어야 하는 게 아닌지.

선 그 후로 검찰 수사가 시작되고 판사들이 줄줄이 검찰로 소환됐다.

* 2018년 5월 25일 특조단은 조사보고서를 통해 "특정 연구회의 소모임이 사법제도나 사법행정을 비판하거나 반대한다는 이유로 사법행정 담당자가 장기간에 걸쳐 지속적으로 관련 단체의 동향을 평가하고 견제·압박하기 위해 대응 방안까지 마련한 것은 시행 여부를 떠나 그 자체가 사법행정권 남용 행위에 해당한다"고 비판했다.

대담

구속영장이 여러 번 청구되고, 양승태 전 대법원장과 임종헌 전 법원 행정처 차장은 구속되는 불명예를 입었다. 이탄희 전 판사가 사직서 를 냈을 당시만 해도 상상할 수 없었던 일이다.

철 진실의 힘을 믿고 여기까지 온 이탄희 변호사가 대단한 것 같다. 많은 부분이 밝혀지긴 했지만, 아직도 드러나지 않은 사실이 많을 것 이다. 이런 큰일을 겪고도 앞으로 제도적 개선이나 개혁에 대한 논의 로 이어지지 못하는 게 안타깝다. 사건의 본질은 다 사라지고 관련자 들에 대한 소환, 처벌과 같은 흥미 위주의 보도, 법원과 검찰의 힘겨 루기 식으로 이 사안이 비춰지는 것이 안타깝다.

선 어떻게 사법제도를 개선해야 할까?

철 당연히 하나의 정답이 있는 문제는 아닐 것이다. 개인적으로 하나 의 제도 개선 방안을 들자면, 참여 재판을 확대하면 좋겠다. 재판이 단순하게 보면 사실을 확정하고 그 사실에 알맞은 법을 찾아 의미를 정확하게 밝혀서 적용하는 일이다. 사안에 맞는 법령을 찾고 정확히 해석해 적용하는 일은 법관이 잘할 수 있는 일이더라도, 그 전제가 되 는 사실 인정을 꼭 법조인에게 맡길 필요는 없다고 생각한다.

　시민이 재판에 참여하는 배심제, 기소 여부를 결정하는 대배심이 도입되면 좋겠다. 헌법 개정이 필요한 부분도 있다. 개헌 논의를 할 때 대통령제, 내각제 같은, 정치인들의 관심사에만 논의가 집중되고, 사법제도 개혁은 소홀이 다뤄지는 면이 있다. 누구나 잘못된 사법제도의 피해자가 될 수 있다. 관심이 필요하다. 판사, 검사는 선거로 선출되지 않는다. 직접 위임받지 않은 권력의 한계가 있다. 시민들의 참여를 확대하고, 민주적 정당성이 확보되고, 사건의 당사자들이 객체가 아니라, 주인공이 되는 사법제도를 고민해야 한다.

왜 그들은 어김없이 사회적 약자일까 /박상규↔이명선

이명선(이하 "선") "고리대금업자 국정원" 기획을 시작으로, 참 먼 길을 온 것 같다. '셜록'이 생기고 얼마 지나지 않아, 사법부 블랙리스트 의혹이 터졌고, 오랫동안 이 문제를 다뤘다. 책에 담지 못한 기사들도 많다. 박상규 기자가 쓴 "판사에게 불법행위를 지시한 법원"이 그중 하나다. 법원행정처로 상징되는 법원 수뇌부가 판사들의 공동학술대회를 오랫동안 견제했다는 내용의 기사를 썼다.

박상규(이하 "규") 양승태 법원행정처는 공동학술대회에 거의 알레르기 반응을 보였다. 특히 법원 내 판사들의 연구모임인 국제인권법연구회를 크게 경계했다. 국제인권법연구회 내 소모임 '인사모'(인권보장을 위한 사법제도 소모임)가 주축이 되어 연세대학교 법학연구원과 공동으로 2016년 가을, 공동학술대회를 추진했던 적이 있는데, 그때 학술대회 핵심 주제가 대법원장 권한 축소 등 법관인사제도 개혁이었다. 독일, 미국 사례를 통해 한국 사법 개혁 방향을 모색하는 거였다.

선 한마디로 대법원장의 권한이 너무 막강하다는 걸 지적하려고 했던 것 같다. 실제로 우리나라 대법원장은 판사의 전보, 승진, 재임용과 같은 인사권을 쥐고 있다. 권한이 워낙 막강해서 대법원장이 '제왕'이라 불리기도 한다. 그걸 고쳐야 한다고 젊은 판사들이 목소리를 내니까 대법원이 두려움을 느낀 것 아닐까.

규 2017년 시민들이 촛불을 들고 부조리한 권력을 심판하면서 새로운 세상을 꿈꿨을 때, 법원 내부에서도 젊은 판사들을 중심으로 변화의 목소리가 조금씩 커졌다. 목소리가 점차 커지니까, 사법부 핵심 요직인 법원행정처 소속 고위 법관들이 '인사모 관련 공동학술대회'라는 이름의 문건 두 개를 보고받았다. 문건은 대외비였고

선 대외비 문건에 적힌 내용이 뭐였나?

규 "회장이 (국제인권법연구회) 운영위원회 구성원들을 일대일로 접촉해 공동학술대회 안이 부결되도록 유도한다" "운영위원회를 설득하여 국제인권법연구회 대신 인사모 명칭으로 공동 개최하도록 한다" "(외부에서 여는 공동 행사가 아닌) 연구회 자체 학술대회로 축소하고 이미 (발표자, 토론자로) 섭외한 교수 2명은 발표에만 참여시키며 외부 광고

(언론 보도)는 금지한다" 등이었다. 행사 주관, 개최 시기와 장소, 방법, 언론 노출 등 그야말로 공동학술대회 저지와 축소를 위한 모든 게 망라된 종합대책이었다. 실제로 어느 정도 효과를 봤다고 전해진다.

선 언론에 알려지는 걸 꺼렸다는 건 켕기는 게 있다는 뜻 아닌가? '전문분야연구회 중복 가입 금지' 방안도 추진했는데, 이게 뭔가?

규 법원에는 국제인권법연구회를 비롯해 총 15개 전문분야연구회가 있다. 연구모임 가운데 국제인권법연구회는 가장 늦게 생겼다. 2011년. 그래서 국제인권법연구회 판사들은 다른 연구회에 중복 가입된 경우가 많았다. 사실 '전문분야연구회의 구성 및 지원에 관한 예규'에 따르면 연구모임 중복 가입은 원칙적으로 금지되어 있지만 예규는 10년 넘게 사실상 방치돼 있었다. 법원행정처는 진보 판사들의 목소리를 억누르고자 이 사문화된 예규를 다시 살리려고 했다. 이를 근거로 2월 13일 오후 '전문분야연구회 중복 가입 해소'에 관한 공지문을 코트넷*에 올렸다. "전문분야연구회에 중복 가입한 법관은 3월 5일까지 가장 관심 있는 분야 하나를 선택하고 나머지는 탈퇴해야 함. 3월 6일 이후에도 중복 가입돼 있으면, 나중에 가입한 연구회에서는 탈퇴하는 것으로 전산처리함." 이렇게.

선 2017년 2월 9일, 수원지법 안양지원에서 일하던 이탄희 판사는 법

---

* 법관들이 이용하는 법원 인트라넷.

원행정처 기획제2심의관 겸임이라는 법원 내 핵심 요직에 발령받았다. 이 때문에 며칠 뒤, 인사차 법원행정처를 방문했던 이탄희 판사는 이규진 양형위원회 상임위원으로부터 판사를 뒷조사한 일명 '판사 블랙리스트' 파일이 있다는 얘기를 들었다. 이 판사는 이틀 만에 법원에 사직서를 제출했다. 하지만 1차 조사단 격인 진상 조사단은 법원행정처 컴퓨터를 조사하지도 않고 '블랙리스트는 존재하지 않는다'고 결론 내렸다.

규 1차 진상조사 결과가 나오고, 많은 판사들이 전국법관대표회의를 통해 재조사를 요구했지만, 당시 대법원장이었던 양승태는 거부했다.

선 양 전 대법원장은 무엇이 두려웠던 걸까? 1차 조사 결과는 현시점에서 보면 거짓말이나 다름없다. 시간이 지나면 모든 게 잊힐 거라 생각했던 걸까? 이탄희 판사에게 '판사 블랙리스트' 파일이 있다고 얘기한 이규진 위원은 어떤 사람인가?

규 사법연수원 18기생으로 서울형사지방법원, 서울고법 등을 거쳐 2005년 대법원 재판연구관으로 일했다. '법관의 꽃'이라는 고법 부장판사 자리에는 2011년에 앉았고, 2015년에는 사법부 핵심 요직으로 통하는 대법원 양형위원회 상임위원이 됐다. 서울중앙지법 부장판사로 일하던 2010년에는 서울지방변호사회가 선정한 '올해의 우수 법관' 20인 안에 들기도 했다. 다른 판사들이 부러워할 만한 엘리트 코스를 밟은 사람이다.

선 이규진 위원이 우수한 법관이었다면 법원에서 제일 중요한 재판을 맡기면 될 텐데, 왜 이런 사람을 법원행정처에 보낸 걸까?

규 법원행정처를 거치는 게 엘리트 코스였다. 하지만 이탄희 판사는 유혹과 모욕을 견디고, 좋은 자리를 주겠다는 조직과 사람에게 충성하지 않고 법과 양심을 따랐다.

선 '한마음 체육대회' 얘기도 해보고 싶다. 양승태 대법원장 시절 대법원장도 참석한 체육대회가 열렸는데, 그때 법관들이 대법원장 보라고 카드 섹션을 하고, 양승태를 무등 태웠다고 하더라. '셜록'은 양승태 대법원장과 서울북부지방법원 구성원들이 2014년 7월 19일 사진을 찍은 사진을 기사로 공개했는데, 법관들이 머리 위로 하트를 그리는 모습이었다.

규 현수막에 적힌 글이 "대법원장님과 함께해서 행복했습니다"였다. 체육대회 사진을 구하기 위해서 애를 많이 썼는데, '셜록'이 사진을 공개한 뒤 파장이 컸다.

선 2018년 7월 4일 방영된 KBS2 <추적 60분>에도 관련 내용이 나왔더라. 익명의 현직 판사 인터뷰가 충격적이었다. "관중석을 채우고 양승태 대법원장이 등장해 (운동장을) 한 바퀴 돈다. 그러면 (양 전 법원장이) 자기 앞을 지나갈 때마다 카드 섹션도 하고 비둘기를 날리기도 하고 그 지역 특산물을 가져와서 먹여 드리기도 하고, 노래도 부르고 용비

어천가를 개사해서 부르기도 했다." 대법원장이 아니라 사이비 교주 이야기 같았다.

규 체육대회 사진 속 양승태 대법원장은 활짝 웃고 있지만, 양 전 대법원장에게 재판 받았던 여러 사람이 행복하지 않았을 거다. 이명박 대통령이 2011년 9월 임명한 대법원장 양승태는 '사법부의 제왕'으로 불렸다. 임기 대부분을 박근혜 정권과 함께한 그는 '박근혜 코드'에 맞춘 판결을 여럿 남긴 것으로 드러났다. 정권의 정통성 문제가 걸린 원세훈 전 국정원장 대법원 판결도 그중 하나다.

선 법원행정처는 마음에 안 드는 판사를 감시했다. 소위 '튀는 판사'에 대한 프로필을 만들고, 어떤 활동을 하는지 문서로 작성했다. 흥신소 직원처럼 판사 뒤를 캤다. 이게 '판사 블랙리스트'가 아니면 무엇이 블랙리스트 인가? 아무리 생각해도 사법부 자체조사단의 진상 보고서는 거짓이라는 생각이 든다.

규 양승태 대법관이 판사 블랙리스트에 대한 추가 조사를 거부하자, 현직 판사 신분으로 "법원 내 판사 블랙리스트 의혹에 대한 시민의 관심을 촉구한다"며, 직접 온라인 서명운동을 진행했던 차성안 판사도 감시받는 판사 가운데 하나였다. 차 판사는 자신의 생각을 소셜미디어와 『시사IN』을 통해 밝히고, 동료 법관에게는 이메일을 보냈다. 법원행정처는 이런 차 판사를 괘씸하게 봤던 것 같다. '감히 제왕의 핵심 정책을 비판하고 다른 목소리는 적극적으로 내다니'라는 생각으로 그를 집중적으로 감시했던 것으로 보인다. 법원행정처가 작성한 "(차성안 판사) '시사IN' 칼럼 투고 관련 동향과 대응" 문건에는 이런 내용도 있다. "비공식적 채널(차 판사와 사촌관계인 차○○ 부장판사)을 통한 논리적 설득 전략은 이미 사용하였으나 실패" "공식 채널인 군산 지원장이 차 판사의 칼럼 투고에 대해서 대화를 나누며, 문제 부분을 안내할 필요 존재" "차 판사가 존경하는 선배, 친한 선후배 명단 취합-관리 필요". 지인까지 동원해서 차 판사 입을 막으려고 했던 거라고 볼 수 있다.

선 30여 년 전, 사법부에게 치욕을 안긴 전두환 군사정권 시절의 안기부가 했던 일과 비슷해 보인다.

규 오히려 2018년에 공개된 법원행정처의 '차성안 파일'이 더 지독하고 집요하기도 했다. 블랙리스트 추가조사위원회가 별지 형태로 공개한 문건에서 차 판사 관련 내용은 A4 판형으로 13쪽에 이른다. 누구보다 법을 지키고 법관의 독립을 보장해야 하는 법원행정처가 군사정권 시절의 안기부 위법행위를 그대로 따라했다는 점이 놀랍다. 차 판사 파일에서 눈여겨봐야 할 대목은 "차 판사가 존경하는 선배, 친한 선후배 명단 취합-관리 필요"라고 적힌 부분이다. 판사 블랙리스트 작성 지시자와 최종 보고를 받은 '넘버원'은 누구였을까? 양승태 대법원장 지시 없이 법원행정처가 판사들을 사찰하고 비밀 파일 수백 개를 만드는 게 과연 가능했을까?

선 당시 이탄희 판사를 우리가 여러 차례 만났다. 나는 판사를 만나 이야기 나눈 것이 사실 처음이었다.

규 이탄희 판사가 사직서를 내고, 판사 블랙리스트 의혹이 처음 보도됐을 때만 해도 사안의 엄중함이 와 닿지 않았다. 법원이라는 조직은 일반 사람에게 멀게 느껴지는 법이고 기사로서의 가치는 충분하다는 것을 알고 있었지만, 법원 내부 이야기를 취재하는 것이 쉽지 않다. 어떻게 하면 법원과 일반인 간의 심리적 격차를 좁혀서 일반인의 시각으로 보도할 수 있을까 고민을 많이 했다. 그러다 보니 내가 취재했던 재심 사건들이 떠오르더라. 재심 프로젝트를 하면서 만난, 사법 피해자들에겐 공통점이 있었다. 전부 저학력이고 가난한 사람들이었다. 돈 없고 못 배운 사람들이 표적이 된 거다. 양승태 대법원장이 오판으로 만들어 낸 가짜 간첩 피해자들도 비슷하다. 약속이나 한 것처럼 모두 가난하고 소위 '빽' 없는 사람들이었다.

선 일반인이 법원에 가는 일은 거의 없다. 사법 피해자들을 만나보니까, 법원에 다니면서 사법부의 역할에 대해 배웠다고 말해도 과언이 아닌 것 같더라. 변호사를 선임하고, 권리를 주장하는 것이 일반인 입장에서 얼마나 어려운 일인지 취재하면서 많이 느꼈다.

규 재판 취재를 하면, 여러 일로 법정에 선 많은 사람들이 판검사나 변호사의 말을 제대로 이해하지 못한다는 걸 알 수 있다. 용어는 어렵고, 절차도 생소하다. 살면서 법원에 판단을 맡기는 일이 없으면 가장

대담

좋았을 거다.

하지만 군사정권 등 많은 국가 폭력을 겪은 우리 사회 구성원들은 법원에 자신의 권리와 운명을 맡기는 일이 유난히 많았다. '인권의 최후 보루는 법원'이란 교과서적인 말은 우리 사회에서 널리 공유되는 표현이었다. 그만큼 많은 사람이 기대를 할 수밖에 없었고 무수한 기대가 배신으로 돌아왔지만.

재판 거래라니, 시민 처지에서는 상상하기 어려운 일이다. 책에도 나오는 '대구 10월사건 피해 유가족' 정도곤 씨의 사연은 기가 막힌다. 같은 사건을 두고, 대법원의 판단이 달랐으니 그걸 도무지 이해할 수 없다. 정도곤 씨는 김용덕 대법관을 상대로 손해배상 소송을 제기했다. 얼마나 화가 나면 그랬을까? 근데, 법원은 또 이 민사소송 기일을 잡지 않고 있다. 피해자 정도곤 씨만 계속 애 태우는 중이다.

선 재심을 통해 무죄를 선고받고 국가배상금을 받았다고 한들 사실 전부 위로되는 것은 아니다. 오재선 씨는 책이 나오기 얼마 전 운명하셨다. 국가배상금 수령 후 양로원을 나와 홀로 지내다가 마지막을 맞이하셨다고?

규 국가 폭력 피해는 절대 돈으로 보상할 수 없다. 오재선 선생은 양로원에서 노년을 보냈다. 재심에서 무죄를 선고 받은 뒤, 형사보상금을 받게 되면서 더는 양로원에 머물 수 없었다. 기초생활 수급권자가 머무는 곳인데 수억 원의 수입이 생겼으니 자격 자체가 안 되게 된 거다. 혼자 살아보고 싶은 마음도 있었다고 한다. 오 선생은 양로원을 나온 뒤 원룸에서 혼자 생활했다.

돈이 없을 땐 돌봄·의료 서비스를 받을 수 있는 양로원에서 생활했는데, 돈이 생기니까 그 모든 걸 스스로 해결해야 하는 곳에서 홀로 사셨던 거다. 그러다 1년 만에 돌아가셨다. 책을 쓰면서 선생님 안부가 궁금해 연락했는데, 담당 변호사가 돌아가셨다는 소식을 알려줬다. 오재선 선생은 생전에 '내가 보상금을 받으면 꼭 양로원에 기부하겠다'고 말씀하셨다는데, 약속을 지키고 돌아가셨다고 한다. 국가 폭력 피해자에게 돈의 위로라는 건 제한적일 수밖에 없다는 하나의 아픈 예인 것 같다.

선 오재선 선생의 명복을 빈다. "고리대금업자 국정원"에 등장하는 전창일 선생의 딸 전재연 씨가 했던 말이 기억난다. '돈 안 받아도 좋다. 아버지를 고문하고 사건 조작에 가담한 사람들이 똑같은 방식으로 고통 받는다면 한이 조금이라도 풀릴 것 같다'고 했다. 잃어버린 세월을 돈으로 보상할 수 없다. 어느 날 가장이 사라지면, 가족 전체가 흔들릴 수밖에 없다. 죄 없이 숨죽이고 살았던 순간과 그 정신적 고통을 어떻게 돈으로 대체할 수 있나.

규 "고리대금업자 국정원"에 나오는 인혁당 재건위 사건 피해자와 가족들의 현재는 어떤지 궁금하다.

선 기사를 처음 내보냈을 2017년 당시와 지금을 비교하면 바뀐 게 거의 없다. 청와대와 국정원의 입장은 사법부의 결정에 대해 어찌할 도리가 없다는 식의 태도다. 아무도 책임지지 않으려고 하니 많은 이들이 매일 밤을 눈물로 지새우고 있다. 무엇보다 고 나경일 선생의 가족은 국정원이 제기한 부당이득 반환 소송 때문에 집을 잃었다. 나은주 씨는 아버지가 투옥된 사이 야간고등학교에 다니며 형제들과 함께 모은 돈으로 마련한 집을 2019년 5월 정부에게 뺏겼다. 인혁당 재건위 사건 진상 규명을 위해 힘써 준 신부님들과 친척들이 건넨 돈으로 산 집이기도 했다. 그런데 헐값에 주인이 바뀌었다.

규 이명선 기자가 책 나오기 직전에 그런 내용의 기사를 쓰기도 했다. "국정원, 인혁당 피해자 집 끝내 빼앗다". 이 기사가 많은 사람에게 회자됐다.

선 사실 박정희 정권은 나경일 선생을 두 번이나 간첩으로 몰았다. 존재하지도 않은 '남조선해방전략당'(전략당)과 '인혁당 재건위'에 몸담았다며 민족의 반역자로 낙인찍었다. 나경일 선생은 수사 기관에서 고문을 당했고, 10년 가까이 억울한 감옥살이를 했다. 근데 대법원이 가지급받은 국가배상금을 토해내라고 판결 내리면서 악몽이 다시 시작됐다. 국정원이 받은 돈을 돌려달라면서 부당이득 반환 소송을 제기했다. 국정원이 나은주를 포함한 네 형제에게 돈을 요구하는 채권자가 된 거다. 국정원은 '돈을 갚으라'고 몇 년을 독촉하다가 집을 기어코 경매에 넘겼다.

규 상심이 크겠다.

선 고 나경일 선생의 첫째 나은주 씨와 둘째 나문석 씨를 2019년 10월 대구 모처에서 오랜만에 만났다. 대화가 시작되자마자 나은주 씨 눈에 눈물이 고이더라. 지난 2년간 있었던 일을 풀어 놓으면서 "우리 고통을 책임지는 사람이 아무도 없다"고 했다. 본인이 너무 답답한 마음에 얼마 전에는 조카 결혼식에도 참석하지 않고, 서울 서초동에서 열리는 검찰 개혁 집회에 나갔다고 하더라. 검찰 개혁, 사법 개혁이 이뤄져야 결혼할 조카도 잘살 것 같다는 마음에서였다고. 정권이 바뀌고, 양승태 사법부의 재판 거래 의혹이 불거지면서 '해결될 지도 모른다'는 기대가 커졌지만, 사실 바뀐 게 없으니 얼마나 답답했을까. "고리대금업자 국정원" 기획을 쓰고 그토록 화제를 모았는데도 바뀐 게 없다는 소식에 슬펐다.

규 국가인권위원회가 2019년 2월, "국가가 인혁당 사건 피해자들을 구제할 필요가 있다"고 결정했는데도 달라진 게 없었던 건가.

선 그때 인권위 결정 내용에 대해 자세히 말하면 인권위가 "인혁당 피해자들이 부당이득금 반환 문제로 겪고 있는 어려운 상황을 조속히 해소하고, 국민 보호 책임을 충분히 실현할 수 있도록 완전하고 효과적인 구제 방안을 마련하여 시행하는 것이 바람직하다"면서 문재인 대통령에게 의견을 냈다. 그로부터 약 1년이 흘렀지만, 현재까지 청와대로부터 반응은 없다고 한다. 2년 전 처음 나경일 선생 댁 분들을 만났을 때와 지금을 비교하면 많이 지쳐 보였다. "대법원이 왜 그런 결정을 내렸는지, 국정원이 왜 이렇게까지 괴롭히는지 아는 게 소원이다"라고 하는 말에 마음이 아팠다.

규 같은 맥락의 질문인데, '셜록'이 지적한 대로 헌법재판소가 과거사 피해자의 국가배상 청구권에 소멸시효를 적용하는 것은 '위헌'이라는 결정을 내렸음에도, 이 피해자들은 여전히 고통 속에 있다. '7번방의 선물' 주인공 정원섭 목사도 그렇다.

선 너무나도 답답하고 안타까운 일이다. 문제는 형벌조항이 아닌 법률 및 법률조항에 대한 위헌 결정은 소급 적용이 안 된다는 사실이다. 정원섭 목사의 경우가 그런데, 1심 소송 당시까지는 형사보상 결정일로부터 3년 안에 손해배상 청구를 하면 됐지만, 2심이 진행되는 사이, 3년이란 기간이 6개월로 바뀌는 판례가 생겼다며 법원이 26억 원 배상금 지급을 취소했다. 딱 '열흘' 차이로 국가배상금을 못 받게 된 거다. 대법원도 같은 판결을 내렸다. 만약 정원섭 목사가 재판 당시에 위헌법률심판 제청 신청을 했더라면 기회가 생겼을 수 있겠지만, 그러질 못했다. 정원섭 목사는 현재 요양병원에 있다. 돈이 위로가 될 수 없겠지만, 법원은 그 기회마저 앗아갔다.

규 재판 거래 의혹 당사자 가운데 일부는 일상을 회복했다. KTX 해고 승무원들과 쌍용자동차 해고 노동자가 그 예다. 이들의 복직은 재판 거래 의혹 해소와는 무관하게, 회사 측과의 합의를 통해 복직한 거다.

선 그래서 '반쪽짜리 승리'라고 썼다. 대한민국 헌법은 법관의 독립을 보장하고 있지만, 양승태 사법부 시절의 고위 법관들은 재판에 개입하는 등 법관 독립과 거리가 먼 행동을 했다. 양승태 대법원장 시절 작성한 법원행정처 문건에 '정부 협조 사례'라는 어구가 등장할 정도로, 당시 판결은 공정하게 이뤄진 것으로 보이기 어렵다. 하지만 사법 농단에 연루된 사건 판례에 대해 논의하는 목소리가 법원 내에서는 없는 것 같다.

규 사회에서 발생하는 여러 이해 출동과 대립 문제는 토론을 거쳐 의견을 조율하고 합의하는 게 중요하다. 그런 게 정치의 역할이기도 하다. 하지만 여러 사안이 당사자 간 협의나 정치적 해결 없이, 수사기관이나 법원으로 직행하는 사례가 너무도 많다. 토론·조정·합의 과정 없이 법원으로 직행하는 게 간단하고 경제적으로 보일지 모르나, 길게 보면 더 큰 비용을 치르는 일이기도 하다. 법원에서 최종 결정이 나면 되돌리기도 어렵고

선 양승태 대법원장 시절 법원행정처가 벌인 사법 농단에 키코 사태*도 포함됐다. 책에는 관련 내용이 빠졌는데, 당시 상황을 설명하

---

* 수출 중심 기업을 대상으로 만들어진 통화옵션 상품이다. 원-달러 환율이 일정 범위 안에서 움직이면 미리 정한 환율에 달러를 팔 수 있어 환율 변동 위험을 줄일 수 있지만, 환율이 상한선 위로 올라가거나, 하한선 밑으로 내려갈 때 기업에 문제가 발생한다. 기업은 계약 금액의 두 배 이상의 외화를 마련해 은행에 약정 환율로 팔아야 한다. 환율이 하한선 밑으로 떨어지면 키코 계약은 무효가 된다. 이러한 구조 탓에 '키코 계약으로 기업이 기대할 수 있는 이익은 제한적인 반면, 위험은 무한대'라는 비판이 나왔다.

면 대법원이 2013년 판결에서 키코 계약이 사기가 아니라고 봤다. 은행이 기업에게 '환율이 폭락이나 폭등하면 큰 손해를 본다'는 걸 제대로 고지하지 않은 것은 문제지만, 상품 자체에는 문제없었다고 판단한 거다. 키코는 환율이 하단환율보다 내려가거나 상단환율을 넘어서면 은행에 압도적으로 유리해진다. 환율이 정해진 범위에서 벗어나면 기업은 버는 돈의 상당 부분을 은행에 갖다 바쳐야 하고, 그러면 기업은 물건 만들 돈이 없어서 악순환에 빠졌다. 피해 기업들은 이런 위험에 대해 알지 못했다고 주장했지만, 법원은 이를 받아주지 않았다. 김광림 당시 한나라당 의원 자료에 따르면 517개의 기업이 총 3조 3538억 원을 키코 때문에 잃었다고 한다. 들리는 얘기로는 그 후 몇몇이 자살했고, 누구는 여전히 빚에 시달리고 있다고 한다. 법원행정처 문건을 보면 대법원이 "사법부가 VIP(박근혜 전 대통령)과 BH(청와대)의 원활한 국정 운영을 뒷받침하기 위해 최대한 협조한 사례"라면서 '키코' 얘기를 꺼낸다. 이 때문에 키코로 인해 피해를 입거나 도산한 기업들이 크게 분노했다.

규 중소기업들이 대형 은행이랑 싸워서 이기기는 힘들다. 은행들이 김앤장과 같은 국내 최대 로펌을 앞세워 대응했다고 들었다. 키코 소송은 어떻게 진행되었나?

선 소송에 참여한 220여 개 기업 중에서 1심에서 165개사가 패소했고, 41개사가 10~50퍼센트의 일부 인용 판결을 받았다. 2013년 9월 대법원은 키코 상품을 만든 은행에게 완벽한 승리를 안겨 줬다. 대법원에 이르기까지 수백 건의 판결문이 마치 복사라도 한 듯 똑같은 내용이 많은 것도 이상했지만, 김앤장이 발간한 책 『키코-오해와 진실』 내용 상당수가 판결문에 그대로 들어간 점이 제일 이상했다. '추가 수익을 기대할 수 있는 통화 옵션 상품'이라는, 김앤장이 정의한 키코에 대한 정의가 판결문에 그대로 들어갔다. 김앤장의 논리는 피해 기업들이 추가 수익을 노리고 키코 상품에 가입했다는 거였는데, 법원이 키코에 대한 정의부터 은행들과 이들을 대리한 김앤장의 논리를 따랐던 거다. 그러니 중소기업들이 승소할 리 만무했다. 사실 대부분의 나라에서 키코가 '사기'로 판명됐다. 미국이나 이탈리아 같은 선진국뿐만 아니라 인도를 포함한 아시아 국가에서 일찌감치 사기로 결론이 났다. 그런데 우리나라에서는 결과가 반대로 나왔다. 대법원은 키코 상품이 환율의 일부 구간에서라도 헤지 기능이 있기 때문에, 키코를 환 헤지* 상품으로 인정할 수 있다고 판단했다.

규 현재 키코 피해 기업들은 어떤가?

선 2019년 11월 현재, 금융감독원이 키코로 피해를 입은 기업들에 대한 배상 조건을 놓고 은행과 막판 조율을 벌이고 있다고 한다. 금감원

---

* 헤지(Hedge)란 위험을 피한다는 뜻으로, 밭에 심어 놓은 농산물을 수확하기 몇 달 전에 일정한 가격에 구매하기로 미리 약속하는 '밭떼기 거래'가 헤지의 대표적인 예다. 환 헤지 상품은 "해외통화를 이용한 거래에서 기준 통화와 해외 통화 간 환율 변동으로 인해 발생할 수 있는 위험을 극복하기 위해 환율을 미리 고정해 두는 거래 상품을 말한다.

에 분쟁 조정을 신청한 기업이 4곳이고, 은행은 6곳인데, 전체 피해 기업 수와 비교하면 터무니없이 적은 수다. 금감원이 분쟁 조정 신청 기업들이 입은 손실의 30퍼센트 안팎을 배상하라고 은행들에 권고할 거라는 얘기가 전해지는데 해피엔딩으로 끝날지는 더 지켜볼 일이다.

규 책의 추천사를 써주신 이탄희 전 판사를 만났던 이야기를 하고 싶다. 지금은 변호사로 활동하는데, 2년 전과 비교하면 참 많은 것들이 달라졌다.

선 그때는 뭔가 조심스러워 보였는데, 이제는 신문에 칼럼을 연재하고 텔레비전 출연도 한다. 사법 개혁에 대해 소신 발언을 하고 있다. 특히 한 강연에서 "유신헌법에는 '대법원장이 아닌 법관은 대법원장 제청에 의해 대통령이 임명한다'고 돼 있었는데, 지금도 대법원장이 대법관 임명을 제청하고 평판사를 뽑고 어느 지역으로 보낼지 결정하는 구조는 바뀌지 않았다"고 했다. 그 말이 강렬하게 다가왔다.

규 이탄희 판사를 만났을 때는 법원행정처 문건들이 공개되기 전이었다. 이탄희 판사를 처음 만났을 때 받은 느낌은 '법원을 참 사랑하는 사람이구나'였다. 법원을 지켜야 한다는 의지도 보였다. 사법부에서 근거 없이 이탄희 판사를 비난하는 목소리가 꽤 있었는데, 그럼에도 소신대로 결정하고 판단한 점이 존경스럽다.

선 취재를 하면서 나는 법원의 정보 공개 시스템과 우리 언론 문화에 많은 문제가 있다고 느꼈다. 책에서 다룬 이야기들을 기존 미디어에서 다룬다면 법조팀에서 맡았을 가능성이 큰데, 검찰이나 법원을 출입하며 취재하려면 출입처에 언론사와 취재 기자의 이름이 등록되어야 하는데, '셜록'은 출입처가 없다. 출입처 등록이 안 되어 있으면, 검찰과 법원의 취재가 제한적일 수밖에 없다. 따라서 판결문과 같은 기초적인 자료를 구할 때도 몇 번이나 귀찮은 과정을 거쳤다.

규 검사나 판사 취재가 출입처 기자들에게는 쉬울 수 있겠지만, 출입처가 없는 기자들은 솔직히 만나기 어렵다.

선 어쩔 수 없이 기존 미디어에 있는 법원 출입 기자에게 '판결문 하나를 급히 구해줄 수 있냐'고 부탁한 적이 있다. 검사나 판사 연락처를 알기도 어렵고 접근성이 확 떨어졌다. 적어도 판결문은 공개했으면 좋겠다. 개인정보를 가리면 공적 자료 아닌가. 금태섭 의원에 따르면 "대법원 판결의 3퍼센트, 각급 법원 판결 0.003퍼센트만 종합법률정보시스템에서 확인이 가능하다"고 한다. 법원 특별열람실을 이용해 판결문을 보는 방법도 있지만, 거기서는 컴퓨터 네 개에서만 이용할 수 있고 프린트나 메모도 불가능하다. 이 부분에 대한 불만이 많았다. 사법 정보가 누구에게나 열려 있으면 좋겠다.

규 경제적으로 보면 한국은 부유한 나라에 속한다. 민주주의 역시 절차적으로나 제도적으로는 높은 수준에 있다. 사법부 쪽을 봐도 제도는 잘 마련된 편이다. 어려운 사람들이 찾아갈 수 있는 법률구조공단이 있고, 국선 변호인도 쓸 수 있다. 그럼에도 사법 피해자는 계속 나오고, 그들은 대부분 가난하거나 저학력자, 장애인과 같은 사회적 약자이다. 그 이유가 뭘까, 과연 제도의 문제일까?

계속 보완하고 발전해야겠지만, 나는 제도의 문제가 아닌 것 같다. 정의의 여신이 눈을 가리고 있지만, 한국의 수사기관과 법관은 법 앞에 선 사람들의 배경을 보는 듯하다. 화성연쇄살인 사건 8차 범인으로 몰렸던 윤 씨만 해도, 그 역시 가난했고 고아처럼 자랐기에 많이 배우지 못했다. 내가 만난 재심 사건 피해자들과 너무 일치해 놀랐다. 이게 과연 우연의 일치일까?

모든 인간은 실수를 하고 잘못을 범한다. 근데, 재판 거래 피해자, 재심 사건 피해자 등은 왜 어김없이 사회적 약자들일까. 이 점을 사법부가, 우리 사회가 깊이 돌아봤으면 한다.

만인이 평등해야 할 법정에서
만 명만 평등한 것 아닙니까?

노회찬

복숭아 한 박스와 우리들의 하나님 /박상규

과일 가게 하나 찾기 어려운 동네

휴대전화 번호는 잊었으나 그가 사는 동네의 전철역은 기억났다. 거기까지 가면 그의 집을 찾을 수 있을 듯했다. 서울의 동쪽 끄트머리 임대아파트 10평이 채 안 되는 집에 다섯 식구가 살던 신산한 삶의 풍경은 전화번호 열한 자리보다 기억에 오래 남았다.

유난히 덥던 2018년 8월, 지하철 5호선을 타고 동쪽으로 향하며 그들이 그곳에 더는 없길 바랐다. 거기도 사람 사는 곳이지만, 다섯 식구가 살기에 집이 너무 좁았다. 두 어린아이도 더 자랐을 것이다.

기대는 폭염에 줄줄 흐르는 땀처럼 땅으로 떨어지고 말았다. 살인 사건으로 목숨을 잃은 여자 장주영(가명)의 남편, 어린 남매, 삼촌, 할머니는 여전히 그 집에 살고 있었다.

신분 상승이, 개천의 도롱뇽이 용이 되어 승천하는 것보다 어려운 사회에서, 그들의 임대아파트 정착은 당연한 일이었는지도 모른다.

빈손으로 찾아간 게 미안했다. 수박이라도 한 통 사려고 다시 밖으로 나왔다. 아파트 상가에 과일 가게가 없었다. 마트에도 과일을 팔지 않았다. 마트 주인이 이유를 설명했다.

"여기 아파트 사는 사람들은 과일 안 사 먹어요. 과일은 필수품이 아니라 사치품이에요. 먹고살기도 힘든데, 과일은 무슨……."

임대아파트 네 개 동, 약 800세대가 사는 동네. 마트에서 과일을 팔지 않는 그 이유가 한낮의 햇볕보다 따가웠다.

오기가 발동했다. 30분 헤맨 끝에 임대가 아닌 어느 아파트 상가에서 복숭아를 발견했다. 가장 실한 것으로 한 박스 샀다. 그걸 들고 다시 30분 걸어 장주영 가족에게 가는데, 화가 불쑥불쑥 올라왔다.

임대아파트에 도착해 사 간 복숭아 한 박스를 할머니에게 건넸다.

"아니, 이렇게 귀한 걸……."

할머니의 커진 눈과 연거푸 반복되는 고맙다는 말이, 동네에서 과일을 팔지 않는 이유만큼 서러웠다. 이까짓, 복숭아 한 박스가 뭐라고.

장주영이 당한 강간·살해 이면에는 경찰, 검사, 판사의 연속된 실수가 있었다. 세상에 남은 가족은 더 가난해졌고, 밀리고 밀려 서울 동쪽 끄트머리, 과일 가게 하나 찾기 어려운 동네에 살게 됐다.

유가족은 국가의 잘못에 대한 국가배상을 요구했지만, 1, 2심 법원은 이를 인정하지 않았다. 수십억 원도 아닌, 3억 원을 기대했으나 재판부는 이마저도 거부했다.

양승태 대법원 '재판 거래 의혹 문건'에는 국가배상 문제도 언급돼 있다. 장주영 사건을 맡았던 판사의 이름도 그 문건에 나온다. 판사가 거래한 그 재판은 그에게 수많은 사건 가운데 하나였는지 모르나, 누군가에게는 온 삶이 걸린 일이었다.

내가 만난 양승태 사법부 재판 거래 피해자들에겐 공통점이 있다. 그들은 모두 컨테이너, 양로원, 요양원, 임대아파트에 산다. 누구든 살 수는 있지만, 누구나 살려고 하지는 않는 곳. 모두 변방이고, 이들 집에서 과일 가게는 멀고도 멀었다.

도서관에서 책, 논문, 판결문을 읽는 '자료 취재'는 재판 거래 피해자를 만나는 일보다 확실히 수월했다. 적어도 과일 사려고 땡볕 속을 헤매며 땀 뻘뻘 흘리는 일은 없으니까.

사법 농단 사태로 사회가 뜨겁던 시절, 아늑한 도서관에서 권인숙이 쓴『하나의 벽을 넘어서』*를 읽고 가슴 한쪽이 서늘해졌다. 서지현 검사의 '미투'me, too 폭로로 때마침, 부천의 성고문 사건 피해자 권인숙이 '법무부 성희롱·성범죄 대책위원회' 위원장으로 세상의 전면에 나선 즈음이었다.

책에는 권인숙이 1986년 부천 경찰서에서 겪은 성 고문 피해가 나온다. 가해자 문귀동은 성 고문을 하기 전, 권인숙에게 물었다고 한다.

"너 아버지가 뭐한다고 그랬지?"

수사기관과 정보기관에서 고문당한 사람들이 가해자에게 받곤 했

---

* 권인숙, 『하나의 벽을 넘어서』, 거름, 1989.

다는 그 지독한 질문, "느그 아부지 뭐하시노?" 이 물음은 권인숙을
피해 가지 않았고, 법은 문귀동을 외면했다.

성 고문 가해자 문귀동은 당시 기소유예 처분을 받았고, 공장에 위
장 취업하려 주민등록증을 위조한 권인숙은 실형 1년 6월을 선고받
았다. 선고 직전 권인숙의 최후 진술이 책에 나온다. 한 대목을 그대
로 옮긴다.

나는 법을 잘 모릅니다. 그러나 교도소에서, 아주머니, 할머니, 아가씨
들을 볼 때 판검사들은 그들의 인생을 좌지우지하고 있다는 것을 새삼
알았습니다. 판검사들은 그들을 웃기기도 하고 울리기도 하며, 그들 가정
의 운명을 좌우하는 사람들입니다. 그러나 그들은 빽 있는 자는 살인을
해도 죄인이 되지 않는다는 것을 모두 알고 있습니다. 그것은 소위 운동권
학생들의 주입식 논리가 아니라, 그들 스스로 경험하고 체득한 논리입니
다. 한 인간이, 인간이라고 말할 수 없는 그들의 운명을 매일같이 감방에
서 기도합니다. 하나님에게 기도하는 것이 아니라 판검사에게 기도하는
그들의 모습을 볼 때, 운명을 좌우하는 판검사들의 저 더러운 위력을 보면
서 낮은 자리에 앉아 허름하게 죄수복을 입은 나의 처지가 훨씬 홀가분하
고 떳떳한, 마음 편한 일이라고 생각합니다. *

구치소에 있는 힘없는 사람들은 하나님이 아닌 판검사에게 기도한다
는 너무나 현실적인 이야기. 권인숙의 말대로 오늘도 재판받는 많은

* 앞의 책, 240쪽.

사람은 간절히 기도하는 목소리로 법정에서 이렇게 말을 시작한다.

"존경하는 판사님……."

잘 알지도 못하면서 판사에게 말할 때 늘 이런 수식어를 빠트리지 않는 이유는, 법대에 앉은 그들이야말로 저 높은 천상의 신보다 먼저 무섭고 끔찍한 벌을 내릴 수 있고, 더 없이 온화한 은총을 베풀 수도 있는 현실적 존재이기 때문이다.

이 세상의 끄트머리로 밀리고 밀린 사람들이 마지막으로 기대는 언덕은 사법부고, 그들이 최후까지 믿는 사람은 판사다. 군사정권 시절, 고문을 당한 많은 사람은 경찰과 검찰에서 허위 자백을 했을지라도, 판사에게는 진실을 말했다. '인권의 최후 보루는 사법부'라는 교과서적인 말은, 누군가에겐 더 없이 현실적인 일이다.

한홍구 교수가 『사법부』*에 쓴 대로, 많은 사람이 법정에서 "고문을 당했다"고 호소해도 판사들은 이 질문 하나를 하지 않았다고 한다.

"바짓가랑이 한 번 걷어 보세요"

법 앞에 만인이 평등하다는 믿음

군사정권 시절의 간첩 조작 등, 시국 사건이 아닌 사례를 보자. 2019년 여름, 화성연쇄살인범이 누군지 밝혀졌다. 화성 8차 사건의 범인으로 체포돼 19년간 옥살이를 했던 윤○○ 씨가 사실은 가짜 살인범이라는 것도 경찰 재수사에서 드러났다.

윤 씨는 고아로 성장했고, 소아마비 장애인이었다. 초등학교도 제

---

* 한홍구, 『사법부』, 돌베개, 2016.

대로 다니지 못했고, 가난했다. 이런 윤 씨의 처지는 '셜록'이 보도했던 '재심 3부작'인 익산 택시기사 살인사건, 삼례 나라슈퍼 3인조 강도치사사건, 무기수 김신혜 사건 피해자들과 너무나 똑같아 놀라울 지경이다. 익산 사건으로 살인 누명을 썼던 15세 소년, 삼례 사건의 3인조 모두 초등학교만 겨우 졸업했다. 이들은 모두 장애인이거나, 고아였다. 부모가 있더라도 장애인이었다.

피해자들의 이 놀라운 공통점 앞에서 '신이 아닌 인간이라 내린 어쩔 수 없는 오판'이라고 자신 있게 말할 수 있는 판사는 몇이나 될까.

판사들은 판결에 앞서 피고인, 피고, 원고 등에게 "느그 아부지 뭐 하시노?" 따위를 묻지 않는다. 그들은 "헌법과 법률에 의하여 그 양심에 따라 독립하여 심판"(헌법 제103조)하는 존재들이니까. 법 앞에 만인은 평등하니까.

판사가 호구 조사를 하면서 재판했을 리 없는데도, 내가 만난 재판 거래 피해자들은 모두 과일 가게와 먼 곳에 산다.

빵빵한 부모님은커녕 든든한 배경이 없어, 이 땅에 믿을 사람이라곤 저 높은 법대 위의 판사들밖에 없어, 순정한 믿음을 바치고 또 바쳤던 사람들. 양승태 사법부는 이런 사람들만 족집게로 골라낸 것처럼 거래했다. 양승태 이전, 모든 시절에 걸친 한국의 사법부 또한 마찬가지다.

수사기관에서처럼 법정에서도 "느그 아부지 뭐하시노?"라는 솔직한 질문이라도 받고 거래됐다면 덜 서러웠을까. 우리들의 가난한 믿음, 법 앞에 만인이 평등하다는 그 순진한 마음은, 언제쯤 배신당하지 않을까.